制胜之道
换个视角看战争

百战归来

名将与成名战

包宇 等著

江苏凤凰文艺出版社

图书在版编目（CIP）数据

百战归来：名将与成名战 / 包宇等著. -- 南京：江苏凤凰文艺出版社，2019.12（2023.3重印）
（制胜之道：换个视角看战争）
ISBN 978-7-5594-4290-1

Ⅰ. ①百… Ⅱ. ①包… Ⅲ. ①战役 – 史料 – 世界②作战方法 – 史料 – 世界 Ⅳ. ① E19

中国版本图书馆 CIP 数据核字 (2019) 第 272360 号

百战归来：名将与成名战

包宇等 著

出 版 人	张在健
责 任 编 辑	张恩东 汪 旭
装 帧 设 计	观止堂_未 氓
责 任 印 制	刘 巍
出版社地址	南京市中央路165号，邮编：210009
出版社网址	http://www.jswenyi.com
印 刷	江苏凤凰通达印刷有限公司
开 本	718×1000 毫米 1/16
印 张	17.5
字 数	268千字
版 次	2019年12月第1版 2023年3月第2次印刷
标 准 书 号	ISBN 978-7-5594-4290-1
定 价	498.00元（全七册）

（江苏凤凰文艺版图书凡印刷、装订错误可随时向承印厂调换）

《百战归来》撰写组

主　笔：包　宇
副主笔：李传祯 陈鹏飞 何　锟

撰写者：（以下按姓氏笔画排名）
于　洋 贺潇男 唐　东 郭镇豪

总　　序
TOTAL PREFACE

让青年人爱军事

在新中国成立70周年来临之际，江苏凤凰文艺出版社送来了一群年轻人创作的军事丛书《制胜之道：换个视角看战争》，想约我为新书写篇序言。手抚其卷之余，我欣喜地看到，在市场经济与信息时代的浪潮中，共和国80后、90后不仅没有成为"垮掉的一代"，反而更加关心国防、关注军事、关切战争，正在成为国防和军队现代化建设的主力军。

在这个年轻的创作团队中，既有机关参谋、军校教员、基层军官等现役军人，也有地方高校老师、军刊编辑等军事专家。尽管大家天各一方、职业不同，却出于对国防的共同热爱，从五湖四海走到一起来，一手拿笔、一手执枪，重返战场、追思战史、复盘战例、推敲战法，充分体现了当代中国青年一代直面现代战场、打赢未来战争的勇气和胆识。作为一个从军几十年的共和国老兵，特意为这套丛书写几句发自肺腑的推荐语。

军事本来就很精彩，值得悉心品味。自近现代以来，战争与工业文明紧密结合在一起，军事逐渐成为一门科学，战法逐渐成为一门艺术。这套丛书用讲故事的方式，从名将战法、空中作战、传奇海战、武器迭代、战场环境、军队服饰、装备命名等剖面入手，生动呈现了人与战的关系、铁与火的洗礼、生与死的考验、胜与负的转换、钢与硅的结合……绘就了一幅浓墨重彩的战争画卷，把军事斗争的矛盾性、对抗性、科学性、艺术性生动地呈现在读者面前。

军事本来就很传奇，时常引人入胜。《孙子兵法》开篇一句："兵者，国之大事，死生之地，存亡之道，不可不察也。"古往今来，为了打赢战争、消灭敌人，世界各国军人无不在战争中迸发出了最高智慧和最大力量。这套丛书纵横陆海空战场，精心遴选大众普遍关心而又了解不深的交叉选题，写活了出奇制胜的战法技术，解析了涤荡起伏的战局转折，再现了超越极限的战史传奇，还原了经典战例的神韵色彩，是不可多得的精品力作。

军事本来就很有趣，令人忍俊不止。《战争论》的作者克劳塞维茨指出："战争是不确定性的王国。"在与战争有关的军事领域，什么阴差阳错的事情也可能发生，时而充满苦涩，时而可笑无奈。这套丛书跳出了传统军事科普堆砌资料、数字的窠臼，在不失严肃准确的同时，大胆采用启发式行文结构、网络化叙事方式、趣味性语言风格，把幽默风趣的军事素材挖掘出来、让"正襟危坐"的军事叙事轻松活泼起来，努力成就大众喜闻乐见的轻松阅读体验，吸引读者想看、爱看、真正钻进去看。

梁启超先生昔日曾言："少年强则国强；少年雄于地球，则国雄于地球。"当今时代，天下虽安、忘战必危。中华民族要实现伟大复兴，中国军队要成为一流军队，离不开全民国防的支撑，离不开青年人对军事、对战争的关注和热爱。希望更多的青年人通过这套丛书，关心国家安全，支持国防和军队建设，以更多热情擎起父辈的旗帜，推动新时代强军之路，拥抱明天的星辰大海。这也正是这套丛书的创作初衷和价值所在。

是为序。

中国人民解放军国防大学教授　马骏
二〇一九年六月于京

开 篇 词
OPENING WORD

向名将学打仗

名将，是人类战争历史长河中璀璨的星辰，是古今中外英雄史诗不竭的源泉。他们常常在历史转折关头，以其彪炳史册的光辉战绩，挽狂澜于既倒、扶大厦于将倾。在时光的历久弥新当中，已成为职业军人无比神往、孜孜以求的永恒传奇。

战例，是构建战争史诗殿堂的基石，是战争华彩乐章最为鲜明的注脚，是军事统帅们独具匠心和雄才大略的真实写照。在战争形态演变进化中始终与时俱进，在英雄辈出的时代不断推陈出新，在敌对双方较量中展示出无穷无尽的奇幻魅力。

研究名将，是穿越时空回顾战争的永恒主线；研究战例，是从战争中学习战争的永恒主题。随着科学技术的发展，作战模拟、情景再现、兵棋推演等新方法新手段层出不穷，大有"乱花渐欲迷人眼"之势，但回望历史，追本溯源，去探求人类战争历史上存在过的那些奇珍异宝，重温往昔烽火岁月中那些时代不同、风格不同，却精彩纷呈的经典战例，同样会助我们问道往昔，启迪久远。

古往今来，战争艺术大师们如洪钟大吕般的教诲灿若星辰："史例可以说明一切问题,在经验科学中,他们最有说服力。尤其在军事艺术中更是这样。""在所有兵法的理论中，唯一合理的理论，就是以研究战史为基础的理论。""从战争中学习战争"……

怀着对战史、战例、战将的无比向往，在激情与感悟、探究与沉思、碰撞与共鸣中，我们朝着这个目标出发了。希望能从战例、战将、战法的回顾之中，感受经典战例之沧桑，领悟名将成功之精髓，探求克敌制胜之方向。

在对千古名将和光辉战例的探究中，我们深知史海浩瀚，久沥不尽。力求撷选出具有代表性的经典战将战例，以达到以点带线、以线带面之效。同时，我们也试图将那些令人顶礼膜拜的名将与战法从玄虚高深的殿堂里请下来，与我们熟知的战争实践更好地结合起来，使用新料，说出新话，使读者获得新感。

本书第4、7、8、9章由包宇撰写，第11、12章由李传祯撰写，第1章由陈鹏飞撰写，第2章由何锟撰写，第3章由于洋撰写，第5章由贺潇男撰写，第6章由唐东撰写，第10章由郭镇豪撰写。受个人学识水平所限，书中必定存在或多或少的疏漏甚至是谬误，也静待专家学者们斧正。

衷心希望我们的这本小书，能给各位读者带来愉悦和快乐。风云变幻，时光荏苒，我们将伴您一路前行。

本书撰写组
二〇一九年六月

目 录
CONTENTS

01 冷兵器时代的"刺猬阵法"

——亚历山大与马其顿方阵的奥秘　　002

02 玉门关外马萧萧

——卫青、霍去病与漠北长途奔袭战法　　016

03 斩首震西陲

——陈汤与边漠反击战法　　042

04 180度的"U"形转弯

——东乡平八郎对马海战战法　　056

05 欧陆平原的铁流狂飙

——古德里安与闪击战　　078

06 扼住帝国咽喉的群狼

——卡尔·冯·邓尼茨的狼群战术　　094

| 目 录 |

07　超越海平面的攻击

　　——山本五十六万里偷袭珍珠港　　128

08　掣电海空挽狂澜

　　——尼米兹中途岛转折之战　　146

09　天火焚魔

　　——李梅与对日战略轰炸　　178

10　阿纳姆的雪

　　——蒙哥马利与"市场花园行动"战役伞降战法　　204

11　最后的终结

　　——哈尔西与莱特湾大海战　　224

12　后发而至的碾压

　　——伍德沃德与马岛争夺战　　252

01 冷兵器时代的"刺猬阵法"
亚历山大与马其顿方阵的奥秘

黄沙漫天，枪林耸立，簇拥着长矛方阵向前推进，一列列战士的步伐震动大地，一支骑兵杀进敌阵，貌似强大的敌军瞬间崩溃。这一幕，来自于电影《亚历山大大帝》。而电影中为我们描绘勾勒的军队，正是在公元前4世纪打遍欧洲无敌手的铁血军团：马其顿方阵。

从学习对手开始

每一个民族都有自己的史诗，史诗中承载每一个民族的传奇。尽管今天的马其顿只是东南欧很小的一个国家，但2000多年前，这片土地上却诞生了震撼西方的传说——亚历山大和马其顿方阵，记录了马其顿民族最辉煌的史诗。

古代马其顿位于希腊北部，马其顿人自称是希腊神话中英雄赫拉克勒斯的后代，与希腊人同族，他们的语言也与希腊语十分相近，而希腊人却认为马其顿人是野蛮人。公元前6世纪，马其顿统一为君主制国家。立国之初的马其顿并不强大，还要承受着希腊各种势力的左右和波斯人的军事压力，公元前364年，年迈力衰的亚历山大二世国王阿契拉宣布退位，并将下马其顿交给长

> 英文版公元前 336 年的马其顿王国（图中橙色部分）

> 马其顿国王腓力的雕像

子佩尔狄卡斯三世，次子阿明塔斯治理上马其顿，称阿明塔斯二世，马其顿王国因此短暂分裂。

上马其顿地方闭塞，经济落后，它的统治者阿明塔斯二世又怯弱无能，曾屈从当时称霸希腊的底比斯人，把自己的小儿子腓力送到提佛当人质。腓力王子在提佛当人质 3 年期间，正值底比斯统一希腊的全盛时期。他有幸生活在底比斯名将伊巴密浓达左右，并聆听老将军的教诲，这对于他后来发愤图强，统一马其顿起了不可低估的作用。

伊巴密浓达何许人也？他是希腊方阵的军事革命家，在科林斯人 8 人并列步兵纵队战术队形的基础上，补充其他方阵排列、冲击和包抄敌方等优点，在互相比较、反复琢磨后创造出了一种新的阵法，并用新的方阵战术一举推翻了斯巴达驻军支持的提佛贵族统治，把斯巴达人赶出底比斯，公元前 371 年，伊巴密浓达又以独特的斜楔形方阵战术，在中希腊留克特拉城附近大败斯巴达军，杀死了斯巴达国王克隆布罗塔斯，进而进军伯罗奔尼撒半岛，瓦解了伯罗奔尼撒同盟，使底比斯成为希腊各城邦的霸主。

腓力王子在陪伴伊巴密浓达期间，不但羡慕老将军的威仪，对传说中老将军叱咤风云、战无不胜的壮举更是由衷赞叹。特别使他受用无穷的是老将军神奇莫测的步兵战阵：每一方阵都配备有重装步兵、轻装步兵、骑兵、轻盾兵、射手和投掷手等不同的兵种，听到号令后，便迅速列成纵深25排的队形，其中前8排由重装步兵组成，一律以左手执圆盾护在胸前，盔甲、护膝齐备，右手执长矛或标枪。骑兵和轻装步兵列在两翼向后倾斜，以增强作战时的冲击力。整个阵势严密无间，如一面向前突出的半圆形堡垒，又可根据需要而随时调整，或进攻，或后撤，或防卫，或包围，变化无穷。战士们手持的长矛长短不一，最长的矛柄可达6米，所以尽管排列有前有后，伸出的矛头都能达到相同的距离。这种布阵方法不但在公元前的希腊城邦是最先进的，直到近代，仍为西方的军事家们啧啧称奇。

公元前364年，腓力王子潜回马其顿，上演一出"王子复仇记"，利用自己从希腊城邦底比斯学到的先进军事经验，击败伯父佩尔狄卡斯三世，一举统一马其顿王国，史称之为腓力二世。腓力二世当上国王后，大力推行军事改革特别是阵法改革，他综合了希腊方阵和底比斯方阵的优点，并修正了双方的不足：一方面，对斯巴达方阵进行改进，增加侧后的保护；另一方面，借鉴底比斯的战术，利用重骑兵部队用于进攻。于是，腓力打造出设计了更为坚实、更为强大的马其顿方阵。

马其顿方阵的本质，是由马其顿重装步兵方阵为核心，多兵种密切协同的战术体系。马其顿重装步兵方阵是马其顿军队的主力，在马其顿方阵战术体系中居中军地位。马其顿重装步兵的防护装备同其他希腊重装步兵大同小异，最大的区别在于长矛和盾牌。马其顿重装步兵的"萨里沙"长矛足足有6米长，比普通希腊步兵的长矛长出一倍，尾部也装有铜锤以使重心后移，这样整个

> 马其顿长矛

长矛重达8千克，必须双手握持。他们的盾牌比斯巴达人的小，用皮带挂在脖子上，再穿在左臂上，以便他们空出左手来端长矛。他们同时穿着铜制胸甲和马其顿式头盔，以胫甲保护腿部。

马其顿重装步兵方阵组织十分严密，其编制跟现代军队的编制极其相似。通常方阵的基本战术组成单位为方阵的纵列，即16人，其正面也为16人，这样就构成一个正方形的"辛塔格马"，相当于现代一个营的兵力。16个辛塔格马组成一个有4096人的小方阵，相当于现代一个师。4个小方阵组成一个完整的方阵，即一个标准的巨大的方阵，共由16384人组成。从数字上就可以看出，马其顿重步兵方阵，是普通希腊方阵的两倍，再加上长达6米的长矛，这样的设计构成了对希腊方阵的压倒性优势，从这一点来看，马其顿重步兵方阵是出于希腊方阵而优于希腊方阵的。

不仅如此，马其顿重步兵方阵的右翼是重骑兵纵队。它是由年轻贵族所组成的精锐部队，富有希腊式的骑士精神，战斗力很强。重步兵方阵的左翼是由轻步兵和轻骑兵组成的联合部队，队形很长，呈斜矩形，像一条巨大的铰链，联接着重步兵方阵和右翼重骑兵。三者联合在一起时，就像左面是运

> 马其顿方阵想象图

动迟缓的墙，右面是一个迅速的门，而中间就是一个铰链。重装步兵方阵、重骑兵纵队及轻步兵和轻骑兵组成的联合部队，共同组成了完整的马其顿方阵战术体系。

马其顿方阵在行进时，步调整齐一致，长矛挺立，十分壮观，罗马时代的军事理论家奥纳山大评论马其顿方阵说："华丽的装备使行进中的队伍显得危险万分，单是那可怕的景象就使敌人魂飞魄散。在沙场上，庞大的马其顿重步兵方阵军容严整，步伐整齐，担任军队中的中坚力量。在作战中，前6排的重步兵平放长矛，后面各排士兵有的把长矛架在前方士兵的肩膀上保持倾斜，也有把长矛垂直指向天空，整个方阵从正面看上去简直如同一只巨大的刺猬。每个纵列的排头三人和末尾一人属于关键位置，因而选用骁勇而技术高强的士兵。特别是在腓力二世和亚历山大时期，马其顿军队在训练上较为充足且变换阵型快速，其方阵正面攻势锐利可说是无敌，当敌人面对马其顿方阵时，它可能要同时对付4支~5支长矛，而且这种多重长矛无论是在数量或是密集程度上，都能让面对它的普通敌人如同面对庞大的荆棘一般被震慑住。

马其顿重步兵一般使用密集的长矛方阵拖住敌人的主力，在战场上摆出坚不可摧的防线，吸引敌人主力部队前来进攻。然后，他们利用数不胜数的长矛迫使敌人与之缠斗，为军团中的重骑兵部队创造战机。有时，也以坚固的密集队形跑步向前推进，就像一把攻城锤猛烈冲击敌人的队伍。当敌人被纠缠在这枪林之中时，重骑兵作为铁锤便寻机狠狠砸下，把面前的敌人打得首尾难顾，狼狈不堪。

马其顿重步兵方阵看上去威风凛凛，其实是为重骑兵作嫁衣裳。古希腊著名演说家德摩斯梯尼曾警告雅典人："腓力二世锐不可挡，那并非因为他率领的重装甲步兵方阵，而是因为他拥有散兵、骑兵部队、弓箭部队、雇佣兵等。"后世的英国军事理论家富勒则进一步指出："方阵并不突出，而只是表示此种威胁，其前进足以形成一种恐怖，使敌人精神瘫痪，不能动弹，以便骑兵来做决定性的冲锋。"方阵与重骑兵密切协同，有人形象地称之为"砧锤战术"——以方阵为砧，以重骑兵为锤。即方阵正面挤压对方阵地，骑兵侧翼包抄，然后前后夹击，形同锤砧，将夹在中间的敌军粉碎。

表面上，马其顿方阵是主角，实际上，骑兵才是腓力—亚历山大父子手中的王牌。所以，权威的《哈珀·柯林斯世界军事历史全书》指出"腓力二世把正规常备兵组成的重步兵当作骑兵实施突击冲锋的后卫"。马其顿的重骑兵多由年轻贵族组成，腓力二世、亚历山大父子经常亲率这支重骑兵，发动突击。当然了，重骑兵得手后，方阵也可以碾压而上，"再补一刀"。

战场初露锋芒

到底是不是青出于蓝，得当面较量才能分出高下。公元前338年，腓力二世决定征服希腊，而希腊人也想摁住这个蓬勃发展的野蛮番邦。双方爆发了著名的喀罗尼亚战役。腓力的儿子亚历山大随父王参加了这一战役，并带领方阵军与希腊联军中实力最强的提佛神圣营对阵。亚历山大看出了对方方阵军的弱点，队形严整而不够灵动，一旦被冲破便将溃不成军。而己方指挥的方阵是经过创新改进的，能攻能守，队形变化多端，他决定指挥这支方阵军与战功卓著的底比斯人一决雌雄。

夜色降临时，腓力二世和亚历山大各自率领一支马其顿重装步兵开向提佛兵团的两侧。黎明时分，双方阵容庞大、旗鼓相当的方阵军形成了对垒的局面，一场历史上罕见的大决战拉开了序幕。马其顿方阵军在行进中，突然从中间敞开一个豁口，拥出上千名投掷手，手执枪头上燃烧着油浸麻绳的标枪。只听亚历山大一声令下，标枪便源源不断地投入敌阵，提佛战士的盾牌和护胸的铠甲熊熊燃烧，连成一片火海，惊恐万状的士兵抱头鼠窜，队伍顿时大乱。马其顿骑兵又从侧翼冲出，杀得敌军人仰马翻。腓力又率领一支方阵军进逼敌方中路的雅典军，与亚历山大率领的一支队伍形成对敌军的夹击之势，在砍杀中，提佛军和雅典军所剩无几。敌方右翼的科林斯军队乘机撤走，亚历山大急忙带兵追击，可惜科林斯人已经逃遁了。在这次对希腊的命运具有决定性意义的战役中，亚历山大初试锋芒，成功地指挥了战斗，充分表现出他的机智和勇敢，堪称长年征战的一次实战演习。

腓力二世打败希腊联军的第二年，向各城邦广发英雄帖，通知召开盟主大会。除斯巴达外的希腊城邦全部到场。会上，他宣布了3项决议：第一、

> 亚历山大大帝的雕像

马其顿是希腊联盟的盟主；第二，希腊内部就不要再打内战了，谁打，盟主就削谁；第三，枪口一致对外，远征波斯。公元前336，腓力二世在临出征前，打算为女儿办完婚事。不幸的是，年仅46岁的国王在婚礼上被近身护卫官刺杀，喜事变成了丧事。

公元前336年，年轻的亚历山大在其父旧部的支持下，登基成为一国之君，就此登上他英雄事业的历史舞台。在以后的13年中，他马不停蹄地率军征战，重新划分了古代世界的版图，直到他生命的最后一息。

亚历山大从他的父亲腓力那里继承了坚韧不拔的意志和勇敢、顽强的精神，但是他对于世界和历史的看法却源于亚里士多德的教导。他的目标是夺取统治权力、实现帝王的安乐生活和无限的物质享受。他的行为的原动力是对于祖先英雄业绩的荣誉感，把光大祖先的业绩视为自己的使命，让后世永远景仰。他要通过征战强行推广希腊文明，改天换地，建立一个统一的文明的世界。他以不可动摇的意志实践这一理想，作战时不畏生死、身先士卒，表现出百折不挠的精神。他不近女色，不醉心于饮宴，两次结婚都有政治目的，每每举行宴会都是为了犒劳部下，振作士气。为了达到更高的目标，他表现了非凡的克制力和不畏劳苦的精神。这种人格力量令部下折服，对他们产生了巨大的吸引力。

在亚历山大继位的前前后后，叛乱的消息不断从东部、西部、南部和北部传来，似乎随着腓力二世的驾崩，马其顿王国也要瓦解了。然而，叛乱城邦没想到的是，亚历山大比其父更狠，他先收拾跳得最高的底比斯，随后以会议决议的形式，将该城邦夷为平地，并把幸存者贱卖为奴。这次令人难以置信的神奇的行动给多瑙河沿岸各部族很大的惊吓，除了斯巴达以外，希腊各邦大多对马其顿俯首称臣，到东方去掠夺财富的欲望重新在希腊人的心中燃起，希腊人、马其顿人和那些英勇善战的山地民族，都可由他随意驱遣，各地的物资随他征用，久经策划又一再拖延的东征终于可以进行了。随后，亚历山大像父亲一样，眼睛开始望向东面的波斯帝国。

"世界上最好找的是借口"。远征波斯的理由是波斯人在希波战争中侮辱了希腊的圣地，霸占了希腊人在小亚细亚的城邦，后来又参与了刺杀亚历山大之父腓力二世的阴谋。虽然有些理由纯属借口，但也足以煽动起人们对战争的狂热。

> 亚里士多德辅导亚历山大

> 英文版亚历山大东征路线图

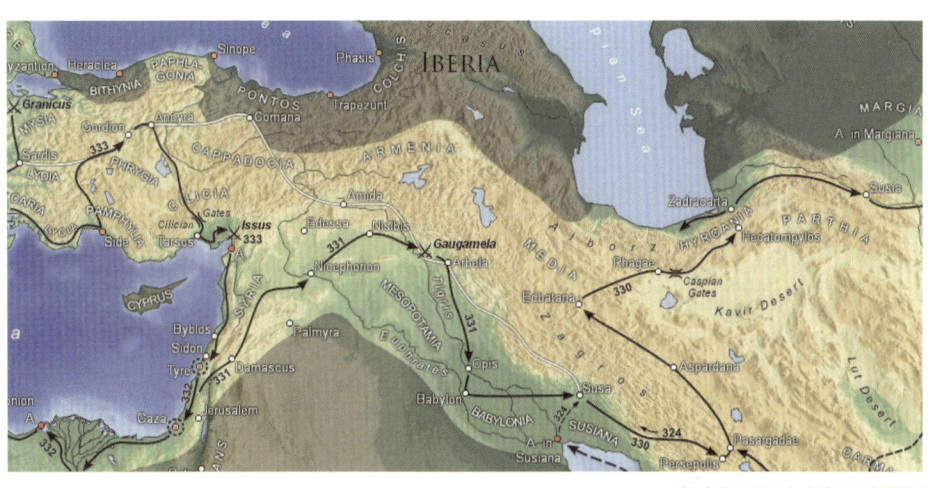

东征中的传奇

公元前334年，亚历山大带着4.5万人（步兵4万，骑兵5000）踏上了远征之途。他仅用10年左右时间，就建立起横跨欧亚非三洲的大帝国。英国著名军事理论家富勒一针见血地指出："亚历山大最大的资本就是从他父亲手里所继承得来的军队。"

腓力—亚历山大父子征战10余年，其实大的会战只有5次，其中具有代表性的是3次：与希腊人的喀罗尼亚战役（位于希腊中部），与波斯人的高加米拉战役，与印度人的希达斯佩斯河（今杰赫勒姆河）战役。其中，击败波斯人的高加米拉战役，堪称马其顿方阵战法运用的经典之作。

公元前331年10月1日，在高加米拉（今伊拉克境内）村庄附近，世上最强大的两支军队——马其顿与波斯军队展开了决战。波斯一方的指挥官是国王大流士，有多达20—25万名军队。马其顿一方的指挥官是日后名留青史的亚历山大大帝，当时他年仅26岁，麾下有4.7万名训练有素的军队。

从人数上看，波斯军队拥有战场上的压倒性优势，其兵力总数差不多是亚历山大的5倍，但是，大多数部队都是由各城邦召集而成，语言、文化、武器都不一样，缺乏协同，大部分无盔甲。只有少数兵力是征讨四方的精兵劲旅，拥有步兵、骑兵和刀轮战车。反观马其顿军队，人数虽然有限，但部队训练有素、装备精良、配合默契。

从战术上看，波斯军队摆成了人海长阵，阵前有刀轮战车的车道，两侧是骑兵。因阵线很长，有利于包抄敌军——用刀轮战车正面冲击对方的方阵，两侧用骑兵——只要对方比自己人少，这个战术往往非常奏效。而亚历山大率领的马其顿军队没有采用传统的正面布阵的方式，而是采用了梯形布阵，使他的右翼面对波斯军的左侧。这样做的好处是，攻击方向不明，容易起到迷惑对方的目的；左梯形尾部折回并对外，有利于对抗侧翼的攻击。同时，左梯形与敌方长阵之间有一大片开阔地带，有利于重装骑兵展开攻击，用以引诱敌方向这个方向攻击。

面对亚历山大露出的破绽，波斯国王大流士什么都能阻挡、此刻也无法拒绝这个诱惑，他马上派出骑兵向左侧这片开阔地攻击，波斯军队的左翼远

> 波斯刀轮战车的绘画

远伸展到亚历山大部队的右翼之外，形成包抄之势，这中亚历山大的下怀。亚历山大率领骑兵向右侧前进，与左侧的战线平行运动。这一行动本身有绕过波斯的2.5英里长阵范围、从侧翼包抄的意图，如果真是这样，波斯的长阵将被冲击的四分五裂——这是大流士不能容忍的。

为了挡住亚历山大，波斯军从左翼出动一队骑兵，企图拦截马其顿军的去路。亚历山大知道大流士的意图，立即命希腊雇佣骑兵冲散波斯奇兵。但波斯军方面又从其左翼调来一队骑兵增援，以数量上的压倒优势把马其顿军赶了回去。马其顿军又出动几个中队向波斯骑兵猛扑，双方形成混战的局面。

这时，马其顿重步兵的方阵开始向波斯长阵的中央发起进攻。此刻，战场上形成了左侧缠斗混战、右侧骑兵平行向侧翼运动对峙、中央正面方阵冲击的战斗局面。由于马其顿方阵的强大攻击力，波斯军队中央阵地开始动摇，于是大流士开始放出其终极武器——200辆刀轮战车。只见一辆辆由4匹马牵引的战车刀光闪闪地向马其顿方阵的右翼冲去。然而，亚历山大早就在右侧隐藏了一整团的轻装掷矛兵，他们使用弓箭、标枪、掷石器，主要用于攻击敌人的军官、骑兵和车兵。波斯战车出动不久，就遭到了马其顿弓箭手和标枪兵的截击，在"枪林箭雨"中，车阵发生极大的混乱，许多战车兵被抛到车外，马匹被冲上来的马其顿兵大杀大砍。有些冲破拦截的战车，在接近马其顿方阵时，方阵兵立即闪开，让它们冲入后方再一个个消灭。几分钟之后，刀轮战车就被消灭了。而亚历山大带领的右侧骑兵还在不紧不慢地向侧翼运动着，即不进攻，也不撤退。

眼看亚历山大的骑兵就快走出战场了，大流士越来越担心侧翼受到的攻击了，于是从两翼派出了大量的骑兵向右翼布防。但是奉命攻击亚历山大的波斯近卫骑兵部队，为了躲避马其顿标枪兵与弓箭手的压力，都自动向左奔跑；而波斯军队的中央阵地正遭受马其顿重步兵方阵的攻击，不可能向右填补骑兵走后留下的缺口，波斯军正面立即形成一个缺口。

亚历山大要的就是这个时候，他迅速率军旋转过来，把马其顿近卫骑兵和近卫步兵组成一个楔形方阵，快速插入敌阵的缺口，在一片喊杀声中，向大流士身边冲去。大流士急忙招架，在短时间内形成激烈的肉搏战。血战之中，马其顿方阵严整坚实、长矛如林挺近，许多波斯近卫部队的士兵被成片的刺倒在地，大流士见势不妙，拨转马头第一个逃跑了。波斯军队由此阵脚大乱，亚历山大回军掩杀，彻底击败还在进攻马其顿军右侧、浑然不知已被国王抛弃的波斯军队。

高格米拉战役以亚历山大的胜利而告终，从这一战可以看出，由于大流士在战术上的失算，亚历山大灵活运用马其顿方阵战法，以少胜多、以较小的伤亡换取了波斯军的惨重损失，成就了人类战争史上的传奇。

公元前327年，即亚历山大远征的第6个年头，马其顿军队开始进入印度，面对盛产战象的印度，亚历山大如何应对呢？

希达斯佩斯河决战中（19世纪后，印度人为纪念他们的穆斯林领袖真纳，称这条河为真纳河，该会战也被称为真纳河会战），印度王波罗斯（Porus）率领的印度军队，拥有步兵3万人、骑兵4000人、战车300辆、战象200头，在数量上相当于马其顿军队的全部兵力，远远超过亚历山大率领的小规模渡河部队。亚历山大仅有25头战象，远不如对方的战象凶猛，总兵力也少于对手。一开始，马其顿人似乎不是对手，被大象的鼻子卷向空中，然后重重摔下来，死得惨不忍睹。但亚历山大再一次点开了战场"金手指"，他很快发现，那些在象阵间和象背上对战象发号施令的"象奴"是印度人的短板，于是下令用长矛向人而不是大象招呼。印度战象失去指令后，不知所措，胜利的天平开始向马其顿扭转。波罗斯没有像大流士那样逃走，但最后仍免不了力尽被俘的命运，而他的两个儿子也战死了。当然，亚历山大也付出沉重代价，除了他本人再次受伤外，心爱的战马也阵亡了。

之后，亚历山大本想再接再厉，抵达"世界的尽头和大外海"。然而，将士们经过10年征战，太疲惫了，不想再进行远征。亚历山大作出最后一次努力，发表了一次非常动情的演说。然而，这次演讲无人响应，亚历山大的动员工作失败了。亚历山大知道，部队已是强弩之末，自己无能为力了。"回家前"，他在伊帕斯河畔竖起12座祭台，并留下了铭文："亚历山大止步于此。"

公元前323年，亚历山大死在归途中的巴比伦，不到33岁。

> 纪录亚历山大逝世的雕像

> 纪录亚历山大逝世的绘画

坍塌的方阵

马其顿方阵改变了欧洲人过于依赖重装步兵方阵的局面，开创了西方战争史上多兵种协同作战的全新战术模式，将原先被割裂使用的重步兵、轻步兵、骑兵、弓箭兵和标枪兵整合为一个战术系统，掀起了冷兵器时代的一场战术革命。从此，各个兵种不再各自为战，而是在同一战斗任务下担任不同的战术分工，各兵种均从友军那里获得战术支持和掩护。腓力二世对马其顿军队的改造和多兵种协同作战战术体系的创立，使马其顿军队战斗力远远凌驾于希腊各城邦军队之上，为马其顿统一整个希腊奠定了基础。而亚历山大进一步发展了这种多兵种协同作战的战术，并以此灭亡了庞大的波斯帝国。

亚历山大以马其顿方阵和重步兵长矛的灵活调度，控制了希腊半岛，征服了庞大的波斯帝国的全部疆土，奉行不同文化和种族联姻的政策，开拓了光大希腊文明的亚历山大时代。亚历山大因此建立起了一个东起印度河，西至尼罗河与巴尔干半岛的庞大帝国，成为世界历史上的奇迹。亚历山大被誉为西方名将中的第一人，更被2000年后的另一位传奇统帅拿破仑誉为"历史上最伟大的军事天才"。

然而，马其顿方阵的精髓，不在于重步兵方阵的单打独斗，而在于各军种的密切协作和灵活调度。比如，腓力和亚历山大生前，都高度重视马其顿骑兵部队的建设。他们头戴铜盔、身披鳞甲，使用长矛和短剑战斗。他们往往被配置在军阵的侧翼，甚至由亚历山大本人亲自率领。在冲锋时，他们向着敌人阵中薄弱环节发出致命的一击，是马其顿的一把尖刀。马其顿胜利有很大一部分情况是在双方步兵僵持的时候骑兵取得了压倒性胜利，绕后攻击导致敌方步兵线崩溃。特别是在高格米拉战役中，重步兵的坚韧、掷矛兵的顽强、骑兵的包抄，在亚历山大指挥下几乎运用得出神入化。

孙子兵法有言："军无常势、水无常形"。爱国将领岳飞也强调指出，运用之妙存乎一心。亚历山大生前怎么也没料到，其后人不仅没有发展和完善方阵的睿智，也没有理解马其顿方阵的精髓，反而故步自封、抱残守缺。殊不知，仅靠重步兵方阵的长矛，是不足以克敌制胜的。据中国古代春秋战国的《考工记》记载，当时兵器最长就是3寻（人身高的3倍），超过3倍身高，就不能用了。亚历山大逝世后，马其顿重步兵的装备配得越来越沉重、用于保护侧翼的骑兵和其他兵种反而被削弱，导致马其顿方阵的战斗力每况愈下。

在第三次布匿战争（即第二次马其顿战争）中。罗马军团的战术组织以个人为最小单位行动，当罗马人遇上距离最近的威胁的时候，比如侧翼，他们能轻松而简单的朝向任何方向的正面，只要转个身就可以迎战。马其顿士兵却手握长矛无法灵活转向，双方的战场机动性高下立判。在这一战中，马其顿的密集方阵在战斗一开始以排山倒海之势击溃了罗马人的左翼，但是，战场地势起伏不平，马其顿密集方阵在追击罗马人左翼的过程中难以保持队型；当罗马人的右翼击退了马其顿人的左翼之时，马其顿的密集方阵得胜的右翼却调不过头来了，罗马人绕开密集方阵的正面，他们使用短剑大盾的优势就立刻体现出来——前进中的密集方阵不可能完全的保持的非常整齐。当

> 古罗马士兵

方阵中出现空隙，罗马人就从侧翼攻入方阵，这时，挤在一起的马其顿人连长矛都挥舞不开，更不用说抵抗了。

对阵的结果是，马其顿方阵遭遇一边倒的屠杀。西方战史记录了他们凄惨的一面，"马其顿士兵身体被西班牙短剑砍成了残废，胳膊被沿着肩膀切下来，脑袋离开了身体，脖子被完全割断，内脏裸露在外面，还有其它许多场面令人作呕"。

第三次马其顿战争中，马其顿人还是以密集的长矛方阵向罗马人攻击。这种排列整齐非常有压迫感的阵型很快将罗马人击溃，但罗马人后面是山地，罗马的队型受地形限制很小，而马其顿人就不幸了，他们又犯了上一次失败的错误，在追击罗马人的过程中，方阵被山地的深沟和峡谷分割开来，罗马人果断的停下脚步发起反击，从马其顿人的空隙中插了进去，又一次用短剑将马其顿人杀的大败。马其顿方阵的神话，终于在马其顿人的愚蠢中终结。

02

玉门关外马萧萧
卫青、霍去病与漠北长途奔袭战法

从公元前133年到公元前90年，在44年时间里，汉武帝领导的西汉政权与前后7任单于[①]领导的匈奴政权打了十余次大战和不计其数的小战。汉匈战争前期，汉军连续重创对方，逼其远走漠北，但未能予以彻底消灭。后期，汉军连败三仗，引发国内统治危机，迫使汉武帝放弃征伐。汉匈战争基本上达到了汉武帝预期的目的，扩大和稳定了汉王朝的版图，使西汉成为中国历史上最辉煌的王朝之一。这场汉匈战争在军事上有许多值得总结的经验教训，在经济和政治上也给予后人诸多启示。

匈奴：汉朝边境的长期隐患

匈奴的起源已不能准确考证。秦代以前，匈奴部落主要生活在河套地区。公元前3世纪，匈奴统治集团分

[①] 根据匈奴世系表，汉武帝在位期间（公元前140年至公元前87年）的匈奴单于依次是：军臣（公元前161年至公元前126年）、伊稚斜（公元前126年至公元前114年）、乌维（公元前114年至公元前105年）、乌师庐儿（公元前105年至公元前102年）、呴犁湖（公元前102年至公元前101年）、且鞮侯（公元前101年至公元前96年）、狐鹿姑（公元前96年至公元前85年）。见林榦：《匈奴史》，呼和浩特，内蒙古出版社，1979年，第193页。

> 白登之围形势图

为中央王廷和左、右贤王，控制着从里海到长城的广大地域。秦始皇统一六国后，派蒙恬北击匈奴，收复了河套。匈奴自冒顿单于以来，逐渐强盛，将王廷由今蒙古阴山山脉北迁至鄂尔浑河东。之后，冒顿单于重新夺占了河套地区，攻取汉之朝那（今宁夏固原东）、肤施（今陕西榆林东南）等郡县，并侵略燕、代等地。

公元前200年，刘邦亲率32万大军御驾亲征匈奴，不料在白登山（今大同市东马铺山）陷入匈奴40万大军包围之中。幸得陈平献计，通过贿赂单于之妻打通关节，刘邦才得以脱险。经此大挫后，西汉遂长期对匈奴取守势战略，并以岁岁进献财礼为代价，换取匈奴不内侵。从此，匈奴对西汉政权变得盛气凌人。刘邦死后，冒顿单于甚至致信调戏吕后，言语十分轻慢："陛下独立，

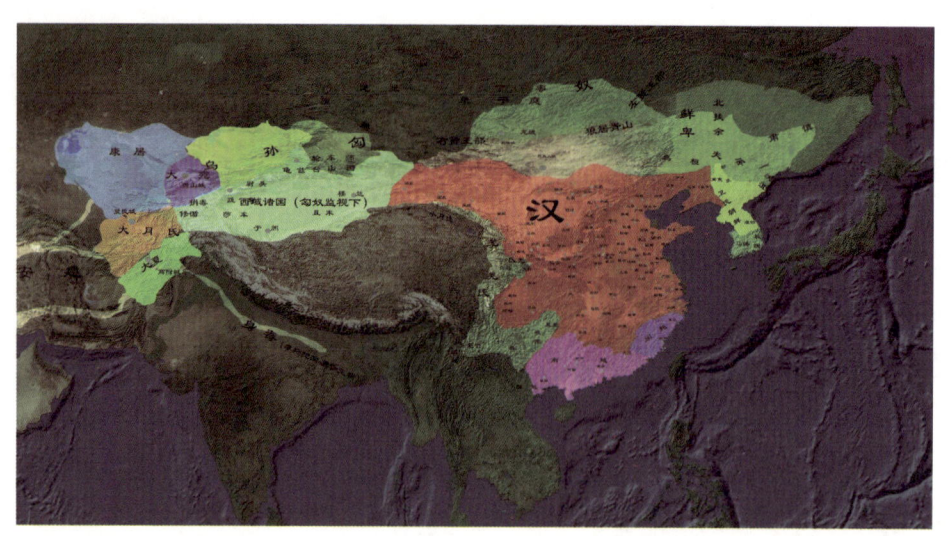

> 汉朝与匈奴对抗形势图

孤愤独居，两主不乐，无以自虞，愿以所有，易其所无。"① 吕后气极，回信却尽是软话，称自己"年老气衰，发齿堕落，行步失度"②，配不上冒顿。

　　刘邦之后，西汉迎来了著名的"文景之治"，国家安定繁荣。然而，汉天子仍不得不继续向匈奴进贡、实行和亲政策，先后将3位汉公主都嫁给军臣单于③（冒顿单于之孙）。匈奴对西汉贡奉的礼物照单全收，不够用了就到西汉北部边境侵掠，仅辽东和云中地区每年被其杀掳的汉人就达1万多人。有时匈奴大军甚至打到离汉都长安仅200千米的地方。文帝和景帝亦曾反抗，不过均以失败告终。如公元前166年，文帝拒绝和亲，竟引来匈奴14万大军。汉军受命迎击，却惧而不战。到最后，文帝被迫屈辱求和。这种情况持续了近70年之久。

---

① ［汉］班固：《汉书·匈奴传上》，北京，中华书局，1962年，第3755页。关于汉匈大战的历史，《史记》与《汉书》有不少地方重复记载，笔者一般做如下处理：相似的记载，采《史记》，《史记》中没有的记载，采《汉书》。

② ［汉］班固：《汉书·匈奴传上》，北京，中华书局，1962年，第3755页。

③ 　一夫多妻的现象在匈奴很普遍，不只是单于和贵族享有此权。当时，西汉方面很不理解这一习俗，其实匈奴有自己的特殊原因：由于战争频繁，男子战死沙场太多，制造了大量寡妇，加之匈奴经常掠夺妇女，遂出现"男少女多"的现象，而匈奴也有增加人口的需要，故有"一夫多妻"之俗，而且常有子继父妻、弟继兄妻的现象。

汉武帝即位时（公元前 140 年）年仅 16 岁，朝政由窦太后主持。在此期间，汉朝继续执行与匈奴的和亲政策。7 年之后，西汉国力更盛，具备了与匈奴一争高下的实力。23 岁的汉武帝决定发起反击。

汉军对匈奴：从反击到追击

汉武帝时期的汉匈战争大致经历了三个阶段：第一阶段，汉军进行试探性进攻，以锻炼统兵将帅，积累作战经验，探察匈奴虚实；第二阶段，汉军发起全面进攻，连续取得重大胜利，迫使匈奴远遁；第三阶段，汉军连遭挫折，被迫停止汉匈战争。

（一）第一阶段（公元前 133 年至公元前 128 年）

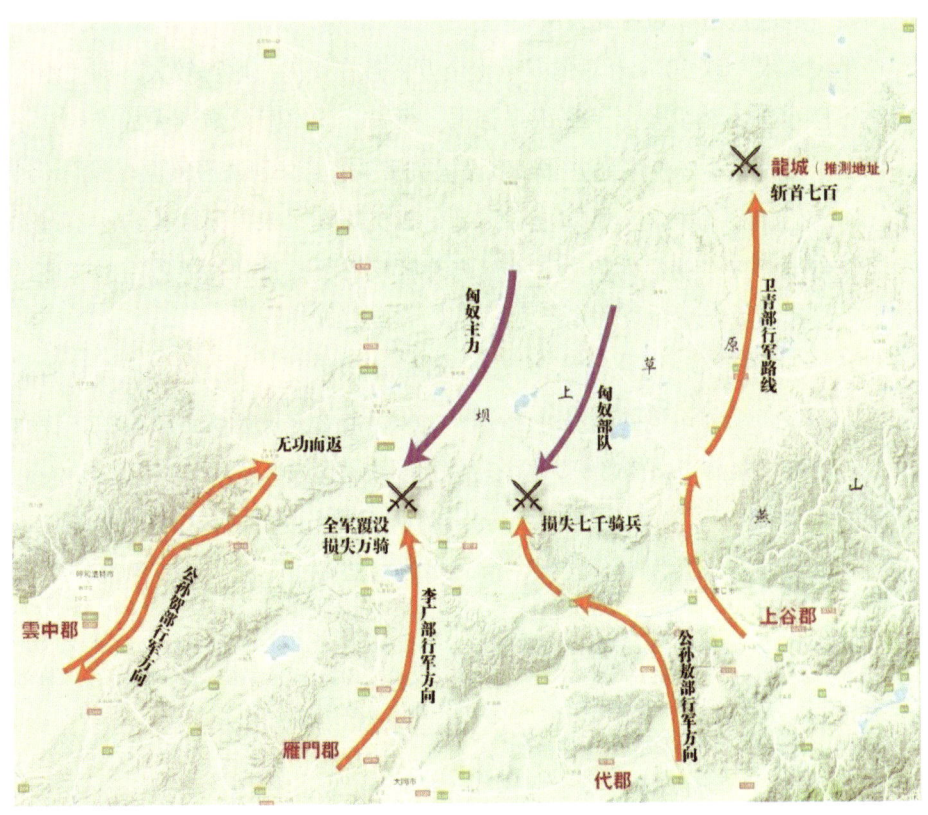

> 关市出击战

1. 马邑诱击战。公元前133年，汉武帝采纳大行王恢①的建议，拟趁汉匈和亲不久、对方仍然麻痹之际，诱其进入马邑（今山西朔州市东），设伏兵围而歼之。为此，汉朝派常年往来于汉匈之间的商人聂壹②密见军臣单于，谎称自己可斩杀马邑令丞后举城投降，供奉所有财物。随后，聂壹回马邑斩杀了一名死囚，悬其头于城门，并报军臣单于急来，还将马牛羊放满山野，以为诱饵。同时，30万汉军张网以待：韩安国、李广、公孙贺等率军伏于马邑附近的山谷（今句注山北麓），负责围歼单于大军；王恢与李息率军伏于代（今上代县西北），负责截击匈奴辎重和断其退路。

军臣单于果率十余万大军前来，但行至武州塞（今左云县东，距马邑尚有100多里），发现山上牲畜虽多，却无人放牧，遂起疑心。为此，匈奴军就近抓获当地一个巡行的汉军小吏，通过逼问得悉汉军计划。军臣单于闻报大惊，急引军北撤。王恢与李息本可断匈奴归路，但他们慑于对方军势，没有出击。马邑伏击计划遂告破产。

是役，汉军以30余万对匈奴军十余万，且在境内，胜算较大，即使不能生擒军臣单于，至少也能予敌沉重打击。可惜，汉军显然缺乏大战经验，一来保密工作做得不好（连小吏都知道设伏机密），二来利诱假象也有漏洞（牲畜无人看管），三来对获胜的信心不足，战机出现时未能果断出击。不过，马邑诱击战是一个明显的信号，它标志着西汉忍辱负重和韬光养晦的时期结束了。汉武帝放弃了和亲政策，决心以武力解决匈奴问题。

2. 关市出击战③。马邑伏击战后，匈奴施以报复，更加频繁地袭扰西汉边境。不过，汉匈边境的贸易并未中断。汉武帝见大规模诱击战失败，转而决定利用匈奴人前来交易之机，歼之于关市附近。

公元前129年，汉军兵分四路，准备歼灭云中（今内蒙古托克托东北）、雁门（今山西右玉县南）、代郡（今河北蔚县西南）、上谷（今河北怀来）

---

① 王恢：时任大行（官职名，掌管礼仪），主张用武力进击匈奴。马邑诱击战中，他率兵担任断匈奴后路的任务，却未敢出击。尽管他向汉武帝解释说不是因为害怕，而是出击无益（3万对10万），但未得汉武帝原谅。王恢自知难逃一死，自杀身亡。

② 聂翁壹：意为姓聂名壹的老翁。

③ 1956年9月正镶白联合旗改名正镶白旗。1958年，锡察盟合并称"锡林郭勒盟"，辖正镶白旗等9旗。

4 处关市之匈奴军。值得注意的是，汉军 4 路统兵将领中，3 位是老将（公孙贺、李广、公孙敖），只有卫青（汉武帝的小舅子）是首次出征的青年将领。这是汉军第一次近距离出击，结果是"2 负 1 平 1 胜"：公孙敖损兵 7000，李广被俘（后逃脱[①]），公孙贺无功而还，仅卫青取得小胜，杀敌 700 余。卫青胜战之地龙城（蒙古正镶白旗附近[②]）是单于祭天和聚会首领的地方。在近于首都之地取胜，政治意义大于军事意义。

汉军此番出击，杀敌 700，自损 1.7 万，可谓得不偿失。惟卫青深入敌境且小有斩获，这也是汉军对匈奴作战的首次胜利。

3. 雁门之战。关市出击未能得手，结果引来匈奴报复。渔阳（今北京密云西南）屡遭侵掠，守将韩安国所部几乎全军覆没。公元前 128 年秋，匈奴又发兵攻雁门，卫青率 3 万人马赴援（出雁门），在李息军配合下（出代郡），杀敌数千，击退匈奴。

马邑诱击战，汉军劳师动众，未建寸功；关市出击战，汉军仅获小胜，得不偿失；雁门之战，韩安国守御失败，卫青反击成功。通过这一阶段的作战，汉武帝认为，文景时代的老将们（包括韩安国、李广、公孙贺、公孙敖）善守不善攻。同时，青年将军卫青崭露头角，在龙城之战和雁门之战中均有突出表现，将成为对匈作战的主帅。

（二）第二阶段（公元前 127 年至公元前 119 年）

1. 河南之战[③]。汉武帝选择河南地作为第一次大战的战场，主要出于两个考虑。一是解除匈奴对长安的直接威胁。这里的"河南"不是今天的河南省，而是指黄河河套地区。自刘邦建立西汉，匈奴就占据河南地。从理论上讲，匈奴骑兵从此地出发，两昼夜即可南向杀到长安，对西汉政权威胁甚大。二是实行"东守西攻，避实击虚"的战略。公元前 129 年冬，匈奴继续袭扰上谷、渔阳。次年秋又兵分三路大举进扰，东路杀辽西太守，中路败渔阳韩安

[①] 李广虽然逃归，但仍被判死刑，他交了赎金才保全性命，不过已是庶人一个。两年后，镇守右北平的韩安国病死，他才得以被重新起用。

[②] 1956 年 9 月正镶白联合旗改名正镶白旗。1958 年，锡察盟合并称"锡林郭勒盟"，辖正镶白旗等 9 旗。

[③] 亦称"朔方之战"。

国,西路杀入雁门关。汉武帝见匈奴在东面(山西与河北两省北部)兵强势大,而驻守河南的白羊和楼烦二王(所部匈奴军约5万)并非匈奴单于亲信,遂决定袭据河南。

河南之役,汉武帝大胆起用了卫青担当重任。公元前127年春,卫青与李息率军出云中,其中李息负责牵制单于西援,卫青负责收取河南地。卫青率军出云中后西行,在秦长城的掩护下一直进至高阙塞(今内蒙古杭锦后旗),在此转头南下。卫青军几乎绕着"几"字形河套地区逆时针转了一圈,在战略上完成了数百千米的大迂回。然后,卫青挥军向匈奴侧后发起突袭。河南地承平80余年,匈奴防御薄弱,白羊与楼烦根本没想到会遭突袭。因此,匈奴军一触即溃,被歼数千人。

河南之战是汉匈战争西汉的第一次大胜。汉军胜利的原因主要有两点:从战略上看,汉武帝采取了避强击弱的策略;从战术上看,得益于卫青抛弃了老套的"阻击伏击"与"防守反击",而采取了"深远的战略迂回"战法。战后,卫青因功封长平侯,获封3800户。

随即,汉武帝在河南地新置朔方(郡治在今内蒙古杭锦前旗东南)和五原(郡治在今包头)两郡,从内地征发十余万人移民屯边并修筑朔方城。此后,西汉歇兵3年,以巩固新占之地,作为进一步进击的前进基地。这样一来,"昔日匈奴刺向汉朝后背的利刃",一下子转变为"汉军指向匈奴前胸的长戟"。[①]

2. 漠南[②]之战。漠南之战由卫青指挥,分两个阶段:一是进袭右贤王(公元前124年),二是大战单于主力(公元前123年)。

军臣单于对丢失河南地既怒且耻,一方面加紧对东北地区侵袭,另一方面企图以武力收回河南地。河南之战后第二年,军臣单于死,左谷蠡王伊稚斜击败军臣之子于丹,自立为单于。匈奴内政虽发生变故,但对西汉的侵略政策并无改变,且变本加厉。同时,伊稚斜还命令右贤王以武力收回河南地。

为进一步巩固新取之河南地,汉武帝将打击目标对准了匈奴右贤王。公元前124年,十余万汉军分两路出击:卫青率西路军出高阙和朔方,进袭拥

---

① 军事科学院:《中国军事通史·西汉军事史》,北京,军事科学出版社,1998年,第219页。
② 1956年9月正镶白联合旗改名正镶白旗。1958年,锡察盟合并称"锡林郭勒盟",辖正镶白旗等9旗。

兵8万的右贤王；李息率东路军出右北平，负责牵制匈奴左部。

右贤王的王廷在阴山山脉以北数百里处，离朔方有600至700里[①]之遥。右贤王"以为汉兵不能至此，饮醉"[②]。汉军突然发动夜袭。匈奴军毫无防备，大败。右贤王仅带少数人逃脱，所部1.5万[③]被俘，牲畜数十万被缴。此役不但进一步巩固了河南地，而且大大削弱了右匈奴实力，切断了左部匈奴与河西匈奴的联系。汉武帝得报非常兴奋，未等卫青回到长安就封其为大将军，还让使者持大将军印到边塞迎接。卫青获封8700户，离万户侯不远了。

汉军在西面取得两次大胜，但未能改变东面被动挨打的地位。汉武帝深知，必须在东面予匈奴主力以痛击才能真正制止其侵略。公元前123年2月，卫青受命统率十余万汉军出定襄（今内蒙古和林格尔县）北进，寻歼匈奴主力。此前，卫青采用远距离奇袭战术，三战连捷（龙城之战、河南之战、奇袭右贤王），但其作战对象均非匈奴主力。因之，此番寻歼匈奴主力是对卫青的最大考验。

出定襄不远，汉军便与一队匈奴骑兵发生遭遇战。汉军获胜，斩首3000余级，但暴露了奇袭企图，卫青遂暂时班师。因未完成汉武帝交代的任务，卫青于两个月后再度率军出征。此时，匈奴已有警惕，一路层层阻击。汉军势大，连续击破沿途匈奴军，北进数百里，大约在阴山主脉一带遭遇伊稚斜单于所率数万名匈奴主力。激战中，匈奴左贤王率援军自东北方向赶到。卫青急令赵信与苏建（苏武之父）率前军与右军合军，迎击左贤王，保护本军侧翼。然而，这两路汉军仅3000余骑兵，寡不敌众，伤亡殆尽。赵信投降匈奴，苏建只身逃回汉军大本营。但在主战场，汉军主力得以击败匈奴主力，斩首1.9万余级，迫使伊稚斜北逃。

此役，汉军的进击失去了突然性，主要依靠雄厚的兵力优势取胜。从卫青未得任何封赏的情况看，汉武帝对这次战役的结果并不满意。另一方面，汉武帝通过此战发现了一个也许比卫青更有潜力的人才——年仅18岁的小将霍去病。是役，霍去病仅率800轻骑，远离卫青本队，孤军追敌数百里，杀

---

① 长度单位，1市里等于150丈，合500米。
② ［汉］司马迁：《史记·卫将军骠骑列传》，长沙，岳麓书社，1988年，第802页。
③ ［汉］司马迁：《史记·卫将军骠骑列传》，长沙，岳麓书社，1988年，第802页。

敌 2028 人[1]，斩伊稚斜单于祖父，俘伊稚斜叔父罗姑比及匈奴相国等。因此，霍去病受封冠军侯，获封 2500 户。霍去病仅以 800 骑就消灭了几乎 3 倍于己之敌。同样是初战，与 6 年前卫青的龙城之战相比，霍去病在此役的表现与功绩可以说有过之而无不及。

漠南之战后，降将赵信劝伊稚斜将王廷迁至漠北，企图诱汉军越大漠深入，待其困顿之时再予以歼灭。漠南之战消除了匈奴对汉边境中、东部的当前威胁，在一定程度上达到了预期目的，是成功的。汉武帝之所以不赏卫青，很大程度上是由于赵信投敌，将汉军实力虚实和未来计划都暴露给了伊稚斜单于。此后，汉武帝继续对匈奴用兵，但他做出了两个改变：一是改变了战略进攻方向，把北击改为西进；二是变换了远征军统帅，小将霍去病取代了卫青。

3. 河西之战。早在汉武帝即位第三年（公元前 138 年），他就派出张骞出使西域探路，寻找共击匈奴的同盟。不料，张骞去后杳无音信，历尽 12 年坎坷后才回朝复命（公元前 126 年）。带回的消息也令人沮丧，被匈奴赶出西域的月氏人并不愿与匈奴为敌。尽管如此，张骞仍然向汉武帝建议不应放弃西域，而要好好联络和经营西域，形成"断匈奴右臂"的战略布局，使匈奴东西两面受敌。及后，西汉取得漠南之战的胜利，迫使匈奴主力撤到漠北。这样一来，漠南只剩下东面的左贤王和西面的浑邪王（驻张掖）、休屠王（驻武威）。由于东面战场压力减轻，加之赵信投降暴露了汉军继续北进的计划，汉武帝遂将对付匈奴的战略主突方向转移到河西走廊。正是在这一背景下，公元前 121 年 3 月，霍去病受命率 1 万兵力赴河西进行战略试探性进攻。

首战河西。霍去病沿河西走廊一路前推，连续击败依附匈奴的 5 个小部落王国。在翻越焉支山[2]（今甘肃山丹县的大黄山）后继续向西北挺进时，霍去病终于与浑邪、休屠二王遭遇。汉军大胜，追战 6 日，擒获浑邪王子及相国，斩首 8960 级[3]。不过，汉军亦为此付出了沉重代价，伤亡七成[4]，仅余 3000

---

[1] [汉] 司马迁：《史记·卫将军骠骑列传》，长沙，岳麓书社，1988 年，第 804 页。

[2] 焉支山：亦称"燕支山""阏耆山"。

[3] [汉] 班固：《汉书·卫青霍去病列传》，北京，中华书局，1962 年，第 2479 页。

[4] 一说匈奴军减员 70%。《汉书》确实说得不清楚，容易让人产生歧义，见《汉书》第 2479 页（中华书局 1962 年版）。

余骑。霍去病最远进至今酒泉一带,但因兵力太少,此次远征到此为止。霍去病遂率残军班师,归途中在皋兰山下(今兰州附近)遭到匈奴折兰王和卢侯王截击。霍去病挥军力战,杀二王而回。

再战河西。霍去病首战河西告捷,但只是一路平推,未能彻底歼灭敌有生力量。

> 河西之战示意图

汉武帝决定趁热打铁,对惊魂未定的河西匈奴发动第二次打击,夺取匈奴在祁连山(非今祁连山,乃今巴里坤山)的优良牧地。此次,汉军加强了兵力,采用"两路包抄钳击"战法。南路汉军由公孙敖率领,在正面吸引和牵制匈奴;北路汉军由霍去病亲自率领,从北侧迂回匈奴背后。两军预定在祁连山附近之黑河(今弱水上游)会合。霍去病率军自北地(今甘肃宁县西北)出发,一路向西北方向行军,至居延海折向南方,共行军2000余里,按期进抵黑河。然而,公孙敖一路出陇西(今甘肃临洮东北),却因中途迷路折回,未如期与霍去病会师(公孙敖因此被夺去侯爵)。如此,霍去病一路便成了孤军。然而,霍去病毫不畏惧退缩,而是果敢指挥汉军袭击匈奴军侧后,大获全胜,杀敌3.02万人,降俘七王及其相国、都尉等近3000人[①],打通了西域,实现了"断匈奴右臂"的战略企图。为此,汉军亦付出了减员三成的代价。

霍去病河西两胜,靠的就是"出敌不意"。第一次河西之战,匈奴军根本没想到汉军会突然出现,被霍去病打得大败。仅几个月之后,霍去病再次进击河西,再度出乎匈奴意料。这其中有个主要原因是"匈奴马"与"汉马"的喂养方式不同。匈奴马吃草地上的青草,故匈奴常逐水草而居,其发动进攻往往选择草盛马壮的秋季。汉马则吃收割储存的草料,故汉军出击不受季

---

① [汉]班固:《汉书·卫青霍去病列传》,北京,中华书局,1962年,第2480页。

节限制。匈奴根据自己的作战特点，推测汉军不可能连续出击，故第二次亦未加戒备，结果再度大败。

丧失河西对匈奴造成了军事和经济上的双重损失。匈奴妇人哀歌："亡我祁连山，使我六畜不蕃息；失我焉支山，使我妇女无颜色。"①右部匈奴因作战不利北退时，一般有三条沿河路线：一是越腾格里沙漠，沿黄河北上；二是过焉支山，沿石羊河北上；三是沿弱水，走居延海北归。两次河西之战后，右部匈奴北退之路被堵死。伊稚斜非常恼怒，欲借召见浑邪王和休屠王的时机杀之。二王为自保，遂向西汉表示投降之意。4万余匈奴降军随后被分散安置在西汉北地。自此，汉匈战略攻守之势转换，西汉夺得了战略进攻的主动权，而匈奴处于战略守势。

4. 漠北决战。西汉对匈奴三次大战（河南之战、漠南之战、河西之战）皆获大胜，但匈奴主力北遁漠北，对西汉北境的威胁并未从根本上消失。汉军经3次实战锻炼，已经脱胎换骨，不再是马邑之战前那支只会防守的军队，而积累了大兵团远程奔袭的作战经验，涌现出卫青、霍去病等一批中国历史上的杰出将领，成长为敢于和善于实施战略进攻的强大军队，且无侧翼之忧。汉武帝遂决定超过大漠，深入漠北，与伊稚斜单于进行战略决战。为此，西汉几乎倾尽了全力：所有优秀将领都被调来参战，投入作战的骑兵10万，从马（负责运送物资，必要时可作战马）14万匹b，负责后勤保障的步兵劳役更达数十万。

此役，汉武帝令卫青与霍去病并驾为左右两路统帅，各领5万马步兵大举出击。相比之下，汉武帝更偏重于霍去病。第一，卫、霍所率兵力相当，但兵员素质不同，"敢力战深入之士皆属骠骑（即霍去病——笔者注）"③。第二，卫、霍同时率军北进，但所指目标不同。右路卫青军为辅助进攻方向，出代郡，以匈奴非主力军左贤王部为作战目标；左路霍去病军为主要进攻方向，出定襄（代郡西面），以匈奴军主力伊稚斜单于为作战目标。

---

① 刘凤泉等：《中国历代军旅诗三百首鉴赏》，济南，山东友谊出版社，1999年，第34页。
② [汉]司马迁：《史记·卫将军骠骑将军列传》，长沙，岳麓书社，1988年，第806页~807页。
③ [汉]司马迁：《史记·卫将军骠骑将军列传》，长沙，岳麓书社，1988年，第806页。

公元前119年夏，汉军大举出击。霍去病出发不久，从抓获的俘虏中得知"单于在东"的假情报。汉武帝得报，迅将卫、霍两路汉军对调。卫青率军出定襄不久，通过俘虏获知伊稚斜单于驻牧地，立即改变行军序列：将老将李广率领的前军与赵食其率领的右军合为一队，绕路迂回至匈奴侧后，自率领中军变为前军，加速直扑伊稚斜驻地。但李、赵两军因迷失道路未能参加漠北决战。

卫青率军出定襄千余里，抵达今蒙古车臣汉部西南地区时，伊稚斜已在此陈兵等待多日。见此，卫青采用了稳健战术。他先以武刚车（车顶及四周均以皮革作防护）"自环为营"，防止匈奴骑兵袭击，再遣5000骑兵出击。伊稚斜则以万人出击。两军激战竟日，未分胜负。到日落之时，天气突然生变，"大风起，沙砾击面，两军不相见"[①]。卫青一向善于把握战机，立即派出预备队从左右两翼将匈奴军包围起来。伊稚斜"视汉兵多而士马尚强"，认为"战而匈奴不利"，于是乘夜率数百壮骑杀出重围北逃。卫青不知伊稚斜已脱走，尤自挥军继续与被围敌军交战至深夜。及后，汉军审问俘虏，方知伊稚斜黄昏时已突围北走。卫青得报，舍弃被围之匈奴军，连夜追赶200多里，及至天明，虽俘杀敌军1万余[②]，但未获伊稚斜，前夜被围之匈奴残军亦乘机脱走。卫青率军继续北追，一直进至寘颜山（今蒙古纳柱特山）赵信城（伊稚斜为赵信修筑的城，位于燕然山东侧[③]）。在这里，卫青发现了匈奴的后勤基地，烧之凯旋。

对卫青来说，漠北决战留下了莫大遗憾。试想，如果李广与赵食其两军能够参战，不敢说一定能活捉伊稚斜，至少战果会更大。卫青也认识到这一点，非常后悔，故暗示李广将迷路责任推给其部下。但老将李广不堪其失，遂自杀。李广自杀后，卫青十分愧疚。及后，李敢（李广之子）为父报仇击伤卫青，而卫青选择了谅解和隐瞒此事。从这些细节可以看出，将李广支开确是卫青一大失误。尽管如此，伊稚斜单于经漠北打击后，已是惊弓之鸟，担心被卫青找到，10天里都没敢回匈奴本部。

[①] [汉] 司马迁：《史记·卫将军骠骑将军列传》，长沙，岳麓书社，1988年，第806页。
[②] [汉] 司马迁：《史记·卫将军骠骑将军列传》，长沙，岳麓书社，1988年，第806页。
[③] 一说杭爱山南。

百战归来：名将与成名战

> 漠北之战发生地之一，杭爱山

　　霍去病自代郡北进，未遇伊稚斜，但战果颇丰。霍去病率军长驱北进2000余里，在檮余山（今达里湖北）遇左贤王部并猛攻之。左贤王部此前一直未遭到有力打击，实力强劲，但在霍去病率领的最精锐汉军面前不是对手，大败而逃。霍去病紧追不舍，一直追到狼居胥山（今蒙古阿尔泰山东麓的赛因山达附近[1]），登临瀚海（今贝加尔湖）。汉军一路斩杀匈奴王以下70529[2]人，占对方总兵力的百分之八九十，左贤王仅以身免。霍去病这一壮举被写入了名著《草原帝国》："霍去病进行了更加大胆的尝试，领兵深入外蒙古约1000千米，直至达土拉河与鄂尔浑河上游一带。他俘虏匈奴头目80余人，并在匈奴统治地区的某座山上举行了隆重的祭神典礼。"[3]

　　漠北决战是西汉反击匈奴的最高峰。此役，匈奴骑兵损失8至9万[4]，牲

---

[1] 一说在蒙古乌兰巴托附近的肯特山。因其地不在中国境内，实地考古困难，以上两地尚是推测（见陈旭：《探寻"霍去病征伐匈奴"之路》，《中国国家地理》，2011年第2期，第170页）。
[2] [汉]司马迁：《史记》，长沙，岳麓书社，1988年，第807页。
[3] [法]勒庞格鲁塞著、黎荔等译：《草原帝国》，北京，国际文化出版公司，2003年，第42页。
[4] 军事科学院：《中国军事通史·西汉军事史》，北京，军事科学出版社，1998年，第231页。

畜财产损失更是不计其数。伊稚斜单于虽然得脱，却再不敢在漠北立足，而向西北远遁。军事科学院编著的《中国军事通史》评价道："如果说漠南之战后匈奴单于移王廷于漠北，还可以看作是一种战略转移的话，那么，漠北之战后的'漠南无王廷'，则标志着匈奴势力的大范围退缩。"[①] 至此，危害汉朝北境百余年的匈奴边患基本解决。当然，汉军也付出了相当代价：士兵死者数万，马匹更损失十余万（出时 14 万，归时不足 3 万[②]），以至此后不能独立编组骑兵大部队，不得不采取步骑混编。

经过 14 年（公元前 133 至公元前 119 年）的 7 次作战，西汉将匈奴驱逐到阿尔泰山西北地区，向西、北、东 3 个方向推进，占领并巩固了河西、河南、漠南数千里的国防线。同时，汉匈双方国力均大为损耗，人力、物力和财力难以支撑继续进行大战，遂转入 20 年相对和平时期。

漠北战略决战后，汉武帝挟大胜之威，欲迫使匈奴臣服。不料，伊稚斜单于不服输，扣押了汉使者任敞。汉武帝闻报大怒，准备再次大举北伐。遗憾的是，最擅长远程奔袭的霍去病在漠北大战两年后就病死了（公元前 117 年，年仅 24 岁），加之"汉马少"，故"其事遂寝"。及后，汉匈之间继续维持了 18 年（公元前 118 至公元前 101 年）"不战不和"的休战状态[③]。匈奴尽管不肯臣服，但也十分害怕西汉。公元前 111 年，汉武帝不放心北部边防，遂派公孙贺与赵破奴率军分别出五原[④]（今内蒙古包头）和令居（今甘肃永登西北）向北搜索前进，纵深各达 2000 余里，"皆不见匈奴一人而还"[⑤]。

20 年里，汉武帝一再拒绝匈奴和亲要求，他要的是匈奴效仿其他蛮夷，向西汉臣服，但屡为匈奴拒绝。其间，汉武帝曾于公元前 110 年亲率 18 万骑兵巡行北境向匈奴示威，并派使臣激辱伊稚斜死后继位的新单于乌维："南越王头已悬于汉北阙。今单于即前与汉战，天子自将兵待边；单于即不能，

---

① 军事科学院：《中国军事通史·西汉军事史》，北京，军事科学出版社，1998 年，第 231 页。
② [汉]司马迁：《史记·卫将军骠骑将军列传》，长沙，岳麓书社，1988 年，第 807 页。
③ 此间，汉武帝继续在其他方向用兵：西通西域，平西羌；南平南越；同时对匈奴两度使用分化离间之计，但均告失败。
④ 五原：即秦之"九原"，汉武帝元朔二年即公元前 127 年改称"五原"。
⑤ [汉]班固：《汉书·匈奴传上》，北京，中华书局，1962 年，第 3771 页。

即南面而臣于汉。何徒远走，亡匿于漠北寒苦无水草之地为，毋为也。"① 乌维单于大怒，扣押了汉使郭吉，还把他流放于北海（今蒙古乌布苏泊）。汉武帝又要匈奴将其太子入质长安，乌维单于不但不答应，还反过来要求汉武帝把太子送到匈奴做人质，否则就要寇边。这说明，匈奴始终不肯归附西汉，双方总有一天将重新开战。

（三）第三阶段（公元前 99 年至公元前 90 年）

公元前 104 年，为夺取大宛（今俄罗斯费尔干纳）汗血良马，汉武帝派李广利②（汉武帝宠妃李夫人之兄）征伐之。汉军先败后胜，于公元前 102 年取大宛首都贰师（李广利"贰师将军"之名即源于此），威服西域。匈奴本欲截杀汉军于班师途中，最终慑于汉军声威而放弃。之后，汉武帝欲乘机进击匈奴。且鞮（音同"低"）侯单于新立，得知后非常恐惧，不但将以前扣押的汉使除投降者外悉数放回，还向汉武帝乞怜："我儿子，安敢望汉天子！汉天子，我丈人行也！"③汉武帝有所感动，罢征匈奴，并于次年派苏武出使匈奴。不料，副使张胜因与降汉者密谋劫单于之母归汉。事泄，苏武遭到流放。这一事件使且鞮侯单于和汉武帝都勃然大怒，成为汉匈重开战争的导火线。

1. 天山—浚稽山之战。汉武帝首先发起进攻，目标是匈奴右贤王所据之天山，以解除其对西域的威胁。公元前 99 年 5 月，汉武帝派李广利率骑兵 3 万出酒泉，进击右贤王；公孙敖率军万余出西河（郡治平定，今内蒙古准格尔旗西南），路博德率军万余出居延，后两路军计划会师涿邪山（今阿尔泰山东南④），负责牵制且鞮侯单于增援右贤王。

公孙敖与路博德所领两军在涿邪山顺利会师，但未见匈奴军，遂班师回朝。其实，匈奴军就在涿邪山西北方向不远的浚稽山（今阿尔泰山中段），但在公孙敖与路博德所领两路汉军抵达前，且鞮侯单于已率军西去截杀李广利军。

---

① ［汉］司马迁：《史记》，长沙，岳麓书社，1988 年，第 807 页。

② 卫青于公元前 106 年谢世。

③ ［汉］司马迁：《史记·匈奴列传》，长沙，岳麓书社，1988 年，第 800 页。

④ 一说蒙古满达勒戈壁附近。

> 位于今天甘肃酒泉市的霍去病塑像，酒泉因霍去病而得名

李广利部开始进展顺利，在天山击败右贤王，杀敌万余，达成了预定作战目的。但李广利在班师途中，突遭且鞮侯单于率大军截杀，大败，损兵十之七八。

两路汉军未能牵制住且鞮侯单于主力，与历史上著名的"李陵事件"有很大关系。李陵是名将李广之孙。一开始，汉武帝让李陵为李广利"将辎重"，而李陵则要求带兵向北进击且鞮侯单于，以牵制其向西增援右贤王。汉武帝表示无马拨付。李陵豪气干云："愿以少击众，步兵五千涉单于庭。"① 汉武帝答应了李陵要求，并派他率军先行，为公孙敖与路博德两军侦察探路。公元前99年9月，李陵率5000步兵孤军深入，出居延海北1000余里，在浚稽山与匈奴军相遇。敌军正是3万单于主力，兵力为李陵军6倍！而且李陵所率皆为"步兵"，无法迅速摆脱敌军，遂被包围。然而，这些来自荆楚的步卒均为李陵精心训练，个个都有"力扼虎，射命中"② 的本事。因此，匈奴3万骑兵居然不能歼灭这5000步兵。且鞮侯单于见状，又调来8万骑

---

① [汉]班固：《汉书·李广苏建传》，北京，中华书局，1962年，第2451页。
② [汉]班固：《汉书·李广苏建传》，北京，中华书局，1962年，第2451页。

百战归来：名将与成名战

> 霍去病被中国人视为一代名将，图为霍去病塑像

兵。李陵率军且战且退，一路射杀敌军甚众，合计约1万余人[①]。换言之，李陵所部消灭之敌比自己的总兵力还多一倍，而且是在逆境下取得的战果，足见李陵所率汉军之强悍。李陵退到居延海北，离汉军防御匈奴的前沿阵地仅百余里，眼看就要脱险，最终却兵败被俘。造成这一悲剧的人叫管敢，是李陵的部属。他临阵投敌，向匈奴透露了李陵兵少，箭矢将尽，且无后援的内情。匈奴遂放胆进攻，李陵力尽被俘，自觉"无面目报陛下"[②]，降了匈奴[③]。李陵余部400余人脱围后散归汉地。

汉武帝想让李广利再现22年前霍去病进击河西的辉煌，其过程也颇为类似，结果却大不相同。相同之处在于，两人在初期作战中都取得成功，班师途中都遭到截杀。不同之处在于，霍去病击败了前来拦截的匈奴军，杀其二王而归，李广利却险些突围不出，损兵大半。

2. 余吾水之战。汉武帝不甘心失败，歇兵一年后，于公元前97年派出更大规模汉军出击匈奴。汉军共计21万余兵力，可谓声势浩大。其中，李广利领兵13万（6万骑兵，7万步兵）出朔方，路博德率步兵1万余，为李广利负责后勤保障；韩说率步兵3万出五原；公孙敖率兵4万（1万骑兵，3万步兵）

---

① [汉] 司马迁：《史记·李将军列传》，长沙，岳麓书社，1988年，784页。
② [汉] 班固：《汉书·李广苏建传》，北京，中华书局，1962年，第2455页。
③ 李陵兵败第二年，冷静下来的汉武帝意识到李陵的勇武和冤屈，并认识到自己未及时派出援兵的错误，遂派公孙敖赴匈奴迎回李陵。但公孙敖却带回李陵正为匈奴训练士卒的消息（消息有误，其实是汉边塞都尉李绪为匈奴练兵）。汉武帝大怒之下，斩了李陵全家，彻底断绝了李陵归汉的念想。

出雁门。

关于汉军此次战略目标，史无记载。这也许不是史官疏忽，因为汉武帝的目标不是夺占地盘，而是歼灭匈奴主力，单于在哪就往哪打。26年前漠北决战，汉军作战兵力不过10万，此番出征竟出动21万，显见汉武帝欲再现漠北之战辉煌的雄心。不过此次出击的汉军中，骑兵仅7万，反不如漠北决战的骑兵规模。

李广利率军进至涿邪山，得知且鞮侯单于在余吾水（今蒙古土拉河），遂继续北上与之一决雌雄。尽管李军总兵力13万，多于匈奴军10万[1]，但汉军骑兵仅6万。激战之下，胜负难分。李广利忧及骑兵不足，担心匈奴尚有预备队，加之有天山之败的心理阴影，遂在胜负未分时引兵南撤。公孙敖一路与匈奴左贤王部发生遭遇战，不利撤回。韩说军因未遇敌军，无功而返。

浩浩荡荡的21万大军出征，就这样悄无声息地结束了。

3. 燕然山之战。余吾水之战后，汉匈均忙于内政，互无攻伐。7年后（公元前90年），内政稳定下来的匈奴开始主动向西汉挑衅，攻入五原和酒泉两郡，杀汉都尉，大有重占上风之势。汉武帝不肯示弱，决定再次出击，并仍以李广利为帅。此次，汉军共出动14万（仅为余吾水之战的三分之二），兵分三路。其中，李广利率军7万由五原北进，商丘成[2]率军3万[3]由西河（郡治平定，今内蒙古准格旗西南）向西北挺进，莽通[4]率骑兵4万由酒泉北进。汉武帝调整了本次出击的战略目标，不再寻求歼灭匈奴主力，而是捣毁位于今蒙古库仑西北地区的匈奴后方基地。

接任且鞮侯单于的狐鹿姑单于得知汉军北进，但不知是李广利军主力，故只派出5000骑兵伏击汉军于夫羊句山峡谷（今浚稽山东南）。李广利兵多势大，击败匈奴伏兵并乘胜追击，直至范夫人城[5]（今蒙古南戈壁省达兰札加

---

[1] ［汉］班固：《汉书·匈奴传上》，北京，中华书局，1962年，第3778页。
[2] 有论著称"商丘城"，此从《汉书》（中华书局1962年版，第3778页）。
[3] 《资治通鉴》载为2万，此从《汉书》（中华书局1962年版，第3778页）。
[4] 《资治通鉴》载为"马通"，此从《汉书》（中华书局1962年版，第3778页）。
[5] 据说该城为一汉将所建，汉将阵亡后，其妻范氏率残兵御敌保此城不失，故名。

德西①）。

就在此时，国内发生的一件大事直接影响了前线汉军的命运。李广利出征前，曾与自己亲家、汉丞相刘屈氂密谋立自己的外甥刘髆为太子。不料，此事被人告发于汉武帝，刘屈氂遭斩，李广利家人亦被捕下狱。李广利得报，方寸大乱，商于部下。有人劝李广利投降匈奴避祸，他犹豫不决，最后决定用战功减轻自己的罪责。因此，李广利率军北上，进至郅居水（今蒙古色愣格河②），仍不见匈奴踪影。未找到狐鹿姑单于，李广利不甘心，领兵2万越郅居水继续北进，终于追上匈奴左大将所率掩护后勤物资北撤的2万匈奴军。汉军很快就击败这支惊慌失措的敌军，斩杀左大将。此时，汉军前所未有地深入匈奴腹地。李广利的两个部下认为李广利"怀异心，欲危众求功，恐必败"③，想控制住主帅后撤军。李广利获知此事，将两人斩杀。然而，因汉军深入敌后，军心不稳，李广利只得班师南撤。

当李广利急于寻找狐鹿姑单于时，对方也在姑且水（今蒙古杭爱山南之图音河）苦等汉军不得，李广利军从姑且水东侧北上，双方错过。及后，狐鹿姑单于得知大后方被袭，急回军救援。结果，双方在燕然山（今蒙古杭爱山）遭遇。从兵力上看，汉军并不吃亏（7万对5万），但因是疲惫之师，加之南撤中士气低落，战至日落亦未能取胜。狐鹿姑单于欲全歼汉军，乘夜在汉军南归路上挖掘深沟，然后从汉军侧后发动进攻。汉军仓皇南撤，踩空堑壕，纷纷跌落，遂大乱溃败，李广利亦阵前投降④。

燕然山之战与天山之战不无相似之处：汉军都是初战胜利，回师途中遭截杀。天山之战中，汉军尚能拼死一搏，得就归途，但燕然山之战却丧失了斗志，全军覆没。约30年前，卫青率5万汉军追击匈奴单于，最远进至燕然山；现在，7万汉军却在同一个地方全军覆没。

商丘成率3万汉军由小路北进，未遇敌军而还。不料，当汉军回至浚稽

---

① 一说羊句山北。
② 一说蒙古哈内音河
③ [汉]班固：《汉书·匈奴传上》，北京，中华书局，1962年，第3780页。
④ 李广利降后获嫁单于女，待遇极高，引起匈奴贵族嫉恨，遭到诬陷，被单于杀之祭祖。李广利死前大骂："我死后必灭匈奴。"

山（李陵遇敌故地）时，匈奴一员大将和 9 年前投降匈奴的李陵率 3 万骑兵追杀而至。双方在蒲奴水（今蒙古西翕金河）至杭爱山一带缠斗 9 日，汉军稍占上风，匈奴军最终退出战斗。这一仗持续 9 日之久，实在少见，汉军勉强获胜，原因有二：一是汉军兵力占优；二是李陵有"让战"之嫌。商丘成不想放过李陵这个"叛徒"，李陵则毕竟对故国心怀愧疚，他既不想杀汉军，又不能见疑于单于。因此，双方形成"持久战"局面。另一路莽通军均为骑兵，挺进千余里后，在天山以北与 2 万敌军遭遇。匈奴心怯，主动避战退走。①

燕然山之战是汉武帝在世时与匈奴的最后一次大战，同时也是他用兵匈奴以来最大一次败仗。汉武帝深受震动，也非常后悔，决定不再兴征伐之事。狐鹿姑单于则趾高气扬，于公元前 89 年致书汉武帝，要钱要物要粮要酒还要汉武帝嫁女，否则就要寇边。此时的汉武帝已垂垂老矣，加之连连受挫，已无当年雄心壮志。两年后（公元前 87 年），汉武帝去世，对付匈奴的事业只能交托后代。②

回声：功过任人评说

关于汉武帝时期的汉匈战争，不少人持负面评价，其最重要的依据是战争结果，不但未彻底消灭匈奴，消除边患，还导致"海内虚耗，户口减半"③。然而，如果没有汉匈战争，西汉很可能是个"经济巨人，军事侏儒"。汉武帝若承袭文景时代的对外政策，继续对匈奴卑躬屈膝，固然能富民自保，却不能威军强国，历史上不过提前出现一个宋朝而已。如此结果，汉武帝恐怕亦同样难免遭后人诟病。汉武帝前期与后期对匈奴的战争前胜后败，形成鲜明对比。

---

① 有论著记为商丘成未遇敌军而还，莽通遇李陵军，此从《汉书》（中华书局 1962 年版，第 3779 页）。
② 匈奴后迁到郅支城（今俄罗斯费尔干纳），于前 36 年被西域都护甘延寿及其校尉陈汤歼灭。陈汤斩杀郅支单于，并说出了一句千古名言："犯强汉者，虽远必诛！"不过，直至东汉和帝时期，匈奴发生分裂后，汉朝才真正降伏匈奴。
③ ［汉］班固：《汉书·昭帝纪》，北京，中华书局，1962 年，第 233 页。

（一）汉武帝的战争决心和战略决策是决定汉匈战争发展和结局的主要原因

　　汉武帝在汉匈战争中的最大贡献是改变了战略防御的国策，转而对匈奴采取战略进攻。这一战略转变既有国力强盛作为基础，亦颇合兵法。正如名士纪晓岚与洪亮吉所说："匈奴迁徙无常，往来无定，最难防备。若沿边戍守，则我分而彼专，彼专为一，我分为十，是以十攻吾一也。与彼所战之地不可知，则我所备者多。备左则右寡，备右则左寡，无所不备，则无所不寡，即无所不受其侵略，此守之难为力也。然匈奴之众，不过汉一大县，或千百里之内，寂无一人，长驱而入，非如中原之地，随在可以设险而守。且自谓远在漠外，必不虞汉兵之深入也。乘其不虞无备之时，侦其牲牧射猎之处，卷甲急趋，可以袭而取者，战之易为功也。"①

　　汉武帝还表现出了驾驭整个汉匈战争的高超能力。他即位后就开始为进击匈奴进行相关准备，健全和完善马政，组建大规模骑兵集团，为深入大漠进行机动作战创造条件。汉军骑兵的强大起到了"夺敌所恃"的作用，是西汉战胜匈奴的重要因素。同时，汉武帝发掘和提拔了一批善于指挥战略迂回包抄和远程突击奔袭的青年将帅，将卫青、霍去病等推到汉匈战争第一线，大胆使用，使其承担超过大漠实施进攻的战略任务。而且汉武帝还根据形势的发展变化，选择了正确的战略进攻方向，制订了正确的战略方针。例言之，河南之战，汉武帝对首次大战很慎重，乘匈奴军主力逞威于西汉东北边境，避实击虚，令汉军突袭河南地，歼灭防御薄弱的匈奴非主力军楼烦、白羊二王。漠南之战，汉武帝又利用匈奴右翼暴露的弱点，奇袭右贤王部。河西之战，汉武帝见匈奴主力向北远徙，难以对其实施远程打击，遂两度转击河西走廊匈奴军，断了匈奴右臂。漠北之战，汉武帝利用匈奴轻敌麻痹的弱点，派左右两路大军远程奔袭，深入敌战略纵深进击，取得战略决战的胜利，予匈奴主力以沉重打击。

---

① 王为国：《新史记》，北京，经济日报出版社，1997年，第452页，转引自纪晓岚、洪亮吉：《历朝史案·匈奴难备》。

"文景之治"后，西汉国力日渐强盛，具备了对匈奴实施战略进攻的基础。但如果没有雄才大略的汉武帝，西汉政权未必能改变长期以来被动挨打的局面。即使西汉对匈奴在战略上转守为攻，若无汉武帝正确的战略指导，西汉在汉匈战争中能否取胜尚未可知。总之，汉武帝在汉匈战争中发挥了十分重要的作用。

（二）国家实力的强弱，影响汉匈战争的走向

汉武帝生逢其时，他继承的西汉帝国国力雄厚，足与匈奴对决。西汉国力之强，通俗地说，就是钱多粮多马多兵多。司马迁在《史记》中对此有详细记载："汉兴七十余年之间，国家无事，非遇水旱之灾，民则人给家足。都鄙廪庾皆满，而府库余财货。京师之钱累巨万，贯朽而不可校。太仓之粟陈陈相因，充溢露积于外，至腐败不可食。众庶街巷有马，阡陌之间成群，而乘字牝者傧而不得聚会。"[1]

前期汉匈战争几乎每战必胜，有赖强盛之国力；后期汉匈战争几乎每战皆败，缘于国力之丧失。最能诠释这一对比的是西汉之军功爵制。军功爵制是一柄双刃剑：一方面，在汉武帝前期对匈奴的战争中，军功爵制发挥了非常重要的作用。文景两帝致力于国内建设，对外用兵不多，故军功爵制形同虚设，基本废置。汉武帝即位后，大兴武功，为与北方强敌匈奴作战，遂恢复并强化军功爵。汉武帝批设了11等武功爵，将领根据战功大小被赐授相应爵位。授予个人武功爵一般考虑两个因素：一是杀敌数量（杀敌2人，可升1级；杀敌5人，可升2级；杀敌8人，可升3级），二是所杀敌之身份地位（杀敌首1人，可升1级）。对集体立功的，则重赏其统兵将领，如杀敌8000人以上可封列侯。[2]据统计，汉武帝时期受封侯爵者89人，其中将军为侯者53人，匈奴及其他少数民族降汉受封者29人，因军功获封侯爵的占总数的92%，非因军功而为侯者（如子承父爵或以外戚封爵）不过7人[3]。因功受爵后，军人可以享受很多利益，除可直接得到一笔数量可观的金钱外，还可封侯、做官、

---

[1] [汉]司马迁：《史记·平准书》，长沙，岳麓书社，1988年，第228页。
[2] 军事科学院：《中国军事通史·西汉军事史》，北京，军事科学出版社，1998年，第207页。
[3] 军事科学院：《中国军事通史·西汉军事史》，北京，军事科学出版社，1998年，第207页。

免役、减罪。因此，军功爵诱惑力相当大，对激发汉军官兵杀敌立功的积极性发挥了非常重要的作用。另一方面，在汉武帝后期对匈奴的战争中，因国力耗尽，军功爵已难以为继。例言之，早在漠南之战时，因对有功将士的赏金（黄金）多达20余万斤[1]，以致负责国家财政的大司农上书汉武帝，称"税赋既竭，不足以奉战士"[2]。漠北大战后，汉武帝对有功将士的赏金一次性就达50多万斤[3]，这相当于西汉整整一年的财政收入。汉武帝后期对匈奴的战争中，因国力不济，军功爵往往无法落实，已不能有效激发军人作战的积极性。

汉武帝时期的对匈奴战争，由于不能以战养战，因此打仗一次，国力就消耗一成，最终耗尽了汉朝立国以来70多年积攒下来的资本，造成内部统治危机，以致"寇盗满山，天下动摇"[4]。汉武帝在临死前两年清醒过来，发布了著名的"轮台诏"[5]，亲自终结了开边政策，下令不再征伐，与民休息，继续养马亦仅"毋乏武备而已"[6]。汉武帝掏空了西汉家底，其后，若非辅政大臣霍光治国有术、经营有道，西汉是否到刘弗陵手里就告终结，亦未可知。

（三）机动性强的骑兵军团是直接决定战场上胜负的力量

高祖至景帝时期，西汉在匈奴面前完全处于被动挨打地位，重要原因之一是缺少良种战马，导致汉军的机动性和突击力远逊于匈奴。西汉新中国初年，连皇帝座驾（驷马车）都找不到颜色相同的4匹马，其他王侯将相更只能乘牛车。[7]西汉认识到养马的重要性和长期性[8]，故吕后主政时期曾明令母马不可流于境外，文帝也曾规定民养一马可免三人服役，景帝则进一步扩大边境

---

[1] 质量或重量单位，旧制1斤等于16两，市制1斤后改10两，合500克。

[2] 赵云田：《北疆通史》，郑州，中州古籍出版社，2003年，第73页。

[3] 宋超：《汉匈战争三百年》，北京，华夏出版社，1996年，第33页。

[4] [西汉]刘向著、马达译注：《新序译注》，武汉，湖北人民出版社，1988年，第362页。

[5] 轮台诏：大臣桑弘羊上书建议向新疆轮台移民实边屯田。汉武帝未立即答复，经过深思熟虑之后没有同意。他批示道："当今务在禁苛政，止擅赋，力务本，修马复令以补缺，毋乏武备而已。"

[6] [宋]司马光：《资治通鉴·汉纪十四》，北京，中华书局，1956年，第741页。

[7] [汉]司马迁：《史记·平准书》，长沙，岳麓书社，1988年，第228页。

[8] 马的寿命一般20岁~30岁，5岁以前是幼龄马，5岁~16岁是中龄马，16岁以后岁是老龄马，显然中龄马最适合作战马。另一方面，母马一般4岁才怀孕，孕期约11个月。

游牧地区军用马场的规模。此外,汉朝还将养马作为各级官员的政绩加以考核,并以之为奖惩升降的标准。经过长期经营,至汉武帝即位前,西汉已蓄马30万匹。汉武帝即位后,除继续大力发展官营养马外,还十分重视民间养马。为此,汉武帝下令提高马价,甚至明令可"以马买官"。至是,西汉养马事业成效斐然。史载,"长城以南,滨塞之郡,马牛放纵,蓄积布野"[①]。

汉武帝前期对匈奴的几次战役中,几乎全部使用骑兵。河南之战,卫青即凭借快速机动的数万骑兵,沿河套地区实施深远的战略迂回,攻取了河南地。两次河西之战,霍去病也分别率领1万和数万骑兵实施远程奔袭,打通河西走廊,斩断匈奴右臂。关键的漠北决战,要深入漠北匈奴腹地,也全赖10万骑兵。这几次大战中,车兵几乎不见踪影,步兵则沦为后勤保障部队。

汉武帝后期对匈奴的几次大战中,骑兵数量大为下降。当时,匈奴已迁往更为遥远的北方,这就使汉军面临两大问题。一是作战距离遥远,进易遭伏击,退易被截杀。此间,西汉受国力所限,已不能提供漠北决战时那样规模的后勤保障。因此,匈奴"诱汉深入"的战略开始发挥作用,不但经常使用伏兵拦击北进之汉军,还往往截杀回师途中的汉军。二是骑兵严重不足,进退均失去机动性。以燕然山之战为例,三路汉军中,一路是步兵,另外两路是步骑混编,且步兵数量超过骑兵(李广利一路步骑规模之比是7∶6,公孙敖一路是3∶1)。结果,步兵在进攻中难有用武之地,在撤退时又往往成为累赘。

(四)统军将帅的指挥才能直接影响重大战役的结果

司马迁在评价后期汉匈战争时写道:"尧虽贤,兴事业不成,得禹而九州宁。且欲兴圣统,唯在择任将相哉!唯在择任将相哉!"[②]司马迁一连说了两遍"唯在择任将相哉",可见将帅在战争中的重要性。汉武帝时期的汉匈战争中,最出名三位将帅是卫青、霍去病、李广利。

卫青在龙城之战脱颖而出,随后又接连取得河南之战和漠南之战的胜利,基本击破了匈奴中部。霍去病两战河西,剪除了匈奴右部。最后,卫、霍两

---

① [西汉]桓宽:《盐铁论·西域》,上海,上海人民出版社,1974年,第96页。
② [汉]司马迁:《史记·匈奴列传》,长沙,岳麓书社,1988年,第800页

人联手,在漠北决战中予匈奴单于和左贤王沉重打击。抗金名将岳飞曾言:"卫青、霍去病,将之典范,吾当效之。"

汉武帝后期对匈奴的3次大战均以失败告终,而3次败仗都由李广利统军,故须"追究其责"。一方面,李广利军事素养和指挥才能不足,必须为汉军几次败仗负"直接责任"。与卫、霍相比,李广利在军事上的胆气与才气相差甚远。比如,同样是首次出战,卫、霍都有杰出表现,但李广利率领的数万兵马却在公元前104年征伐大宛时被打得只剩十之一二[①]。又比如,卫、霍都有远程包抄突袭的杰作,李广利却没有。再比如,同样是班师途中遭到截杀,霍去病能够杀二王而回,李广利却几不得脱。另一方面,李广利也不能为几次败仗负"全部责任"。天山—浚稽山之战中,李广利本来打了胜仗。他之所以先胜后败,是由于李陵败降后汉军实力及计划暴露,致使李广利军在班师途中遭到单于率兵截杀。余吾水之战,完全是拼实力,汉匈打成平手。燕然山之战,李广利初战也比较顺利,后来兵败投降,在某种程度上是汉武帝自己造成的。汉武帝未封锁"巫蛊之祸"的消息(即李广利等参与密谋另立太子事),使身在前线的李广利产生强烈的惊惧感,直接影响了作战指挥与汉军士气。

---

① 汉武帝听说大宛产汗血马,派人去买,结果被当地人杀死。汉武帝一怒之下,于公元前104年派李广利率兵数万远征大宛,结果死伤惨重,只好退兵。汉武帝听说李广利退到敦煌,非常生气,下令东出玉门关者斩。李广利无奈之下,用了两年时间重新调集兵马约6万再伐大宛(另有18万在张掖和酒泉以北作预备队),完全靠兵力优势,才攻破大宛外城(未攻破内城),迫使对方投降,取得3000匹汗血马而回。

03

斩首震西陲
陈汤与边漠反击战法

> 挽弓当挽强，用箭当用长。射人先射马，擒战先擒王。
> ——[唐]杜甫《前出塞》

自古以来，在中国传统儒家文化的视野里，战争，似乎一直是暴力主凶的代名词。要么"杀敌一万、自损三千"，要么"血流漂杵、白骨累累"，对战争破坏性近乎无限的夸大，催生出两千年的重文抑武，不仅使尚武精神日渐式微，更导致大众对于军事历史的茫然陌生。2003年，当美国试图在战争初期一击斩首萨达姆后，很多中国人的第一反应都是：战争，还可以这样打吗？

然而，这种"百万军中取上将首级"的作战方式，老美根本算不上原创——早在两千多年前，已经有一位中国将领在战场上快剑如风的运用实践，并且一举斩首成功，使大汉王朝威震西陲。这个名气并不算大的小人物，就是中国军事史上少有的仅凭一战成名的一代名将——陈汤。从立国之前的楚汉相争到新中国之后的平定诸侯、七国之乱，再到纵贯近百年的汉匈战争，西汉——这个中国两千年帝国史上的第二个王朝，其前半期几乎是在狼烟四起、连绵不绝的铁血战火中一路冲杀过来。到汉元帝即位（公元前48年）时，刘家祖辈们已经差不多把能打的仗全都打完了，卫青、霍去病、赵充国等将星璀璨、驰骋疆场的时代逐渐远去。"黯淡了刀光剑影，远去了鼓角争鸣"，汉家"王霸道杂用"的大政方针不再吃香，儒家学说中津津乐道的治国主张，如减刑宽政、不与民争利等宽松政策开始实行。

在内无叛乱、外无边患的一片四海升平中，突然响起一声惊雷：大汉朝廷派到西域护送匈奴质子驹于利的卫司马谷吉等人完成任务后，被质子的父亲郅支单于给杀了！消息一出，震动朝野：郅支不是说也要内附降汉吗？怎敢杀我大汉王朝的大臣？

缘由，还得从匈奴那边说起。曾经不可一世的匈奴汗国在历经汉军屡次重创后元气大伤，内外交困，流年不利，公元前60年又爆发了"五单于相攻"，冒顿单于的后代子孙们相互攻击、打得不可开交，"死者以万数，畜产大耗什八九，人民饥饿，相燔烧以求食，因大乖乱（《汉书·宣帝纪》）"。6年后，呼韩邪单于和郅支单于两强大战，两败俱伤。双方为了取得战略优势，先后向曾经是死敌的汉朝遣使朝献，甚至"遣子入侍汉廷"做人质，以图获得汉朝支持（匈奴先辈列祖列宗倘若泉下有知，看到自己的子孙们堕落到这步田地，绝对郁闷气疯）。对于这两个先后输诚的匈奴单于，汉朝在采取"均待之优厚"的同时，也玩起了平衡策略。被郅支单于打败的呼韩邪求援心切，先后两次单身入汉朝见，汉庭对他不但赏赐颇丰，而且还派兵护返、协助诛伐不服者，史称"南匈奴附汉"。

在呼韩邪降汉的同时，死对头郅支以为呼氏归顺于汉，兵弱不能再返回，趁机出兵吞并了呼的地盘。在得知汉朝派兵护送呼韩邪回大漠收复失地后，郅支恼羞成怒，"怨汉拥护呼韩邪而不助己"，遂"困辱汉使"，并向西域进兵，击败乌孙，吞并乌揭、坚昆、丁令三个小国，建都坚昆（今俄罗斯境内叶尼塞河上游一带）、割据一方。尽管如此，他"自度兵力不能敌"，对汉朝仍不敢公然分庭抗礼，公元前42年又派出使者到汉廷进贡，也称"愿为内附"，同时要求遣还质子。

在这个问题上，汉庭还是比较慎重的。虽然皇帝做出了派卫司马谷吉护送郅支质子回国的决定，但朝中大臣对此意见不一。有人认为郅支不是真心归附，将人质送出塞外即可；当事人谷吉却认为，仅送出塞外，明摆着表明不再交好，可能"弃前恩、立后怨"，给对方不归附的借口；不如送到单于王庭，看他内附不内附？凭着我们汉朝如此强大的实力，即便郅支冒天下之大韪，对汉使不利，也必然因为得罪汉朝而不敢接近边塞。以我一个使臣的牺牲，换边境数年安宁，值（"没一使以安百姓，国之计，臣之愿也"）！最终汉元帝表示同意。不幸的是，谷吉一语成谶：千里迢迢把郅支的儿子护送回去，郅支竟出尔反尔翻脸不认人，把谷吉等人杀了泄愤。

两国相争尚且不斩来使，一个口口声声准备附汉的匈奴小单于，竟然出尔反尔，杀了大汉专使，这是典型的外交挑衅外加赤裸裸的敌意行为——郅支单于对于大汉王朝的敌意显露无遗。他也知道自己这次把汉朝得罪完了，极有可能遭到报复；老对手呼韩邪在汉朝扶植下实力日渐增强。如果继续待在坚昆，恐怕有被汉匈（汉军+南匈奴军）合击的危险。怎么办？三十六计走为上！

逃到哪里去呢？离汉朝越远越好！公元前44年时，恰逢西边的康居（西域国名，今新疆北境至俄领中亚）前来求援，欲联合北匈奴击乌孙（西域国名，在今吉尔吉斯共和国伊塞克湖东南）。借此良机，郅支单于遂引北匈奴到康居东部居住。担心汉朝追兵的他一路奔逃，其部众多冻死于道、死亡甚众，到目的地仅余3000余人，实力大损。但一到康居、远离汉境后，郅支单于马上又抖了起来，他凶性大发数击乌孙，甚至深入其都赤谷城下，杀掠人口、驱抢畜产，一时横行西域。汉朝三次派使者到康居索要使臣谷吉等人的尸体，他不但不给，还调戏般地说："这里住得很不好，正打算投奔你们大汉王朝，我正准备再次把儿子派过去作人质呢（"居困厄，愿归计强汉，遣子入侍"）！

之所以敢如此叫板，是因为郅支单于有自己的两大法宝护身：第一，地理上的距离优势。康居同汉朝远隔万里、地理迥异，自己是以众多部下冻死于路上的代价熬过来的，汉朝不一定有这个远征西域的勇气。他手里的第二件法宝是匈奴游牧民族的高速机动性。像匈奴这样的北方游牧民族，自古以畜牧业为主，每天骑马放牧、骑技娴熟，在战斗中勇敢向前，如利箭一样迅猛攻击，进攻失利时则急速撤退，来去如风、飘忽无定，其机动优势远非中原农耕文明可比。用著名汉臣晁错的话形容就是："（匈奴）风雨罢劳、饥渴不困，中国之人弗与（不能相比）也"。

纵观整个中国古代史，游牧民族与生俱来的机动性几乎成了悬在中原王

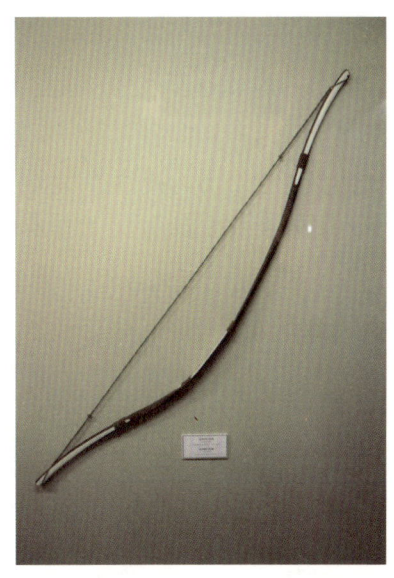

> 匈奴弓复制品

朝头上的达摩克利斯之剑：汉有匈奴，唐有突厥，宋有辽、金。汉匈战争千载以后，一个名叫蒙古的北方游牧民族再度崛起，他们从漠北草原呼啸而出，占尽了中国全境不说，其兵锋还向西、向北，一路"兵甲辉天、远望烟火、连营万里"，西征花剌子模，荡平俄罗斯，一口气横扫欧亚大陆，直至饮马欧洲多瑙河，把游牧民族的机动性发挥到极致。

北匈奴凭借天然的机动性优势，等到远方大汉天子的远征命令下达、大军完成动员后远征西域，郅支虽无胜算，但到时也估计跑得没影了。所以，在郅支单于心中，康居与汉庭天各一方，你汉朝在军事上无法对我构成实质威胁，为什么要怕你？派使臣来和谈——笑话！从战场上拿不回来的，谈判桌上怎么可能拿回来？应当承认，郅支单于的小算盘打得的确不赖，但他错估了一个问题：曾经将星云集的大汉王朝，难道就再也出不了一位名将了吗？

矫令亦有威

一代名将陈汤，就是在这个时候出场的。他既不是卫青、霍去病那样的贵族将军，也没有李广、李陵那样的显赫军人世家作为后盾，他仅仅是山阳瑕丘（今山东兖州北）普通的平民出身，祖上毫无功荫可袭，必须靠着自己的勤奋和勇气努力打拼。按照史书记载：陈汤年少时好读书，博学多识，写得一手好文章，但因家贫时常四处向人借贷，偶尔欠账不还，同乡都因此鄙视他（"少好书，博达善属文。家贫丐贷无节，不为州里所称"）。在汉朝首都长安求官期间，富平侯张勃看中他的才能，于元帝初元二年上荐他为茂材。

不料，在等待安排职位期间，陈汤之父突然去世。做官心切的他没有按惯例奔丧回家，被人检举不守孝道，为司隶所究，小尝牢狱之灾，好不容易才给人保出来。因其确实有才，他后来又被推荐郎官。但饱经坎坷的陈汤并不以此为足：按照汉朝的规定，成为郎官仅仅意味着进入官场，并不能保证一定会获得升迁；出身卑贱如自己者，改变命运的唯一途径就是到边塞建功立业，因此陈汤多次主动请求出使外国。直到公元前36年（建昭三年），他终于被任为西域都护府副校尉，与西域都护甘延寿一起出使西域。仕途不顺的他总算有了接近立功的机会。

必须指明的是，从公元前42年到公元前36年间，汉王朝在对待谷吉之死的问题上，除了外交手段交涉外，始终没有表现出任何战争决心，甘延寿、陈汤所领受的任务是到西域都护正常换防，所带领的仅仅是一支护卫军队，并非大汉王朝的西征大军。

不通地理者，不为将才。在奔赴西域都护幕府所在地的路上，每经过城

> 汉军骑兵服饰图　　　　　　　　　　　> 秦汉驭手服饰图

邑山川时，陈汤都要登高望远、观察地形。汉代自张骞通西域、李广利伐大宛之后，开始在西域设置校尉，屯田于渠犁。汉宣帝时代安远侯郑吉开府乌垒城（在今新疆库尔勒与轮台之间）后，汉朝设立的西域都护就取代了匈奴在西域的僮仆都尉，不但主管屯田戍防，而且负责处理西域各国事务，使"汉之号令班于西域"。甘延寿与陈汤就是大汉王朝在西域的最高军事指挥官。

到达目的地后，甘、陈两人接触到关于北匈奴的第一手情报：郅支单于已经在康居站稳脚跟，且因驱逐乌孙之功，日渐骄横，气焰愈发嚣张，寻茬怒杀康居国王女儿及贵臣、人民几百人。又强迫康居国人为他修筑单于城，每日征发五百苦工，历时两年才完成。郅支还勒索大宛（西域城国，今乌兹别克共和国卡散赛）等国，令其每岁纳贡，其势力范围控制千里之阔，逐渐坐大。

了解到这些情况后，陈汤深感局势不容乐观：郅支远遁康居后，汉朝边境虽无烽火之灾，但从汉宣帝以来确立的西域秩序开始面临挑战。无力抵抗郅支暴行的西域诸国，都开始把眼睛瞄向汉庭：如果谷吉之死没有任何说法，如果听任北匈奴这一支在西部继续坐大，到底是和汉朝走，还是臣服于郅支。这样一来，大汉王朝在西域用铁血刀兵辛苦打造出来的威望，恐怕要打一个问号了。因此，他感到深深的焦虑，心中暗暗定下战斗决心：对郅支单于之战宜早不宜迟，与其养虎为患，不如先发制敌。

说起来容易做起来难，昔日贰师将军李广利初征大宛时领兵数万，尚且惨败还师，士卒仅余十之一二。仅凭陈、甘二人手下的这点直属兵力讨伐郅支，显然不自量力。为今之计，只有发挥西汉在西域地区的制度优势——调集屯田戍防兵力，方能一击成功，但必须得到顶头上司甘延寿的同意。

于是，陈汤这位刚刚任职西域都护副校尉的年轻人，对甘延寿进言建议如下："郅支单于凶悍好战，勾结康居，不断侵略邻国，目的在于并吞乌孙、大宛。一旦把这两国征服，几年内西域所有王国都会受到威胁。长久姑息，郅支'必为西域患'。趁其现在没有坚城强弓，无法固守，不如我们发动边境的屯田士兵，加上西域各国人马，一举发起进攻，直指其城下，郅支势必无处可逃，你我将于一朝之间成就千载功业。"短短一番话，利害得失、战略、战术一清二楚，无怪乎史书称陈汤，"沉勇有大虑、多策谋、喜奇功"。

对此，甘延寿"亦以为然"。但作为一名关西行伍老兵，他知道自己仅是朝廷放在西域的一线官员，没有对外决定与战的权力，必须要奏请朝廷再定。而陈汤认为战机万变，不容错过，且中央官吏远离一线、敌情不明，其公议"事必不从"，必须果断行事、先斩后奏。奈何甘延寿不敢做主，"犹与不听"。在主官不同意的情况下，身为副职的陈汤把战争规划制订得再完美，似乎也只能是纸上文章。

有趣的是，接下来上苍在冥冥中给了陈汤一次机会：甘延寿突然病了，而且病的时间还不算短——正职主官久病卧床，陈汤这个副校尉自然要代职理事。历史以史实证明，他充分利用这次机会，不但以都护名义假传汉廷圣旨，调集汉朝在车师（今新疆吐鲁番地区）地区的屯田汉军，还集合了西域诸国发出征召令（"独矫制发城郭诸国兵、车师戊己校尉屯田吏士"）。一听说要讨伐郅支，15个西域国家都派兵前来助战，其中就包括那个被郅支单于多次攻杀的乌孙。

大军云集、准备出兵之际，卧病在床的甘延寿得知消息，马上从病床上"惊起"，想要阻止这次作战行动。对于矫诏发兵的陈汤而言，此时汉军与西域诸国的"多国部队"已经集合完毕，开弓没有回头箭，已经没有退路。值此紧要关头，陈汤怒发冲冠、手按剑柄，厉声警告甘延寿："大军都已集合，你想让众军泄气吗？"尽管史书记载甘延寿是个勇武有力的大力士，这时也只能"遂从之"，就此搭上了陈汤的战车。

甘、陈二人通力合作，一面派人回长安向皇帝上表"自劾"矫制之罪，同时"陈言兵状"；一面率领胡汉杂陈的四万大军向西出发。就这样，汉家王朝多年不动的军事机器，在陈汤这个默默无闻的小人物手中终于再次发动起来。

奔袭三千里

由于陈汤矫诏出兵，后世很多人都称他为一"赌徒"。其实，军事行动本身常常与高风险性相伴，关键是看风险能否与价值利弊相权衡。从军事学的角度出发来看，陈汤的冒险远征颇有可取之处：第一，缩短距离。康居相对于汉朝的远距离地理优势，曾是郅支单于引以为恃的天然优势，但在陈汤矫诏发兵的突击决策面前则大打折扣：从乌垒到康居的距离较之从长安到康居的万里之遥，一下子少了一大半，使得快速奔袭北匈奴成为可能，作战成功系数大大提高。

第二，把握战机。《孙子兵法·计篇》有云："攻其无备，出其不意。此兵家之胜，不可先传也。"陈汤远程突袭的最大胜算，就在于郅支单于不相信汉朝会万里迢迢派军来打他（麦克阿瑟选择在仁川登陆也是这个道理）。只要及时把握住这个时机，趁着对手心理上的猝不及防，兵锋直指其城下，北匈奴游牧民族的机动性优势就丧失了发挥的机会，郅支恐怕连逃跑都来不及。

第三，人和于战。陈汤矫诏发兵，所征集的"多国部队"或为屯田汉军，或为西域诸国兵马，他们对于远征地理行程和北匈奴作战特点的了解，都远远超过从中原地区调来的汉军，利于行军作战。同时，四万之众的汉胡合兵，不仅形成了对敌兵力数量优势，还有利于形成"汉领诸国伐郅支不义"的政治优势，师出有名、义正词严。在这项制胜因素的背后，是西汉时代成功的屯田制度和西域都护制度，它们为汉军的远征提供了最佳的兵员配置。可以说，陈汤最大限度地发挥了己方的制度优势：平战结合、就近发兵，完全出乎郅支单于之预料。

公元前 36 年冬，在郅支杀害汉使、远遁康居八年后，大汉王朝西域都护兼骑都尉甘延寿、副校尉陈汤统率四万汉胡大军向康居挺进。大军分成六路纵队，其中三路纵队沿南道（塔里木盆地南边缘）越过葱岭（帕米尔高原），穿过大宛王国；另三路纵队，由北道（塔里木盆地北边缘）经乌孙王国首都赤谷城，横穿乌孙王国，进入康居王国边界，挺进到阗池（中亚伊赛克湖）西岸。沿途击溃敌军抢掠部队，安抚受惊小国，探听对手虚实。进入康居国境东部后，陈汤表现出了非常成熟的战时政工经验：下令严守纪律，不准烧杀抢掠，并与当地的康居首领饮酒为盟，谕以威信。当地的康居人怨恨郅支单于的残暴，把城内匈奴人的实情尽数告知给陈汤。在康居向导的指引下，汉胡联军势如破竹，距单于城三十里外扎营。

当陈汤"多国部队"从天而降般地出现在眼皮底下时，郅支单于似乎一直蒙在鼓里。他所表现出的茫然、慌乱和无措，与先前的狡诈、强硬形成了鲜明对比。面对大军压境，他遣使来问："汉兵来这里干什么？"汉军的回答十分有趣："单于您曾上书言居困厄，愿归顺强汉、身入朝见。天子可怜

> 陈汤的联军翻越了葱岭（今天的帕米尔高原）

> 西汉骑兵墓葬陶俑

您放弃大国、屈居康居，故使都护将军来迎。"双方就这样一问一答，交涉了好几通外交辞令，最终汉方不耐烦了，下达最后通牒："我们兵来道远，人困马乏，粮食也不多了，叫贵单于和大臣快拿个主意罢（'愿单于与大臣审计策'）。"战争的火药味终于弥散开来。

战幕随即正式拉开，联军挺进到都赖水（今哈萨克斯坦塔拉斯河）畔，距敌城三里处扎阵。只见单于城上五色旗帜迎风飘扬，数百人披甲戒备城上，百余骑在城下来往驰骋，城门口还有百余步兵摆成鱼鳞阵，操练演习、以耀兵威。城上守军向联军大声挑战："有种的过来！"面对郅支单于的疑兵架势，甘延寿、陈汤指挥下的汉胡联军严阵以待，沉着应对，当一百多的匈奴骑兵直冲汉军营垒而来时，汉营军士"皆张弩持满指之"，敌骑迅速引却撤退。随后，汉军强弓部队出营，射击城门外操练的匈奴步、骑兵，被攻击者立时丧胆，撤回城内，紧闭城门。

见敌胆怯，甘延寿、陈汤下达了总攻击令："听闻鼓声，直扑城下，四面包围，各部队按照所分配的位置，开凿洞穴、堵塞门户。盾牌在前保护，强弓部队负责射杀城楼守军。"在阵阵令大地震颤的战鼓声中，联军开始攻击，弓箭如瓢泼大雨般射向城楼。单于城是一座土城，其外另有两层坚固的木城。匈奴人顽强抵抗，从木城栅格里向外放箭，同联军展开激烈对射。攻城之战激烈时刻，郅支单于困兽犹斗，亲自全身披甲在城楼上指挥作战。他的数十

> 西汉弓弩复原模型

> 古代弩兵想象图

> 西汉军队陶俑

> 匈奴墓出土墓葬品

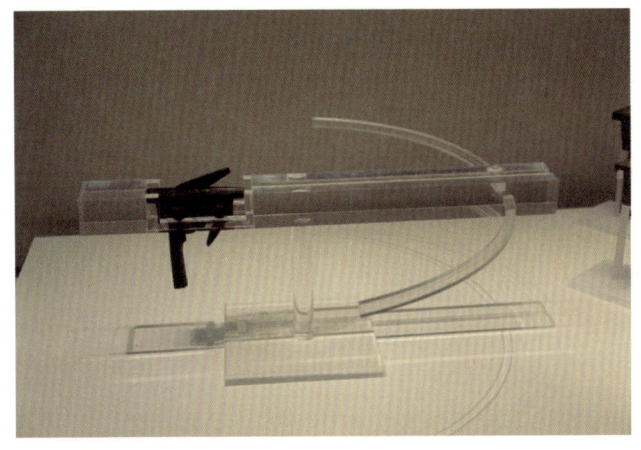

位妻妾也都用弓箭反击,遏阻联军攻势。

四万对三千的战场优势十分明显,即便单于亲临战场,也并未给战斗带来任何转折。在联军矢发如雨中,匈奴守军渐被压制,不能立足,郅支单于也被一箭正中鼻子,受创甚巨,被迫撤回城内,其妻妾多人中箭死亡,木城上的匈奴守军溃败,联军趁机纵火焚烧。入夜,数百骑匈奴禁不住大火灼烧,趁黑夜突围,遭到迎头射杀,箭如雨下,全部被歼。

午夜过后,木城全毁,匈奴守军退入土城死守,联军破城在望,双方进入攻城的关键时刻。正当此时,一万多的康居骑兵突然出现在战场上,他们

051

分成十余队，每队一千余人，奔驰号叫，跟城上的匈奴守军互相呼应，对汉军作反包围态势，并趁天黑向联军阵地进攻。陷入两面作战的联军攻防有序，面对康居骑兵多次冲击，阵地巍然不动。

黎明时分，单于城四面火起，联军士气大振，大喊登城，锣声、鼓声、喊杀声惊天动地。汉军举盾堆土，破城而入，城外康居兵见势不好，迅速逃遁。郅支单于抵挡不住，率领百余人且战且退，退进王宫负隅顽抗。汉军借助火攻勇猛进击，一举格杀郅支单于，斩首成功。此战共斩单于阏氏、太子、名王以下一千五百多级，生俘一百四十五人，投降者一千多人，斩获颇丰，全胜凯旋。

公元前35年正月，北匈奴郅支单于的人头被快马送至汉朝首都长安，谷吉等人在九泉下可以瞑目了。

霹雳灿生辉

陈汤灭郅支单于之战赢得似乎太过容易了。简简单单的一个远程奔袭，不到两天的攻防战，轻轻松松就斩首夺城，几乎是完全一边倒的战役，没有一点悬念感。但看似轻松的胜利，并不是偶然的。除去陈汤远程奔袭达成的军事突然性因素外，更是汉匈双方实力对比的较量所致。

首先，战略态势天翻地覆。想当年，冒顿单于在位时，大破东胡、西逐月氏，南并楼烦、白洋、北服混庚、屈射、丁令、鬲昆、薪犁、定楼兰、乌孙、呼揭及其旁二十六国，统一大漠南北，属下控弦三十万、雄极一时，久经战乱、刚刚立国的汉朝自然难撄其锋。从汉高祖刘邦到文景二帝，大汉王朝隐忍数十年，蓄力数十年，几十年积累下来的国力资源，在一代雄才汉武帝手中全面发威。汉匈大战历经数十年，战略态势开始全面逆转。

斗转星移，郅支单于时代，匈奴早已丢河套、失陇西、无凉州等战略要地多年，何止"亡焉支山使妇女无颜色"。伴随着汉朝不断开荒移民、屯田移民、交通西域的战略推进，匈奴的活动空间越来越小，充其量只能在小国中兴风作浪，对比刚刚经历过"昭宣中兴"的大汉王朝，无疑是相形见绌、此消彼长。正如当时一位匈奴大臣所言："强弱有时，今汉方盛，乌孙城郭诸国皆为臣妾。匈奴日削，不能取复，虽屈强如此，未尝一日安也。今事汉则安存，不事则危亡，计何以过此！"这就是形势，形势比人强——任何一位匈奴单于，都无法改变这个实力差距悬殊的战略形势。

其次，军力对比差距明显。袭灭郅支单于之战，不仅仅是陈汤矫诏出兵的个人英雄主义行为，它同时更是大汉王朝几十年来逐渐建设完善的军事力量（包括制度优势在内）对抗游牧民族的一次实战检验。

在对匈奴作战中，汉朝边打边学、边学边改，骑、车、步各兵种不断调整、重新组编。从汉武帝时代起，骑兵发展迅速，公元前119年春漠北之战时，仅卫青、霍去病两军的战马数量就达到了14万匹，实力十分强大。最终汉军骑兵完成了向战略军种的转变，成为军中的第一主力兵种，从而使汉军能够以机动对付敌之机动，既可远程奔袭，也能迂回、包抄、分割、围歼，赢得战场上的主动地位，杀伤力和机动性都大大提高。曾经称雄中原战场的战车地位下降，更多是用于构筑阵垒，突出其稳固性，以防御敌军冲杀。步兵以武器装备配置的不同和战斗特点的差别，区分为重装步兵与轻装步兵，轻装步兵一般不穿铠甲，作战时列在前排，以强弓劲弩远距离杀伤敌人；重装步兵大多身着金属铠甲，战时手持矛、戟、交、被等长柄兵器，与敌近距离格斗。

而且，汉军特别注重将骑、车、步兵联合作战。汉武帝时卫青出塞作战，就曾以武刚车（有皮革防护的战车）环绕为营，以作防御，同时纵精骑五千出击匈奴。在实战经验不断积累的基础上，汉军形成了一套以骑兵野战、步兵攻坚、车兵防御的克敌制胜战法，协同作战方式渐渐炉火纯青。在灭郅支之战中，也正是因为汉军军力强盛，各兵种协同作战、攻防兼备，万余康居骑兵才对汉军主导下防守严密的联军阵地无计可施、图呼奈何。更何况，汉军长短兵器装备之精良，远非游牧民族可比。

> 博物馆中的西汉武器，对匈奴人形成了冷兵器优势

反观匈奴方面，始终长于进攻而短于防守，防御战从来就不是游牧民族的强项，其与生俱来的机动性优势没有任何用武之地。郅支单于最大的战术错误，就是在面对四万多汉胡联军、敌众我寡之时，竟然据城自守，以致画地为牢、以卵击石。结果，耗时两年建成的单于城在汉军的强攻之下，一天一夜即告失陷。

拿破仑说过："上帝总是站在物质力量强大的一方作战。"史实证明：在农业文明基础上建立起来的高度组织化武装力量面前，尚未完成精细化作战分工的游牧民族基本上没有胜算。面对汉朝多年锻就的屯田军制、攻防兼备的武器装备、配合默契的兵种组合，郅支单于决策失误，焉能不速败？从另一个方面来看，灭郅支之战，汉军合理利用己方优势，远程奔袭兵贵神速，攻城斩首干净利落，整个作战流程动似雷霆、疾如霹雳、势比怒涛，胜得十分漂亮，无论是在军事上还是在心理上，都对匈奴构成了沉重打击。

郅支单于伏诛后，南匈奴呼韩邪单于既高兴，又恐惧——高兴的是死敌已灭，恐惧的是汉军武力强大。于是，他更加恭谨地第三次单身朝见，表示"愿

> 湖北宜昌市博物馆王昭君蜡像，相传王昭君是湖北宜昌兴山县人

守北幌，累世称臣"。这才有了著名的"昭君出塞"，南匈奴的命运从此彻底和大汉王朝绑在了一起，自秦汉以来的北方边患从此一举解除。即便到后来王莽改制、天下大乱之际，匈奴也无力趁虚而入。正如当时汉宗室刘向所言："（此战）扬威昆山之西，扫谷吉之耻，立昭明之功，万夷慑伏，莫不惧震。"以一次战役而收战略之功，陈汤从此名扬天下。而如今常为人津津乐道者，是大胜之后甘延寿、陈汤给汉元帝发去的那封著名疏奏：

"郅支单于惨毒行于民，大恶逼于天。臣延寿、臣汤将义兵，行天诛，赖陛下神灵，阴阳并应，陷阵克敌，斩郅支首及名王以下。宜悬头槁于蛮夷邸间，以示万里，明犯强汉者，虽远必诛！"其辞荡气回肠、千古流芳。

名将陈汤，一生仅此一战，但一战即为数十年汉匈战争画上了圆满的句号，给自己的祖国赢得了长久的边境安宁——为将者，夫复何求？所以，不管陈汤后来的命运如何挫折困顿，他的勇气、谋略和才华都俨若一颗璀璨的明星，在胜利瞬间光辉灿烂，永远定格在两千多年前中亚塔拉斯河畔的那个夜晚。

此正是：

汉家男儿戍边关，纵横沙场未等闲。

千里远袭斩首处，一剑封喉震天山。

04 180度的"U"形转弯
东乡平八郎对马海战战法

> 接到发现敌舰队警报,联合舰队立即出动击灭,今日天气晴朗波浪高。
>
> ——东乡平八郎

1905年5月27日5时05分,日本联合舰队司令官东乡平八郎从朝鲜镇海湾向大本营发出了这封海战史上著名的电报。这份电报由联合舰队先任参谋秋山真之起草,很多人认为秋山真之颇有几分"文青范儿",实际

> 对马海战开始前"三笠"号舰桥上的场景,居中者为东乡平八郎

上这份电报的内容，基本上就是当天大本营转发的东京气象台天气预报的翻版。秋山真之在这里用这句话告诉大本营：看来今天诸事顺利。

那么，5月27日这一天真的会诸事顺利吗？罗杰斯特文斯基和俄国舰队真的会乖乖送上门来吗？东乡平八郎全歼俄国舰队的宏伟目标真的会实现吗？

就这样，在一片焦虑与等待中，自特拉法尔加海战以来战争史上最大规模的舰队决战终于到来了。

等待

等待，联合舰队在朝鲜半岛南部的镇海湾临时基地经历着漫长的等待，其实这种等待从1904年10月15日俄国第二太平洋舰队出航时就已经开始了。那时候的等待更加焦虑，因为旅顺口还没有攻占，俄国舰队的主力舰艇的威胁还没有解除，在日本海出没的"浦盐舰队"（"浦盐"是日本人给海参崴——符拉迪沃斯托克起的汉字名称，用以指代担负海上破袭任务的俄海军舰艇）

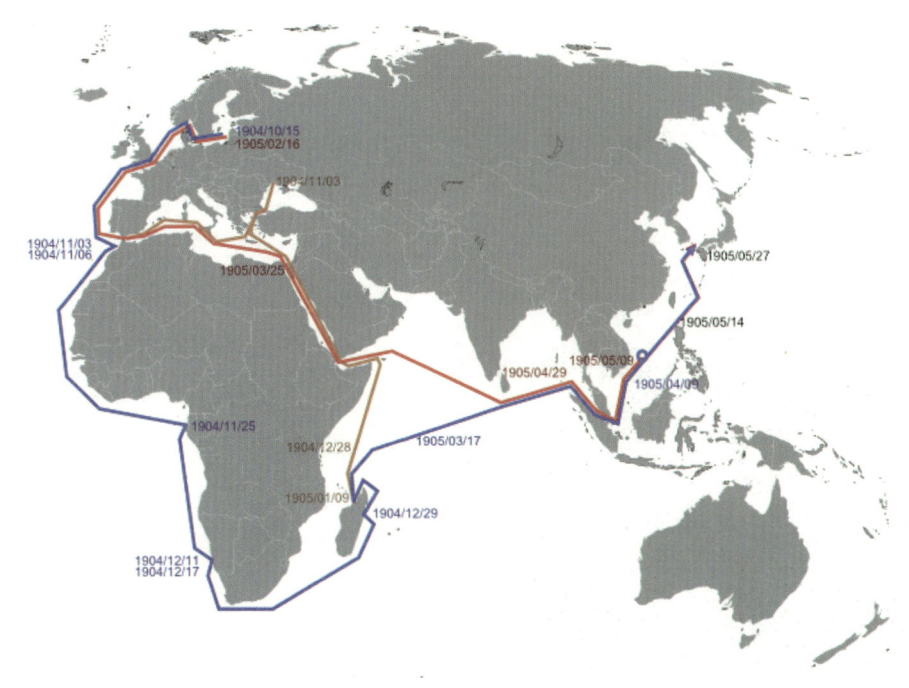

> 第二太平洋舰队的进军路线，由于英日同盟，俄舰队无法由地中海通过苏伊士运河迅速增援旅顺

> 铃木贯太郎

> 秋山真之

还没有消灭，真的是度日如年。日本陆海军在付出了巨大代价后，终于在1905年1月1日攻克了旅顺口，彻底消灭了俄国在远东地区的海上力量，但是联合舰队也损失严重，主力战舰损毁超过了总数的三分之一。

等待，是一个必须经历的过程，但并不意味着白白浪费时间。在等待中，日本政府将"伐谋""伐交"运用到了极致，先是发动自己最大盟友——大英帝国在世界范围内向俄国施加压力，通过"多戈沙洲事件"（俄国舰队高度紧张，误击北海多戈沙洲附近的英国渔船）向俄国施压进行威慑，甚至还派出地中海舰队"押送"俄国舰队通过英吉利海峡；在西班牙，在非洲，甚至在越南，俄国舰队在燃料问题始终"提心吊胆"，因为迫于英国的外交压力，沿途各国不敢提供燃煤，最后在德皇威廉二世的亲自干预下，才勉强加上了日本出产的劣质燃煤（绝妙的讽刺），航行时黑烟滚滚的俄国舰队也被称为"浮动的熨斗"；长期在热带海域航行，附着在舰艇船体底部的海藻、贝类"疯长"，舰艇航速降低，操纵性受限，但是沿途没有一个国家敢于为其提供维修保养，俄国舰队只能带着机械故障、带着"额外负荷"奔向远东，走向最终的归宿。正如一个水兵在日记中写到的那样："在辉煌的太阳下，展现在我们面前的是美丽的波光粼粼的大海——这是一条壮丽的路，我们正循着它步向死亡。"

等待，是一个思维的过程，意味着理解和判断。从 1905 年 2 月 21 日正式集结兵力开始，东乡平八郎和联合舰队就一直在等待，虽然关于敌人的情报源源不断，但是涉及俄国舰队"最后启航时刻"的最有价值信息却迟迟不来，直到 5 月 20 日东乡才获悉"敌舰队 14 日从越南芽富湾起航"。联合舰队先任参谋秋山真之根据获得的情报信息分析，认为俄国舰队的巡航速度约为 10 节，按照这个航速敌人 24 日清晨就将抵达对马海峡，但是直到 24 日深夜，黑烟滚滚的"疯狗舰队"（"多戈沙洲事件"后西方对俄国舰队的蔑称）依旧迟迟没有出现，就连"双眼微闭、一言不发"的东乡都坐不住了。还是铃木贯太郎在饭桌上一句"不经意的话"——"以俄国舰队的那种构成情况，况且还需要进行海上加煤，平均航速能达到 7 节就已经是奇迹了"点醒了秋山真之这个"梦中人"。按照 7 节速度推算，俄国舰队将于 5 月 27 日中午前后抵达对马海峡。这一判断成为东乡平八郎和联合舰队上下的共识。

等待，是一个考验的过程，意味着包容和信任。在围攻旅顺口俄国远东舰队的作战初期，2 艘战列舰触雷沉没，这个损失占了联合舰队战舰总数的三分之一，但是不管是山本权兵卫还是天皇都没有对东乡大加斥责；在俄远东舰队旅顺口突围时，东乡的海上指挥出现了严重的失误，要不是因为敌人旗舰被毁，指挥中断，逃回旅顺的话，差点放跑了俄国舰队，大本营也并没有责怪东乡指挥不力；当"浦盐舰队"在日本海"神出鬼没"，不仅劫掠商船，甚至突进东京湾袭扰破坏，在国内空前高涨的国民舆论压力之下，日本最高决策层仍然没有对东乡的作战指挥横加干预；在判断俄国第二太平洋舰队的可能路径时，大本营众说纷纭，海相山本权兵卫甚至下达命令：禁止任何人和联合舰队就此展开争论，给予了东乡以充分的信任。现在，整个日本的国运就赌在联合舰队，准确地说是赌在了东乡平八郎的身上了。

等待，还有焦虑，从战争诞生的第一天起，就是令指挥官们无比厌恶，但又必须耐心正视的对象。谁熬得住，谁等得起，谁耐得住性子，谁耐得住煎熬，谁就能看到最后的胜利。现在，联合舰队上下什么也做不了，只有等待，

> "三笠"号战列舰双联装 305 毫米主炮使用的炮弹

> 在夜战中发挥巨大威力的日海军鱼雷艇

焦急的等待……等待着即将到来的庞大舰队。他们从波罗的海出发，经过了大西洋、印度洋、太平洋，绕过了好望角和马达加斯加，通过了马六甲海峡，已经来到了近在咫尺的越南，再下一站就是对马。而这里，将是他们 1.8 万海里[①]漫长旅途的终结。

训练

联合舰队司令官东乡平八郎有句名言："一门百发百中的大炮抵得上一百门百发一中的大炮。"一个世纪以来，针对这句话的争议一直没有平息，但是按照东乡的逻辑，为了使所有的大炮都成为这种"百发百中"的大炮，就只有训练了。实际上，在之前联合舰队与俄国远东舰队的黄海海战中，尽管联合舰队取得了胜利，但是那是一场惨胜，甚至可以说如果不是俄国舰队在关键时刻"没有快刀斩乱麻"，为了挽救一艘巡洋舰而贻误战机的话，那

---

① 计量海洋上距离的长度单位，1 海里等于 1852 米。

么联合舰队就会因为"放虎归山"而彻底失败了。联合舰队针对黄海海战暴露出来的问题，自镇海湾集结开始，就在"月月火水木金金"这样变态原则的指导下，开始了一场白热化的"临战大练兵"运动。

在 1904 年 8 月 10 日进行的黄海海战中，根据第二舰队参谋长佐藤铁太郎的统计，俄国舰队击中日舰的次数要明显多过联合舰队击中对手的次数，而且还是在与被认为是俄国海军中素质一般的太平洋舰队交手时取得的。在敌人的炮弹面前，联合舰队终于对自己的斤两有了一个清醒的认识。在战舰总数短时间内无法改变的前提下，为了战胜大口径火炮数量占据优势的敌人，联合舰队只能在舰炮射击训练上玩命下功夫了。

战前，对日本海军主力舰的炮术水平提高制约最大的就是炮弹的数量，"三笠"号战列舰（联合舰队旗舰）的 12 英寸[①]主炮一枚炮弹的价值，就超过了 100 个日本家庭每月生活费的总和，受财力和国力的限制，平时炮术训练主要是以模拟的方式进行的。面对着第二太平洋舰队这团从西边滚滚而来的乌云，面对着这个号称比旅顺口的敌人更加强大的对手，东乡和联合舰队终于意识到，必须豁出去痛下血本了。为此，第一、第二战队进行了异常严格和刻苦的训练，每天的炮术操演往往持续 4 个小时 ~5 个小时。除了采取大量模拟方式训练操炮步骤、缩短发射时间之外，还在短时间内安排了 8 次舰炮实弹射击训练。在这段时间里，联合舰队仅仅 10 天内的弹药消耗量就相当于平时日本海军一年的使用量。算上先前战争中的消耗，开战以来 12 英寸大口径炮弹的消耗已经超过了日本国内炮弹储备总量的半数以上。

在提高单门火炮射击精度的基础上，联合舰队还在提高群炮射击效率上作了很大改善。其中，最重要的一个改变就是：炮术长的位置上升到了舰桥。炮术长在舰桥上指示射击目标和诸元，以保证本舰几十门主副炮的炮弹按照炮术长的统一指令飞向同一个目标，大大提高了命中概率。这一射击方法是由当时"三笠"号上的炮术长加藤宽治（后来的日本海军军令部长）受伤后在病床上冥思苦想得出的，并由接任的炮术长安保清种（后来的海军大臣）实践成功后向东乡推荐的。这种标准化的射击火控方法，也成为对马海战中

---

① 英美制长度单位，1 英寸等于 1 英尺的 1/12，旧也作时。

联合舰队战胜对手的一柄利器。

临战训练干到了这个份上,东乡还觉得心里没底,因为"巨舰大炮"的数量不足啊,还得再"添把火",这把"火"就是鱼雷艇和驱逐舰。

在黄海海战中,鱼雷艇和驱逐舰发射了 40 枚鱼雷,仅命中了可怜的 1 枚,而这些小型舰艇却又在秋山真之"七段战法"中扮演着重要的夜战角色。因此,在临战训练中日复一日地训练着突击和发射鱼雷的技巧,并向官兵极力灌输"不惜生命,报效皇恩"的所谓"明治武士道精神"。在日本文化中独特耻辱观和极端化忠君爱国思想的熏陶之下,这支近乎疯狂的"雷击"部队已经"磨刀霍霍"。

炮弹打得差不多了,"雷击"训练也完成了,"万事俱备,只欠东风"就等着对手上门了。可是,即将"上门"的对手究竟是什么样子的呢?

对手

此时,即将送上门来的对手已经步履蹒跚地航行了 1.8 万海里,俄国人的这一壮举甚至被西方世界称为"第八大奇迹"。在 20 世纪初期,在没有完善的全球化基地群保障的情况下,组织 40 艘战舰规模的舰队进行跨越欧、亚、非三大洲的远征,也只有"发了疯的"沙皇和"精力充沛不知疲倦"的俄国人才能做到。

> 航行中的第二太平舰队

> 沙俄第二太平洋舰队司令——罗杰斯特文斯基

实际上，第二太平洋舰队的诞生是一个极为荒谬的过程，最初海军部在1904年6月2日发布的作战纲要中明确：以俄国位于波罗的海区域的军舰为主体组建舰队，绕道非洲开赴远东，支援被困在旅顺的远东舰队。但是在最初的一段时间里，增援远东的战略计划仅仅代表着一种"计划"而已。随着4月12日马卡洛夫将军的阵亡和8月10日远东舰队黄海突围失败，从军事角度来说，再派遣舰队驰援旅顺已经毫无意义，因为扭转海上战局的可能性几已不复存在。但是迫于战争财政的压力和沙皇本人"对日本的极度痛恨"，俄国又必须摆出一副不惜决一死战的架势，以实现国际金融市场的融资和满足沙皇本人的"民族荣誉感"（后者可能更重要）。就这样，在众口一致的反对之下，沙皇尼古拉二世来了一个"乾纲独断"，不仅"力排众议"派遣第二太平洋舰队横跨三大洋去消灭那些东方的"黄皮猴子"，还"慧眼识才"指定他的爱将——罗杰斯特文斯基为舰队司令官。就这样，被改名为"第二太平洋舰队"的波罗的海舰队，踏上了遥远的征程，走上了总航程为1.8万海里的不归路。

罗杰斯特文斯基，曾经参加过1877年~1878年间对土耳其战争并立下了战功，但此后一直在俄国海军司令部内"行走"，并没有多少海上作战的实际经验，甚至没有实际指挥任何大舰队出海的经历。但是因为"出身高贵"——担任过沙皇侍从武官，再加之高度熟悉海军"中枢衙门"的官僚体制，尤其是在1902年成功组织实施了沙皇与德皇威廉二世会面时的俄国海军观舰式，得到了沙皇的高度器重，在1903年成为俄国海军参谋长。就是这样一个沙皇的宠臣，一个"管理型"的官僚和"军事文盲"，从舰队10月8日启航开始，就陷入了一种"恐惧强迫综合症"当中。除了处理"多戈沙洲误击事件"和为燃煤来源发愁外，罗杰斯特文斯基整日的经常性工作就是扮演"一个宪兵司令"的角色，在旗舰上整日"巡逻检查卫生""纠察军容风纪"，在办公室搜寻所有公文报告中的拼写错误，然后命令手下，甚至亲自动手惩罚那些犯错误的可怜虫，把整个舰队从被日本驱逐舰袭击的恐惧中带到了被长官鞭打的恐怖中。他似乎什么都想到了，但是就是没想明白如何战备，可是话说回来，如果1.8万海里都走不下来，战备工作做得再充分也没用，同时没有零件，没有给养，甚至没有数量充足的用于训练的炮弹。就这样，曾经是俄国

> "佩列斯维特级"战列舰

海军翘楚的波罗的海舰队载着满船的燃煤,冒着滚滚黑烟,步履蹒跚地向着远东开来。

平心而论,第二太平洋舰队的纸面实力还是相当可观的,7艘主力舰中有4艘服役不久的"博罗季诺级"新式战列舰,镍钢装甲、光学测距仪等装备的技术水准堪称世界一流。但是,海军作为当时技术水平最高的军种(今天仍是如此),并不是光有最先进的军舰就能打胜仗的。在经历了五年前的"洗劫"之后(5年前组建远东舰队时已经抽掉了大量的优秀水兵),波罗的海舰队已经派不出优秀的水兵来驾驭这些先进的战舰了,同时所有人都"使出浑身解数"来逃避这场"1.8万海里的放逐",各种兵油子、有前科的问题人物、新手菜鸟,甚至是有参与革命活动的嫌疑人纷纷拿着"被粉饰一新的履历",前往新舰队报到了。

同时,主力战舰"鹰"号("博罗季诺级"3号舰)直到启航之际还没有竣工,系统调试和海上试航等必要程序更是无从谈起,甚至有几百吨舾装品未安装到位;当时科学技术的最新成果——无线电通讯设备已经安装上舰,但是德国技术人员拒绝随同舰队出航,同时俄国电讯人员又大多未经过专门培训，就使这些"宝贝疙瘩"成为了一堆废铁，这甚至直接影响到最后对马决战的结局。

与纸面数据虚幻的表象不同，士气高昂的水兵和状态良好的武器装备，才是一支舰队真正的灵魂，而此时的第二太平洋舰队已经是"失魂落魄"甚至是"无家可归"了。

抉择

在旅顺口已被攻陷的情况下，俄国舰队只能按照沙皇的命令，前往远东舰队的驻泊地符拉迪沃斯托克（海参崴）。而日本列岛的地理分布决定了俄国舰队的航线只能有三条：对马海峡、津轻海峡、宗谷海峡。联合舰队先任参谋秋山真之认为：津轻海峡和宗谷海峡均水道狭窄、海流湍急、暗礁密布、终年多雾，对于劳师远征"人生地不熟"的罗杰斯特文斯基来说，指挥如此庞大的舰队走这条路，将徒然增加航行的危险，很可能有半数舰艇葬身于此。反之，走朝鲜海峡东水道（即对马海峡），不仅是前往符拉迪沃斯托克的捷径，而且航道也很宽阔，便于大舰队机动，从航海的角度来看，也是最佳选择。

对马！一定是对马！

秋山真之还有一句话没说，对马海峡也是联合舰队最希望俄国人走的路。俄国人如果走这条路，联合舰队不仅可以在镇海湾以逸待劳，而且预先设计的"七段战法"也只有在狭长的日本海里才能实现，如果俄国人走津轻或宗谷海峡的话，那里到符拉迪沃斯托克的距离只有 400 海里，联合舰队的"七段战法"只能打"两段"，根本不可能全歼敌人。"敌人走对马"也成了东乡平八郎的最终判断。

从 4 月 8 日抵达新加坡开始，俄国第二太平洋舰队的一举一动都置于日本的盟国——英国海军的监视之下，日本获悉，俄国舰队将在金兰湾与前来增援的第三太平洋舰队会合并获得燃煤补给。在得到了涅博加托夫率领的第三太平洋舰队补充后，5 月 14 日，罗杰斯特文斯基下令起航，可是这时日本人的情报人员却"掉链子"了。直到 20 日，俄国舰队出航的情报才被东乡平八郎获悉，至于俄国舰队走哪条航线，什么时候到等问题更是一头雾水。

接下来就是难以忍受的煎熬与等待……

这种煎熬一直持续到 5 月 25 日，就连日本海军的首席战术专家、马汉的高徒秋山真之都等不下去了。因为按照他的推断，敌人 22 日就该到了。"10 节？不可能！带了那么多老爷船，路上要出机械故障，要加煤，罗杰斯特文斯基舰队的速度有 7 节就了不起了"，还是铃木贯太郎"一言惊醒"了秋山真之，也进一步坚定了东乡在对马决战的决心。

5 月 27 日凌晨，伪装巡洋舰"信浓丸"号的电报"于四五六地点发现敌舰队"，结束了这场漫长的等待，几分钟后，"04:45 发现敌舰队，北纬 32 度 20 分，东京 128 度 30 分，敌舰队航向对马海峡"的电报接踵而至。随后，联合舰队的主力舰一艘艘出港，这场决定"皇国兴废"命运的海上决战已经蓄势待发。

天佑

在战争胜利的天平上，仅拥有正确的战略判断、严酷的实战训练还有"短板"突出的对手这些砝码是不够的，有时候还需要那么一丝运气，也就是"上天的眷佑"。

在这场海战中，从一开始日本海军就拥有了让对手煞是羡慕的"好运气"。这种"好运气"首先来自对手，罗杰斯特文斯基不仅没有尽早"遣散"弹药运输船、修理工作船等非战斗舰艇，还专门派宝贵的巡洋舰为其护航，大幅削弱了舰队的机动性和战斗力；未及时明确战时指挥关系和代理人，以至于他受伤之后，俄国舰队"群龙无首""不攻自乱"；俄国战舰在战前"换上了新装"，将巨大的烟囱刷上了与蓝色海水对比度极为明显的土黄色油漆，也为联合舰队提供了最为醒目的舰炮射击识别标志。除此之外，5 月 25 日在长江口以东海域，6 艘随编队航行的运煤船根据命令脱离编队驶往上海，运煤船进港伊始，日本三井物产上海支店就立即向大本营进行了报告，根据这一情报和俄国舰队本身的可能载煤量判断，罗杰斯特文斯基可能的选择只有对马海峡。随着俄国舰队一系列漏洞百出的"昏招"，在不经意间，将伴随自己绕过了半个地球的"好运气""拱手让给"了联合舰队。

在凌晨的浓雾中，伪装巡洋舰"信浓丸"号发现"奥里约"号医院船，在查证过程中又发现了俄国舰队主力，而此时"军事文盲"罗杰斯特文斯基一心只顾着赶路，怕耽误时间，根本没有心思对付一艘小巡洋舰，不仅没有下令开火击沉"信浓丸"号，还拒绝了辅助巡洋舰"乌拉尔"号舰长"使用同频信号干扰日舰发射无线电报"的"宝贵建议"。就这样，"信浓丸"号和后来接替他的"和泉"号毫无阻碍地对俄国舰队进行了抵近侦察，详细报告了对手的力量编成、队形结构和运动要素，最后甚至报告了"舰身浅黑，烟囱颜色为黄色"这样对舰炮射击效果极为重要的识别特征信息。在情报侦察这一环节，东乡和联合舰队"运气好得不能再好"。

在起草电报时，秋山真之那句"天气晴朗波浪高"，似乎表明顺风顺水，"神风"常在（日本人认为当年帮助他们挫败元朝军队入侵的"神风庇佑"又来了），好运气常在。其实并不然，这句话一方面说明海上能见度良好，便于观察舰炮射击命中情况，便于发挥联合舰队舰炮射击训练水平，另一方面还说明海况恶劣，根据水文站报告，对马海峡浪高 2.5 米 ~3.0 米，驱逐舰和鱼雷艇等小型舰艇的作战使用将受到很大限制，45 艘鱼雷艇因风浪无法出海。但是由于 5 月 27 日白天交战的战果比较理想，成功地将对手拖入夜战当中，近 60 艘驱逐舰和鱼雷艇在夜暗时分大显身手，对残存受伤的俄舰展开了"狼群般的撕咬"，在这恐怖的"鱼雷之夜"中，"苏沃洛夫公爵"、"博罗季诺""亚历山大三世"号等受损战列舰先后被击沉，俄国第二太平洋舰队主力舰艇折损大半。

> 日海军通讯舰"信浓丸"号

在与"像章鱼群似的挤成一团的俄国舰队"("三笠"号炮术长安保清种语)发生目视接触后，13 时 55 分东乡平八郎下令在旗舰"三笠"号上升起了"Z"字旗，旗语是"皇国兴废在此一战，望诸君努力应战"。东乡的"Z"字旗与之前大英帝国海军统帅纳尔逊在特拉法尔加悬挂的"Z"字旗，有着根本的不同。纳尔逊的意思是"英格兰期待着每个男人都恪尽职守"，话说得很振奋，但是似乎"还没到悬崖边上"；而东乡则不然，他、联合舰队，甚至整个日本都已经没有退路，"Z"是 26 个英文字母的最后一个了，也就是说这个信号如果失败，那么这个"皇国"就将真的被"废掉"了。虽然这一信号和旗语有着一定的"迷信色彩"，但是反过来说，东乡确实通过"置于死地而后生"的手段，激发起刚刚具有现代国民意识的联合舰队官兵们高昂的士气和斗志。从这个意义上讲，"Z"字旗不是"迷信"，而是实实在在的"运气"！

"U"形转弯

在联合舰队与俄国舰队相互发现对方时，日舰在北航向西北，俄舰在南航向东北，最远距离 1 万至 1.2 万米（超出了当时的舰炮有效射程）。交战双方由于在作战企图与目的理解方面存在很大差异，对这一初始态势产生了截然不同的理解。罗杰斯特文斯基坚持"跑"字诀，他认为只要摆脱联合舰队的纠缠，

> "Z"字旗

> 联合舰队司令长官东乡平八郎

只要跑到符拉迪沃斯托克（海参崴）就是胜利，哪怕整个舰队的船就剩下4艘战列舰，他都能在日本海搅个"天翻地覆"。而东乡平八郎坚持"灭"字诀，必须"干净完全彻底歼灭之"，在他看来哪怕俄国人有一艘战舰到达海参崴，都将对战局产生十分不利的影响，对于联合舰队来说都将意味着"失败"。在交战双方的不同认识和理解之下，东乡平八郎和罗杰斯特文斯基各自下达了截然不同的命令，对整场海战的进程和双方舰队的命运产生了决定性的影响。

此时，东乡为"缠住"敌人，发挥己方中口径舷侧速射炮优势（"甲午海战"时也是如此），于14时02分命令向左转向，这也就是海战史上著名的"U"形转弯！此时他的旗舰"三笠"号与俄旗舰"苏沃洛夫公爵"号的距离是8000米，也就是说在转弯完毕前十几分钟时间里，每一艘在此点转向的日舰都将暴露在俄国舰队的炮口之下。东乡的"U"形转弯大大出乎罗杰斯特文斯基所料，无心恋战、"一心跑路"的他直到14时08分才缓过神来下令开炮，在这十几分钟的时间里，东乡的旗舰"三笠"号几乎独自承受了俄国舰队的全部炮火，超过300多发炮弹向其打来，中弹超过40发。其中一发炮弹命中司令塔，联合舰队指挥中枢多人阵亡，东乡本人也被弹片击中腿部。此时，东乡实际上已经做好了"三笠"号被击沉的思想准备，他认为，只要这个"U"形转弯成功完成，联合舰队能够压制住对方，哪怕旗舰被击沉，整个海战就已经成功了一半。事实上也是如此，在整个转向过程中，后续舰艇相继被俄舰炮火击中，甚至个别巡洋舰因受损严重退出战斗序列。但是俄舰的低命中率、炮弹的低破坏力以及罗杰斯特文斯基"反应迟缓"耽误的两分钟宝贵战机，使东乡和联合舰队坚持了几分钟，一艘舰艇都没有被击沉。转向完毕的联合舰队，在熬过了"像两个世纪一样的煎熬"之后（"三笠"号炮术长安保清种语），随着加藤友三郎（联合舰队参谋长）"打！盯着（敌）旗舰打！"的一声令下，联合舰队在6000米的距离上开始了"令俄舰感到恐怖"的反击。

"奥斯利亚维亚"号起火！"亚历山大三世"号起火！"苏沃洛夫公爵"号起火！仰仗着"下濑火药"和"伊集院信管"的强大威力，在联合舰队12英寸火炮的准确射击之下，俄主力舰一艘接一艘冒起了黑烟，一发炮弹命中"苏沃洛夫公爵"号指挥塔，罗杰斯特文斯基身负重伤，一时间俄国舰队"群龙无首"（战前罗杰斯特文斯基并未指定自己的代理人），紧接着"苏沃洛夫公爵"

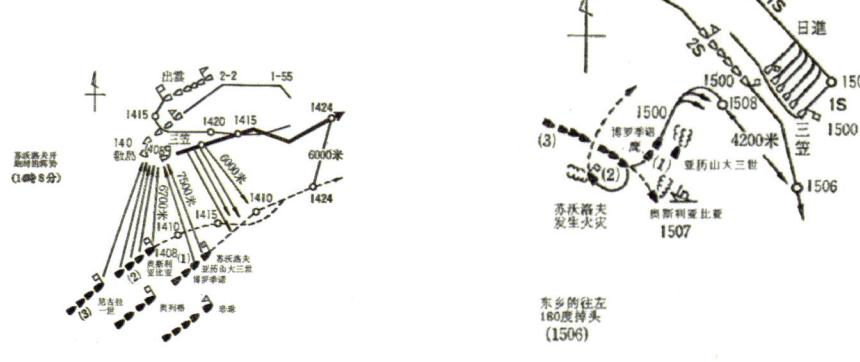

> "苏沃洛夫公爵"号开炮时的态势　　> 东乡平八郎判断失误，第二舰队的"抗命"挽救了联合舰队

号的舵机被炮弹击中，操纵失控开始向右"划圈"。就在15时00分，东乡平八郎下达了在此次海战中饱受最大争议的命令："一起向左转！"这样一来，联合舰队在北、航向北偏西，俄国舰队在南、航向西偏南，在4分钟之内，双方舰队"背道而驰"拉开了4海里。如果按照这个态势发展下去的话，不等联合舰队转回来追上，俄国舰队早已趁着夜幕逃之夭夭了。

和前一年8月7日的黄海海战"如出一辙"，命运之神确实给了俄国人一丝希望，但是这个希望很快就破灭了，打破这个希望就是联合舰队第二战队的参谋佐藤铁太郎（"月月火水木金金"理论的提出者），他做出了"'苏沃洛夫公爵'号转向只能是舵机故障所致"的正确判断，并得到了战队司令官村上彦之丞的支持，村上果断地做出了"抗命"的决定，没有跟着东乡的旗舰"三笠"号一起转弯，而是直接按照原航向，挡在了俄国舰队的前面。村上和第二战队的这一"抗命之举"彻底缠住了俄国舰队，不仅为联合舰队牢牢抓住了宝贵的战机，还成功地将俄国舰队拖入了夜战当中。

随着"苏沃洛夫公爵"号、"亚历山大三世"号和"博罗季诺"号战列舰的沉没。19时10分，东乡果断挂出了"停止战斗"的信号旗，将俄国残余舰艇交给了在一旁"虎视眈眈、磨刀霍霍"的驱逐舰和鱼雷艇，恐怖的"鱼雷之夜"开始了。

"七段战法"

对马海战前，东乡平八郎曾向天皇保证：不放一艘俄舰进入符拉迪沃斯托克。为了实现全歼俄国舰队的目标，秋山真之在俄国舰队可能航经的近600海里海域进行了区段划分，计划用4天时间不分昼夜地对其实施攻击。其中4个白昼以主力舰进行攻击，3个夜晚用驱逐舰和鱼雷艇进行攻击，史称"七段战法"。后由于发现俄国舰队时间较晚，"七段"中的"第一、二段"未能实施，直接从"第三段"开打，但是联合舰队"第三段"取得的战果大大超出了最初的想象，"30分钟就决定了大局"（秋山真之语）。但是"决定了大局"不等于"完成了大局"，虽然俄国舰队4艘最现代化战列舰中的3艘已被击沉，但是俄国舰队残余舰只正在试图逃离战场，"不放一艘俄舰进入符拉迪沃斯托克"的目标还没有最终实现。

27日昼间因"天气晴朗波浪高"而"无用武之地"的驱逐舰和鱼雷艇，终于获得了一显身手的时机。在漆黑一片的对马海峡终端，成群结队的"饿狼"对残存的受损俄舰进行了"无情的撕咬"，"纳瓦林"号被击沉，"伟大的西索伊""纳西莫夫海军上将""弗拉基米尔·莫诺马赫"号先后被重创，并于次日天亮后沉没。尽管继任舰队司令官涅博加托夫采取了一些措施，试图重组队形、减小损失，使幸存舰只免于在"鱼雷之夜"中全军覆灭，但也仅仅是推迟覆灭时间而已，第二天等待俄国舰队的将是溃败和终结。

当5月28日第一缕阳光照亮海面之时，庞大的俄国舰队就剩下5艘伤痕累累的战舰步履蹒跚地向东北方向驶去。5时20分，位于郁陵岛附近的东乡收到第五战队报告："发现敌舰队，航向东北偏北，航速12节。"与此同时，俄国舰队也发现了日舰，涅博加托夫后来回忆："日出后我们便发现位于西北方的联合舰队第五战队……日本军舰使我被迫作出判断，'尼古拉一世'号等5艘战舰已被重重包围……近在身侧的日本舰队消灭了我们抵达海参崴的最后一丝幻想。"望着在安全距离外"游弋"的对手，在做出短时间内不会发生交战的判断后，他发布了"除值班人员外，全员休息"的命令，等待着最后的终结。

3个半小时之后，令俄国人避之不及却又"期待已久"的联合舰队终于出现了。10时30分最后的交战开始了，此时舰队司令与普通水兵的脸上，早已

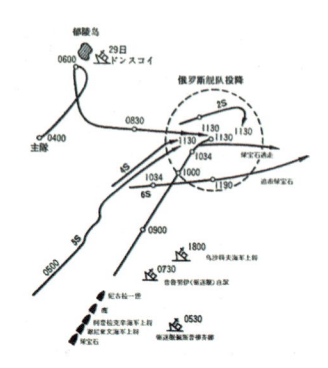

> 俄海军残存舰艇投降时的态势

没有了前一天的勇气、希望与狂热，剩下的只有等待解脱的绝望。10时42分，在"尼古拉一世"号的信号桅杆上升起了代表着"我们投降"的XGE旗组，然而联合舰队似乎并未意识到这一点，炮击仍在继续，直到一面用白色桌布临时改制的白旗升起来之后，日本人的炮火才逐渐稀疏下来。

"阁下，他们投降了！"

"他们的机关（主机）是否关闭了？"

"是的，关闭了……"

"全舰队停止射击！"

这是东乡平八郎和秋山真之在这场海战中最后的对话。之后的事情则毫无悬念，在涅博加托夫签署了投降书之后，4艘残余俄舰由日舰一对一拖带着被牵向了日本本土。而罗杰斯特文斯基也在几经换乘，"一路狂奔"后，"毫无悬念"地被日驱逐舰"涟"号俘获。至此，秋山真之的"七段战法"在前"三段"就提前结束了战斗，这场漫长的旅途和血腥的追逐也真正画上了句号。

"利器"

在对马海战中，俄国海军包括6艘战列舰在内的19艘战舰被击沉，包括两艘战列舰在内的5艘战舰被俘，除部分舰艇逃至第三国港口被解除武装外，基本上全军覆灭。而联合舰队仅损失鱼雷艇3艘，其中1艘还是航行中不慎触礁沉没的。是役，日本海军取得了海战史上罕见的全胜。客观地讲，日是当时东方世界一个新兴的国家,从"明治维新"开始,近代工业化也不过30多年的时间,虽然在10年前刚刚战胜了暮气沉沉的大清,击败了那支龙旗飘扬的舰队,但是西方主流世界无论如何也想不到刚刚登上世界舞台的日本,竟然敢向庞大的俄国发起挑战,结果还赢得这么漂亮。究竟这些东方人掌握了怎样的精锐利器?发生了怎样脱胎换骨的变化?

在与驻旅顺俄国远东舰队几番交手之后,东乡和联合舰队对俄国舰队的战斗力和装备水平有了一个清醒的认识,在获悉第二太平洋舰队出航的情报之后,一方面抓紧时间在国际军火市场采购新舰,另外一方面加快了新型技术装备的融合运用。其中最有名的就是"三六"式无线电收发报机、"下濑火药"和"伊集院信管"。

1895年马可尼发明无线电通信技术后不久,日本就敏锐地发现了其巨大的军事应用潜力,在8年后的1903年(即明治三十六年),倾举国之力,通过连续攻关,终于制造出具有当时世界一流水平的无线电通信设备——全国产化的"三六"式(即明治三十六年制式)无线电收发报机,虽然其工作距离只有80海里,中途还需要在军舰上设立中转站转发才能送达大本营,但是这已经使日本海军具有了远程侦察信息传送能力,也为联合舰队赢得了足够的反应时间。

正如"今天的军舰不仅是现代大工业的产物,同时也是现代大工业的缩影,是一个浮在水上的工厂……"(恩格斯语)所说的那样,国家的工业水平决定了军舰及舰载武器的作战效能。日本作为一个后起国家,在冶金、机械和原材料等方面的工业基础相对薄弱,以当时其国内弹药制造工艺水平,在5000米左右的距离上,炮弹无论如何都无法击穿俄国战列舰的新式镍钢装甲。为提升毁伤效果,不惜牺牲部分穿甲效能,另辟蹊径地在炮弹装药和引信上做文章。在装药方面,采用了著名工程师下濑雅允发明的"下濑火药"(即添加钝化剂的"苦味酸"),爆炸速度达到了7350米/秒,远远超过俄国海军炮弹采用的"柯达型双基炸药"4000米/秒的爆炸速度。同时,"下濑火药"在爆炸后就会燃起大火,3000摄氏度的高温足以将军舰表面所有附着物件,包括钢铁熔化,从而大量杀伤人员并破坏装备。

与此同时,联合舰队还装备了极其灵敏的"伊集院信管"(由提出"月月火水木金金"理论的伊集院五郎发明),该引信在接触到任何物件,哪怕是细细的缆绳后都会触发炮弹的爆炸。而俄国海军使用的是穿甲弹，依靠物理撞击来击穿舰体装甲，因此引信敏感度不高，也导致了"哑弹"情况的大量出现（对马海战中命中"三笠"号的多枚炮弹均为"哑弹"）。其实，采用"伊集院信管"的真正原因是，当时日本薄弱的军事工业还没有掌握穿甲弹制造技术（日本的穿甲弹制造技术是一直到第一次世界大战以后才从德国引进的），这只是为了有效毁伤俄舰而采用的"应急手段"。

就这样，日本海军终于给自己配备了与对手放手一搏的"利器"，"三六"式无线电收发报机实现了侦察情报信息的"千里传音"，而"下濑火药"与"伊集院信管"这对"好搭档"则给对手制造了一片火海，成为对马海战中俄国舰队的"梦魇"。

偶然与必然

对马海战是近代海战史上为数不多的实现"全胜"的经典战役，充分证明了阿尔弗雷德·马汉的海权学说和战列舰在海战中无可替代的霸主地位，深刻影响了海军技术的发展，并由此催生了"无畏"舰的出现，将大炮巨舰主义推向了巅峰。同时，这场战役不仅决定了日俄战争的最终结局，也主导了西方老牌帝国与东方新兴资本主义国家的国运走向，甚至影响到了二十世纪上半叶的世界格局。在这场海战中，出现了很多极具偶然，甚至有些匪夷所思的实践，尽管漫长久远的一个多世纪过去了，但是依然留下了一段意味悠远的海战传奇。

在整个海战的前后，"愚蠢、倒霉、疲惫的对手"，严酷的训练、充分的准备、良好的天气、正确的指挥、士气高昂的官兵、"敢于抗命的"指挥官，"U"形转弯、抢占"T"字头……种种偶然与必然的因素交织在一起，成为世界海战史研究领域的永恒课题。一个多世纪以来，对于影响这场战役胜负的事件和原因研究不断、争议不断，有些事件甚至成为历史谜团。至于这场关乎"皇国兴废"战役胜利的最根本原因，也许只有他的实际指挥者东乡平八郎经历的一件事最能说明白。

那是1934年，当卧床不起的东乡平八郎即将走到生命终点的时候，他从

180度的"U"形转弯 | 东乡平八郎对马海战战法

> "三六"式无线电收发报机

> "下濑火药"发明者下濑雅允

> 伊集院五郎

> 伊集院信管

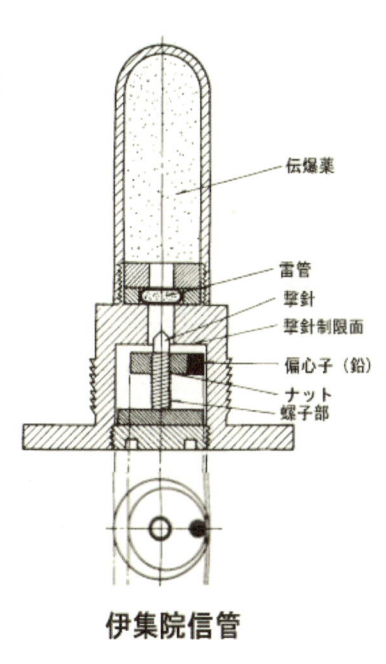

075

家人的读报中获悉了 29 年前，对马海战中的一段陈年往事：

对马海战爆发的前一天，也就是 1905 年 5 月 26 日，一个以跑船运为生的冲绳渔民名叫奥滨牛，在返航回家时发现了海上有"一大堆挂的不是日军旗帜的军舰路过"。根据政府的通知，这可能是俄国军舰，他跑到了宫古岛村公所报告。然而岛上没有无线电通讯设备，于是奥滨牛和另外 3 个年轻人自告奋勇，划着一条小舢板，用了整整 15 个小时，赶到 170 千米外离他们最近的石垣岛上用无线电台报告。当累得接近虚脱的渔民们将情报发到了东京，经东京邮局告知大本营，再由大本营转发到联合舰队时，东乡平八郎根据"信浓丸"号的情报已经下令出航了。这封"过时了的电报"也被淹没在当时雪片似的电文中。

据说当时垂垂老矣的东乡平八郎听完这则新闻异常激动，因为即将走到人生尽头的他，似乎又看到了日本人从幕府时代的草民转变为"以国为重"的国民的艰辛过程。从国家政治的角度来看，在这些渔民和那些报告俄国舰队运煤船行踪的三井物产商人的身上，已经充分体现了明治维新的成果，即日本已经树立和完善了举国体制，日本人已经有了国家概念。

其实从这点看来，"贫穷弱小"的日本战胜庞大的、暮气沉沉的沙俄其实并不是什么大不了的奇迹，因为在剥去现代物质文明的装裹后，俄国其实就是一个落后愚昧的中世纪专制王国，所有军事力量不过是按照独裁的沙皇及其几个心腹重臣的爱好私下运作，战争的目的与国家无关，更与国民无关，仅仅是几个军官总督加官进爵的手段而已，因此俄国海军出现种种不合常理的怪事就显得无比正常。而这时，腐朽落寞的沙俄却"很不凑巧"地遇到了一个能够动员全民参战的东方对手，这种现代的国民意识、国家组织和国民动员能力才是日本接连取得甲午和日俄这两场战争胜利的关键。

05

欧陆平原的铁流狂飙
古德里安与闪击战

1941年12月8日在位于莫斯科接近地的克里斯纳亚波良纳，列夫托尔斯泰的故居被沉闷、低迷、压抑的气氛所笼罩着，一声尖利的电话铃响打破了这令人窒息的沉闷：

"古德里安，无论如何你要坚持住，我马上给你派出增援飞机，一定要坚信这一点。只有坚持，坚持！你要坚持下去！！"（希特勒歇斯底里地在电话中吼道。）

"一定照办！"（古德里安回答得很干脆。）

"元首命令要斗争到底，我决定不向部队传达，宁愿冒上军事法庭的危险。他们对实际情况一点也不了解！"（古德里安放下电话对身边的幕僚说道。）

是什么让所谓"闪击英雄"的古德里安如此沮丧，采取了这般"抗令不行"的极端行为？是什么让在欧洲大陆肆意横行、"战无不胜"的日耳曼军队沦落到崩溃的边缘？是什么让在欧洲"盛极一时"、"所向披靡"的"闪击战"遭到当头棒喝、行将破产呢？这一切还得从苏联红军于12月6日发动的莫斯科大反攻说起。

就在两天前的12月6日，在确信筋疲力尽的德军突击集团已彻底丧失战役突破能力后，苏联红军迅即发起了大规模反攻，尽管交战双方总兵力基本相当，但是在冰天雪地里处于强弩之末的日耳曼所谓"精锐之师"却再也无法阻止住苏军全面反攻的强大阵势，企图在冬季攻占莫斯科的美梦破灭了，一口气仓皇后撤了300多千米。而古德里安，在向莫斯科的进攻乃至整个"二战"欧洲战场重要战役中，都扮演了极为重要的角色，与"闪击战"的探索实践紧密相连。长期以来，古德里安与"闪击战"似乎已经融为一体，成为战史学家和职业军人们津津乐道的永恒话题。

"闪击英雄"的萌芽与成长

1888年，海因茨·威廉·古德里安出生于维斯瓦河畔库尔姆的一个军人家庭，父亲弗里德里希·古德里安当时是驻波美拉尼亚的第2猎兵营的一位中尉军官（波美拉尼亚简直就是古德里安的宿命啊，1945年的春天古德里安就是在这里发起了"最后的反击"，并被朱可夫指挥下的苏联红军所击溃）。与二战中德军众多祖辈世代从军，身居高位的出身贵族的高级将领不同（19名陆军元帅中有12名姓氏中都带有"冯"（von）的前缀，表明他们来自贵族家庭，例如：曾任陆军总司令的瓦尔特·冯·勃劳希奇和中央集团军群司令费多尔·冯·博克和大名鼎鼎的埃里希·冯·曼施坦因），古德里安出身于中产阶级世家，虽然家族与军队的渊源并不深，但他父亲职业军官的经历对他的影响却是显而易见的，使他从孩提时代开始就感受到军队生活的气息和军人作风的感染，也影响了他的人生选择。

1901年4月1日，12岁的古德里安进入位于巴登的候补军官学校；1903年进入位于柏林附近的中央陆军军官学校，1907年毕业时，校方在他的评语中写道："知识水平和业务能力十分优秀……才华出众，积极进取，忠于职守。"此后，他被分配到位于洛林的第10汉诺威轻步兵营，担任见习军官并在这里晋升中尉；1911年被调任至隶属普鲁士陆军通信兵团的第3通信兵营。

正如同"战争就是德意志军人的宿命"那样，26岁的古德里安与一代德国军人，连同整个国家一起被卷入了第一次世界大战。期间，他先后任电台台长、通信官、参谋官、营指挥官，甚至代理过第52预备师的参谋长，参加过凡尔登、索姆河等重要战役，获得了一级、二级铁十字勋章。1918年初，由于在色当的推演考核中表现出了超出常人的战术解决能力，古德里安给他的老师和高级军官们留下了深刻的印象，也使他成为了当时德军总参谋部最年轻的参谋人员。战争中指挥官、参谋岗位，尤其是总参谋部和通信专业领域的战争历练，也为古德里安在战后德国装甲兵建设和"闪击战"理论的探索实践都打下了坚实的基础。

艰难探索

战败的德国，在《凡尔赛条约》的强力约束下，"普鲁士军官团"的后裔们不得不"屈辱"地将军队缩减至100000人的规模，不仅在莱茵河以东50千米不得设防，而且还不得拥有坦克、重炮、潜艇等"大规模杀伤性武器"。在这样"尴尬的"大环境下，德国陆军很多优秀的军官不得不"脱军装走人"，但古德里安凭借着战争期间的所谓"战功"和总参谋部军官的重要经历留在了德国国防军中（在德国军队中，总参谋部军官不仅是一种经历，更是一种极大的荣誉）。

在两次世界大战之间的岁月，古德里安绝大多数是在摩托化部队（最初被成为摩托化运输部队）中度过的，在这里他见证了"闪击战"理论的萌芽和最初的探索实践。众所周知，机械化战争理论的创始人，是第一次世界大

> 英国著名军事理论家富勒，被认为是装甲战的先驱

> 利德尔·哈特

战中最出色的装甲指挥官查尔斯·富勒将军,从1922年4月调任国防部摩托化司开始,古德里安对摩托化和机械化作战的知识一片空白,只能通过有限的战史资料摸索学习。在此期间,熟练掌握英语、法语的他一直在竭尽全力收集有关机械化作战的各种资料,翻译了富勒和利德尔·哈特的大量著作,全盘接受了以突破利器——坦克为核心,建立并集中使用机械化部队指导思想,以及构建在进攻的成效与进攻的速度、深度成正比的"力矩原则"基础上的作战指导理论。

正如他后来所回忆的那样:"德国现在是处于无防御的状态中,所以假使有任何新的战争发生,则势必无险可守,因此就必须要依赖机动性的防御。针对在机动战中摩托化部队的运输问题,不久就又引发出对这种运输方式的保护问题。这个问题的惟一解决办法就是'装甲车辆',所以我就想从战史中去寻找使用装甲车辆的先例……英法两国对于这些问题具有更多的经验,而且所发表的文献也很多。我就把这些书都搞到手,仔细地加以学习"就这样,古德里安凭借从英法偷师而来的经验为德国装甲兵的建设和"闪击战"理论的提出夯实了理论的根基。

1928年秋天,古德里安受命担任运输部队的战车战术教官,由于受《凡尔赛和约》所限(禁止德国发展坦克),几乎是"偷偷摸摸"地从零开始,甚至不得不给汽车装上了木制炮塔,并在演习中使用这些车辆模拟坦克参加战斗,并取得了一定的经验。1929年,他到瑞士参观了一个装备了STRVm21坦克(瑞士造的德国LKII坦克)的坦克营,后来又赴苏联参观了尚处于秘密测试阶段的试验型坦克(在那里第一次遇到了后来成为劲敌的苏军指挥员们)。1931年2月,已晋升中校的他继续撰写大量装甲坦克部队作战的文章,并协助解决第一辆德制坦克生产中的技术问题。

在战争理论的探索过程中,古德里安遇到的最大难题不是一穷二白的物质基础,也不是难以喘息的国际环境,而是来自德意志军队内部的强大守旧势力。时任总参谋长的贝克无视摩托化平台的推进速度和无线电通讯技术带来的指挥手段的变革,坚称"不,不,我不想和你们发生任何关系。对我而言,你们实在是走得太快了。""你没有地图和电话,那么你又怎样指挥呢?你读过施里芬所著的书(即1909年的著作《现代战争》)没有?"在这样的守旧思想的阻力面前，古德里安一时间举步维艰。但是，随着德国政局的风云变幻，转机终于出现了。

希特勒上台后，在参观一次作战演习时，看到古德里安的那些小型装甲部队在演习场上异常活跃而激动不已咆哮着说道："这就是我所需的！这就是我所想的！"并下令正式组建3个装甲师，任命古德里安为第2装甲师师长。此后，古德里安也顺理成章地成为了所谓"元首身边的红人"，在两年内"火箭般"由上校晋升为中将，并被任命为第16集团军司令，在吞并奥地利和侵占苏台德地区的行动中充当了急先锋。10个月后，他又被任命为装甲兵总监，负责德军装甲部队，包括兵员扩充、人员训练、战术制定、技术装备在内的全面建设，这也是古德里安担任的最重要的、能够改变战争历史的关键要职。从此，他得以运用他的理论、知识把德军装甲部队建设成为一支在战争中令人生畏的力量，不仅为法西斯德国战争猛兽增添了锋利的爪牙，也将整个德意志民族推入了万劫不复的深渊。

白色方案

早在1937年梅克伦堡演习中，参加演习的三个精锐装甲师，仅用4天的时间就通过采取两翼包抄和向心突击的战术，比预定计划提前3天完成了对装备反坦克炮守军假想敌的"碾压式"合围。这次成功的演习，既是新生的德军装甲兵机动、火力、通信能力重大优越性的体现，也是古德里安的作品《注意！坦克！》中装甲兵战术原则教科书式的演示，更是日后闪击波兰、法国战役的局部预演。

1939年9月1日，波兰战役正式开始，根据战前制定的"白色方案"，古德里安率第19装甲军被编入了冯·克鲁格指挥的第4集团军战斗序列（下辖第3装甲师，第2、20摩步师，第23步兵师），既是该集团军的中坚，又是其攻击作战的"锋利矛头"，直插向波兰的战略要地——但泽走廊。但是，在开战的第一天，德国军队远不如他们在上次大战中表现得那样"凶残"，非但没有势如破竹、高歌猛进，相反还出现了"不应有的惊慌与混乱"，在强渡布尔达河和夜间巩固阵地时都曾出现"迟疑与动摇"，为此古德里安不得不亲赴前线督导，并于次日"亲自率领夜间撤出的那个团，由大克罗尼亚的北面直向图霍拉方面迂回"，不仅迅速稳定了军心，也为迅速实现集团军的战役突破打开了缺口。

9月3日，第19装甲军推进至维斯瓦河一线，完成了对波军"波莫瑞"集团军的合围。古德里安在其战后回忆录中描述道："到9月3日，我们对敌人已经形成了合围之势——当前的敌军都被包围在希维兹以北和格劳顿兹以西的森林地区里。波兰的骑兵，因为不懂得我们坦克的性能，结果遭到了极大的损失。有一个波兰炮兵团正向维斯托拉方向行动，途中为我们的坦克所追上，全部被歼灭，只有两门炮有过发射的机会。波兰的步兵也死伤惨重。他们一部分架桥纵列在撤退中被捕获，其余全被歼灭。"截止9月4日，波军"波莫瑞"集团军的3个步兵师和1个骑兵旅全部被歼灭，而古德里安第19装甲军的4个师一共才阵亡150人，负伤700人。次日，希特勒来到第19装甲军视察，古德里安在向希特勒吹嘘这次作战的主要经验时说："波兰人的勇敢和坚强是不可低估的，甚至是令人吃惊的。但在这次战役中我们的损失之所以会这样小，完全是因为我们的坦克发挥了高度威力的缘故。"

凭心而论，波兰战役是在特殊的国际形势背景下进行了，英法两国在西线进行了一场"绥靖政策"导演下的"静坐战争"，也在"背信弃义"的同时，对法西斯德国闪击波兰起到了"助纣为虐"之效。尽管波兰军队进行了英勇悲壮的抵抗，但是，在战争形态演变呈现出"更新换代"的趋势下，波军遭到了由机械化战争思想理论和技术装备武装起来的昔日宿敌"降维打击"，其失败也就在所难免了。

法兰西的山脉和平原

对昔日宿敌——波兰的"闪击成功"，进一步助长了法西斯德国膨胀的野心，尤其是在其所谓的"和平建议"遭到英法拒绝后，希特勒便决心拿法国开刀，用战争直接逼迫英法媾和。尽管在波兰战役中，集中编组、使用的装甲部队在机动、火力、协同方面体现出了极大的优越性，但是德军总参谋部的战争计划者们仍旧无法摆脱上次大战中马恩河会战失败的阴影，并出于

> 波兰战役中的德军装甲部队

对机械化战争作战理论的"本能抗拒",依旧按照当年"施里芬计划"的思路"亦步亦趋",企图按照"老祖宗的办法"将法兰西战役"分两步走":"黄色方案"(攻打荷兰、比利时、卢森堡和法国北部)和"红色方案"(进攻法国本土)。尽管希特勒对"黄色方案"充满了厌恶,但是德国陆军和总参谋部却表现出"异乎寻常的坚持"。就在此时,"搅局的人"和"搅局的事"出现了。

1940年1月10日,1架德军梅塞施米特Bf-109飞机迫降在比利时马斯特里赫特北面的马斯梅赫伦(史称"梅赫伦事件"),机上的德国空军要员携带着一本最新版本的"黄色方案第2号方案",由于无法把这一重要文件全部烧毁,致使一部分落入英、法手中。

作战计划的暴露是任何军队都无法容忍的,更何况正处于"箭在弦上"之时。此时,"搅局的人"也出现了,时任A集团军群参谋长的埃里希·冯·曼施坦因"适时"地再次向陆军总部提出他的观点:德军进攻的主要矛头应放在左翼,而不是在右翼。以强大的装甲部队,将担任主要突击力量的装甲集群巧妙通过地势险峻、被普遍认为装甲部队无法行军的阿登山区,从而绕过重兵防守的"马奇诺防线",直插盟军防守薄弱地带。这是攻其不备、出奇制胜攻入法国的一条捷径,可切断南北盟军之间的联系,分割合围英法盟军,迅速灭亡法国。他的观点出乎意料地获得了希特勒"简直像精灵似的理解"。次日,希特勒便命令陆军和总参谋部以曼施坦因的建议为基础,立即制定出一个新的作战计划来。虽然遭到了布劳希奇和哈尔德的强烈反对,认为其所谓的秘密通过,实在是一种疯狂的假设,将使德国装甲部队的精锐遭到法军的两翼夹击,并可能导致全军覆没。但在希特勒的压力下,重新拟制的作战计划还是迅速出台了,并于1940年2月22日得到了希特勒的批准。德军参谋部将这一计划命名为"挥镰行动"(也称"曼施泰因计划")。

虽然计划出台了,但是包括希特勒在内的所有人"还是觉得心里没底",为此,在柏林总理官邸,希特勒本人亲自主持了一次军事汇报,古德里安最后一个发言,指出在进攻之日,就要越过卢森堡的国界,经过比利时南部,直捣色当,渡过马斯河,并在那里建立一个桥头阵地,以掩护后续的步兵渡河;第一天可以到达比利时边境……第四天到达马斯河;第五天就可成功渡河,并于当天下午建立了巩固的桥头堡。后来根据古德里安回忆,当时除了希特勒、曼施坦因和他本人以外,几乎再没有任何人相信这个计划会获得成功。

但后来战争的进程显示,曼施泰因和古德里安的计划显得是那样看似"步步紧扣"和"顺理成章"。

第一天(5月10日):

5时30分,古德里安随第1装甲师进攻,突破国境线直抵马特朗日,与法军发生激战。据说法军统帅甘末林将军得知德军进攻时,在指挥所的走廊里来回踱步,哼着愉快的军乐,还有人看见"他状态很好,并且大笑",反映出他对这场战争和法兰西未来的极度自信。

第二天(5月11日):

在扫除法军布设的地雷后,第1装甲师开始继续推进,黄昏时到达布永城下。第2、10装甲师也推进到预定地点。

第三天(5月12日):

在进攻布永的同时,第2装甲师进攻受阻,古德里安决定以两个装甲师实施强渡,下午第1、10装甲师已经攻占色当,准备渡河。

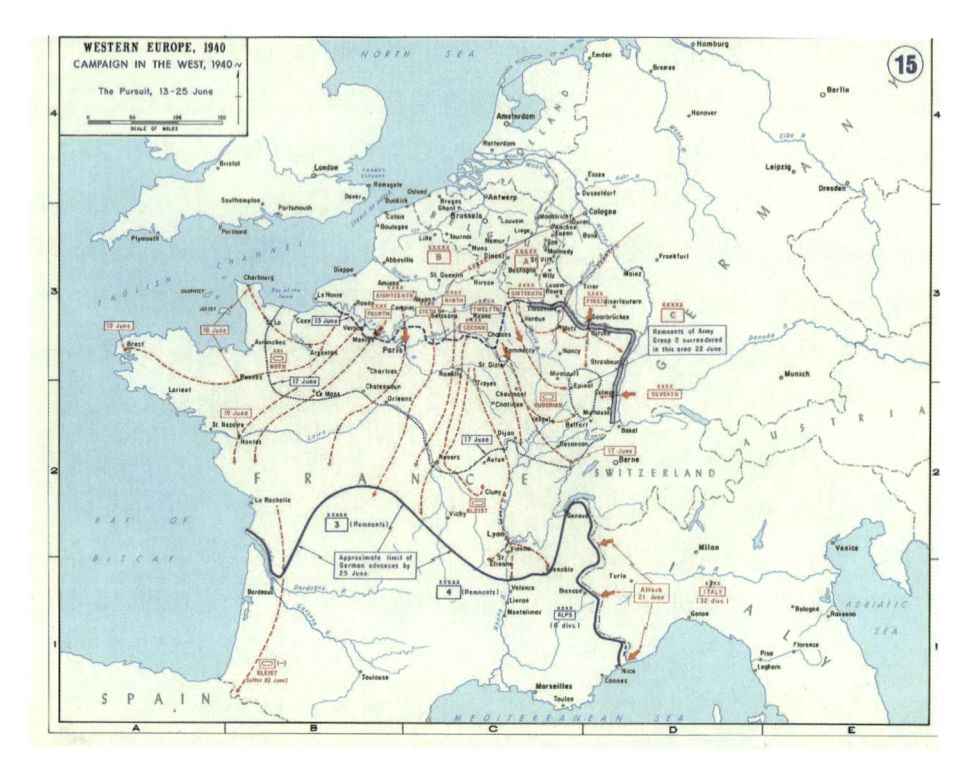

> 英文版法兰西战役

第四天（5月13日）：

在空中支援迟迟未到的情况下，古德里安命令实施强渡，并要求部队一直进攻，不准停留；当日深夜，第1装甲师的先头部队已经全部渡过马斯河。

第五天（5月14日）：

日落前，第1装甲师前锋已经渡过阿登运河，驻扎于此的法军炮兵部队没有来得及后撤就被德军俘虏。至此，古德里安所率3个装甲师已经全面攻破马奇诺防线。

5月15日，法国总理雷诺在打给丘吉尔的电话中承认：法国已经全面战败，无力回天。之后，尽管在希特勒的"一再阻挠"之下，30多万的英法军队从敦刻尔克海滩得以逃脱，但作战中古德里安本人和他指挥的第19装甲军还是在17天内进行了600千米的长途袭击。

东方不归路

早在结束法兰西战役，彻底击败法国之时，希特勒就曾与古德里安就下一步的方向交换过意见，但是古德里安并未表现出如闪击波兰和法兰西战役之前的那种"内心默契"，以为击败法国就可以一雪当年"贡比涅森林"战败之耻，彻底结束战争。也许那时起，在希特勒心中古德里安就被打入了"只可使之，不可知之"的另册，被排除在"巴巴罗萨"计划的知情人之外。

当第一次听到"巴巴罗萨"计划时，古德里安被彻底震惊了。因为希特勒本人就曾经痛骂过 1914 年推行"两线作战"战略的德国领导者。他无法理解，在"海狮计划"流产，对英战争尚未结束之前，为什么又要"出尔反尔"、"脑洞大开"，到苏联去开辟"第二战场"呢？除此之外，他对总参谋部"只要 8 到 10 个星期就可以击败苏联"的乐观估计也表示了怀疑与保留。在他看来，哈尔德（德军总参谋长）将实力大致相等的三个集团军群，分别指向列宁格勒、白俄罗斯和乌克兰，似乎又并未规定单一明确的战略目标，"是充满危险和变数的"。但他的意见既没有改变"被胜利冲昏头脑"的总参谋部，也没有改变"信心爆表"的希特勒。用古德里安的话来说："所有的将领都沉默地恭听希特勒的讲演，因为并没有讨论的机会。"在"重新研究查理士十二世和拿破仑一世的战史"之后，古德里安也许意识到了在"拿破仑折戟沉沙"的东方战线作战的复杂性，也许回忆起了 30 年代在喀山坦克学校同窗学习的苏联红军的指挥员们。但不管他想到了什么，不管他焦虑与否，战争机器都在不以个人意志的情况下发动了，要一直转动到无法转动为止。

据古德里安回忆：在讨论战争准备情况的军事会议上，希特勒只问了他一个问题"你要多少时间才能够到达明斯克？"他回答说："五、六天的样子。"而事实上他也确实做到了……

1941 年 6 月 22 日，随着"巴巴罗萨"计划正式启动，古德里安指挥着下辖 3 个装甲军的第 2 装甲集群，越过苏德边境，踏上了白俄罗斯的土地。在战前成功实施特种力量渗透和战争初期"一边倒"的大规模空袭之下，德军将庞大的对手置于"失能状态"，苏军 1200 架作战飞机被摧毁，指挥通信遭到破坏，巴甫洛夫指挥下的西方面军陷入了"各自为战"的危险境地，又

百战归来：名将与成名战

> 巴黎沦陷，法国人痛哭流涕

按照1940年12月莫斯科首长—司令部战略演习时的"剧本"重新彩排了一遍，导致了近50万精锐部队——苏联红军最为精锐的一支军事力量的全军覆灭。而古德里安也履行了他对"元首"的承诺，仅用不到8天的时间攻占明斯克，将白俄罗斯收入囊中，兵锋直指莫斯科。在对通向莫斯科的大门——斯摩棱斯克的争夺中，凭借着飞机、坦克数量上的优势和娴熟的空地战术协同，德军击败了铁木辛哥麾下数量相当、质量不俗，却战术呆板、配合不力的西方方面军，占领了斯摩棱斯克、莫吉廖夫等城市，并击退了苏军旨在解围的反攻行动，共消灭苏军40多万人，缴获大量装备，为进攻莫斯科打开了通道。但是在广阔的战场上，德国的军事力量被稀释和分散了，作战部队异常疲惫，被迫停止了向莫斯科的进攻而转入防御。

8月下旬，在下一步的战略进攻方向的选择上，希特勒一直在列宁格勒、莫斯科和乌克兰三个方向上摇摆不定。古德里安主张立即向莫斯科进攻，占领莫斯科可以对苏联人民的心理产生震撼，整个世界也会为之战栗。但希特勒却认为乌克兰的粮食、顿巴斯的煤和高加索的石油，对德国后续战争意义重大。狂妄的希特勒曾以嘲笑的口吻对古德里安说："我的将军们对于战争经济学一无所知！"8月21日，希特勒下达了基辅会战的命令；9月26日，基辅会战结束，被围苏军66.5万人全部牺牲。但古德里安认为：这只是一个战术性的胜利，它拖延了进攻莫斯科的时间，影响了攻占莫斯科这一主要目标，在战略上是一个失误。

古德里安这一判断很快得到验证。由于德军忙于基辅会战，莫斯科方向上的苏军得以喘息，兵员充足，补给充分，且适于寒带地区作战的后备部队从远东源源不断调来。相比之下，基辅战役后的德军，兵员和装备损失很大，

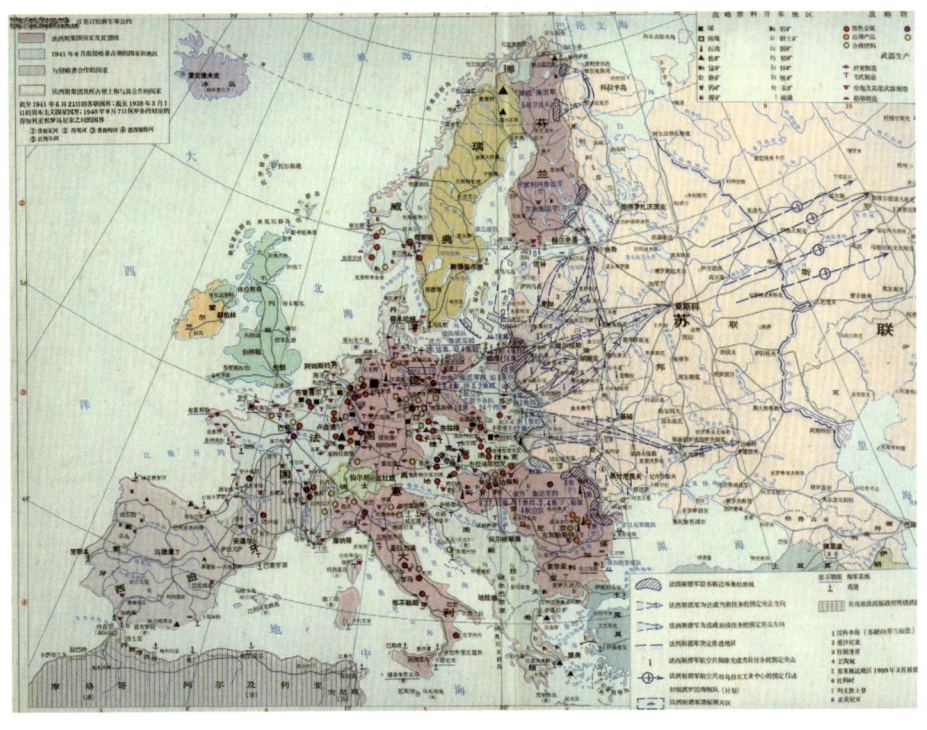

> "巴巴罗萨"计划时期的欧洲地区

又难以及时补充，由于准备不足，冻伤人数不断增加，油料奇缺。古德里安甚至曾在电话中措辞强硬地对中央集团军群司令博克说到："这不是五月，更不是在法国！"12月6日，苏军在莫斯科接近地开始了全线反攻，饥寒交迫中疲惫之师的崩溃开始了。古德里安认为：德军应当立即撤至一个有利的地区，建立防御工事，安全地渡过冬季后再采取攻势，但是却遭到了希特勒的坚决反对（就是本篇开头的一幕）。12月20日，古德里安飞往柏林，希望当面向希特勒陈述后撤的理由，但希特勒用一种生硬和不友好眼光注视着古德里安。当他谈到受严寒影响，德军已没有力量攻占莫斯科，只好下达了停止进攻的命令，并建议立即撤退至一个筑垒地域以便坚守过冬时，希特勒大声狂喊起来："不！我禁止撤退！如果情况是这样，那么他们就应该就地修筑工事，绝不放弃一寸土地！如果无法修筑工事，就用重型榴弹炮弹炸出坑来，第一次世界大战时，我们在佛兰德平原就是这样干的。"12月26日上午，古德里安接到了被召回的命令，布劳希奇、博克、勒布、伦斯德等35名将帅也同时遭到罢免，一同成为莫斯科溃败的替罪羊。

> 在比亚韦斯托克—明斯克包围圈内,一名德军士兵从阵亡苏军遗体和坦克残骸旁走过

> 1941年基辅会战时,德军在达尔尼茨克大桥旁架设浮桥渡河前进

> 严寒天气使德军损失惨重

> 二战苏军 T-34 坦克与德军Ⅳ号坦克的对比

> 德军装备的三号反坦克突击炮

> 古德里安之墓

无力回天

1943 年 2 月 17 日，在家闲赋一年多时间的古德里安突然接到电话，要他立即赶到大本营向希特勒本人报到。此时正值斯大林格勒惨败、英美盟军北非登陆，美国总统罗斯福和英国首相丘吉尔在卡萨布兰卡举行了重要会谈，要求"轴心国""无条件投降"！德国国内人心惶惶，军队和国民士气空前低落，在这种情况下，希特勒打算重新启用古德里安，通过整军备战，再现昔日"闪击欧陆"的疯狂。

在负责装甲部队的生产、训练、战术制定及整编工作中，古德里安取得了一定的进展，将坦克装甲车辆的月产量由 600 辆提高到了 1955 辆，其中包括当时德军装甲部队的主力Ⅳ号坦克和最新式的"虎"、"黑豹"系列坦克。但好景不长，1943 年夏季，希特勒不顾古德里安的劝阻，执意将性能并不完善的"虎"式、"黑豹"

式坦克投入到库尔斯克战役。在这场第二次世界大战最大规模的坦克会战中，面对着苏军严密的纵深防御体系，曼施泰因、克鲁格和莫德尔"撞得头破血流"，"好不容易积累起来的装甲后备力量被消耗殆尽了"，德军旨在夺回东线战略主动权的企图遭到了无情地粉碎。

此后，古德里安建议德军在转入战略防御姿态时，应当选择用反坦克炮替代坦克成为防御主力，并得到希特勒同意其可自行安排反坦克炮的生产和分配。但是受时间及工业、经济、人事等因素的影响，在1944年苏军发动战略反攻时仍只有少量部队完成换装。同时古德里安建议自东线战场撤回装甲部队，予以重新整编，但遭到了希特勒的拒绝。在1944年6月6日盟军发动诺曼底战役时，古德里安已经重新整编出10个装甲师和装甲步兵师。对于担任大西洋壁垒主要负责人隆美尔的防御计划，古德里安提出了异议，认为隆美尔将机动部队置放的位置与前线部队空间过大而与之发生争执。

在战争后期，古德里安与希特勒在战术战略见解上的分歧愈大，由是使得两人之间的矛盾也愈形激烈，并多次发生争吵。1944年7月20日希特勒遇刺后，古德里安参与了军事法庭的审理，并被任命为陆军参谋长，1945年3月德国战败前夕再次被希特勒以6星期病假和健康疗养的名义斥退免职。被免职当天他回到家时夫人对他说："今天你出去的时间真长啊！"他垂头丧气地答道："是的，而这也就是最后一次了，我已经被免职了。"

1945年5月10日，古德里安在慕尼黑家中被美军俘虏，关押3年之后释放，1954年在柏林病逝，时年68岁。有句话对他的评价十分到位："醉心的是坦克、投身的是坦克、兴衰的是坦克、著述的是坦克，一个为坦克而生、因坦克而'暴得大名'的人。"

06

扼住帝国咽喉的群狼
卡尔·冯·邓尼茨的狼群战术

你们见过阿尔卑斯山上的狼群吗？见过狼群撕咬的情景吗？狼群在觅食时是分散行动的，以便增加发现猎物的机会。一旦发现了羊群，并不立即发动攻击，而是用嗥叫招来同伴，然后再选择最佳地点群体出击，将羊群全部吃掉。因此，敌人的船队就是羊群，而我们的潜艇就是狼。德国潜艇必须集结成群，以群对群，大量地击沉敌人的舰船，这样才能使德国赢得下一场战争！

——卡尔·冯·邓尼茨对"狼群战术"的说明

战争中唯一使我真正感到害怕的是德国海军潜艇的威胁。那是唯一一次，我担心英国真正的灭顶之灾要来了。

——温斯顿·丘吉尔《第二次世界大战回忆录》

上面已经谈到，在 1940 年 6 月到 10 月这几个月里德国各潜艇艇长是怎样取得巨大战果的。当敌人的潜艇数量不足时，邓尼茨除了让各艘潜艇独立行动、发挥各艇长的能力外，别无他法。但是，当邓尼茨海军上将拥有较多数量的潜艇时，他就能指挥多艘潜艇实施协同攻击。他早就希望改变战术，于是在 1940 年 10 月至 1941 年 3 月逐步推行了"狼群战术"。这种战术的改变出人意料，使我们猝不及防。英国人认为，敌潜艇战术的发展给我们带来了严重的问题，因为敌人采取了我们从未见过的攻击方式，我们无论在战术上还是在技术上都没有准备好对付措施。

——罗斯基尔《第二次世界大战史：海上战争》

与太平洋战争相比，大西洋上的战斗少了辉煌与阳刚之美，却始终弥漫着一股诡秘阴郁之气，大西洋上"狼群"出没，潜艇战与反潜战贯穿整个战争始终。严格地说它不是一次海战，而是一场旷日持久的海上战争，由无数次战役和战斗组成，成功的战例不胜枚举。使堂堂大英帝国感受到失败痛苦的，不是德国坦克的闪电战，也不是德国飞机的狂轰滥炸，而是德国潜艇对海上运输的破坏作战，被称作"海狼"的德军潜艇活动最猖獗时几乎掐断了对于英国至关重要的大西洋航线，几乎已经牢牢扼住了大英帝国的咽喉！使日不落帝国真正体会到了失败即将来临的切肤之痛！

这场破交与保交的较量，不仅是双方战略层面上的斗智斗勇，还是武器装备、军事技术水平的角逐，更是广大参战官兵战术素养、作战意志全方位的较量！这场围绕海上交通线的殊死搏杀，前后持续了漫长的五年零八个月，贯穿于整个战争的始终，对欧洲战场的最终胜负，也对战后世界海军的发展都产生了极为巨大和深远的影响。

> 盟军护航船队（1943年）

战俘的反思

卡尔·冯·邓尼茨1891年9月16日出生于德国柏林附近的格吕瑙。19岁时，邓尼茨加入德国海军，成了一名潜艇军官。1918年10月4日，就在第一次世界大战将要结束时，邓尼茨指挥的德国潜艇在地中海马耳他岛海域袭击英国运输船队时，被英国军舰击沉，邓尼茨被俘在战俘营中度过了10个月。邓尼茨在监狱中苦苦思索着如何在下一场海战中取胜。在他看来，德国的水面舰队要想赶上英国海军的实力，是极为困难的。那么潜艇在战争中能发挥什么样的作用呢？还是像以前一样孤零零地去与护航严密的运输船队对阵吗？邓尼茨终日苦思冥想，连看守他的英国军官都觉得他是个怪人。英国看守永远也不会想到，眼前这个不起眼的德国战俘竟然在别人都向往和平的时候，偷偷策划着如何在未来的第二次世界大战中击败英国海军。

正如邓尼茨在他的自传《十年与二十天》中写到的那样："最后一夜的战斗使我懂得了一个基本原则：潜艇在夜暗的掩护下从水面对护航运输队实施攻击是大有成功希望的。同一时间发动攻击的潜艇数量越多，局势对每一艘潜艇来说就越有利。因为舰船的爆炸和沉没会使敌人在黑暗中变得混乱，使担任掩护的驱逐舰失去行动自由，并由于大量诸如此类的事件而被迫分散行动。除此之外，出于战略和战术上的原因，需采用多艘潜艇攻击一支护航运输队。"

不久，邓尼茨获释，他回到德国重新加入了德国海军。紧接着，邓尼茨很快从一名初级军官成长为一名高级军官。他历任鱼雷艇艇长，海军总司令部军务助理，波罗的海海军司令官，北海海军司令部参谋处处长等职。1935年，野心勃勃的希特勒开始磨刀霍霍准备战争，德国潜艇部队重新组建，邓尼茨被任命为德国海军的首席潜艇官，从而使他有机会得以实践多年艰苦思考而成的潜艇"狼群战术"。

邓尼茨认为，英国是一个岛国，一切战争必需品和盟国的增援部队，都必须通过大西洋上的航线才能输入英国。要击败英国，关键的问题是切断其海上运输线。因此，德国海军的战略任务是对英国进行商船袭击战和吨位战，大量地击沉他们的大型水面舰艇和运输商船，最终使英国因"失血"过多而不得不投降。进行这种作战的武器就是潜艇。1艘数万吨级的大型军舰建造周期至少得1年,同样的财力物力可以制造数十艘潜艇,而所需的时间仅要1~2个月。如果按这个速度发展,德国短期内就可拥有数百艘到上千艘的潜艇大军,只要每艘潜艇击沉1万吨的英国海军舰船,那胜利就将属于德国。

狼群的獠牙

一战中,德国海军的潜艇部队取得了显赫的战绩,虽然未能取得战争的最后胜利,但是却为重建后的第三帝国海军U艇部队的战术发展提供了充足的养分和肥沃的土壤。在1919年8月获释重返家园后,邓尼茨曾当过水面舰艇的驾驶员、战术研究员、鱼雷艇艇长、鱼雷艇支队长,也曾在波罗的海海军司令冯·勒文费尔德海军中将的旗舰上担任过航海长,后来又担任过"埃姆登"号巡洋舰舰长。虽然在1935年之前,一战的战胜国还不允许德国拥有

> 停泊在基地的U艇部队

潜艇，但是在这段时间里，邓尼茨的"跨兵种交叉任职经历"，却使他对水面舰艇战术有了非常深刻的了解，认识到在当时的技术条件下（当时还不能用雷达来测定方位），对于海军总体力量处于劣势的一方来说，夜间作战比白天具有更大的优越性，因为在暗夜的掩护下，可出其不意地对敌实施攻击，并能重新隐蔽起来。而潜艇这一在上次大战中崭露头角的新型力量，在暗夜条件下只有指挥塔露出水面，在夜间特别难以被发现，"理所当然"地成为实现这一目的作战力量中最佳首选。

从1935年秋天开始，在经过了必要的准备之后，在邓尼茨的指挥下"韦迪根"潜艇支队开始了风雨无阻的训练，以商船为主要目标，并强调潜艇夜间水面高速接敌集群攻击。"狼群战术"的组织与实施是极为复杂的，他将担负侦察任务的潜艇部署在敌方可能航线的垂直方向上，根据能见度差异，彼此间隔为25海里~30海里（也就是"潜艇侦察幕"）。当其中一艘潜艇发现目标后，立即使用无线电进行报告，同时在最大能见距离上与目标继续保持接触，并将目标运动要素和作战海区相关水文气象情报信息源源不断地报告给岸基指挥机关。

所有海上参战的潜艇，将严格按照岸基对潜指挥机关规定的接敌时间、接敌航线等命令执行，并强调在所有潜艇就位后方可开始"集火攻击"，以求达到最大的对商船毁伤战果。换句话说，就是"白天接触，夜间攻击"，有时这种"狼群般的撕咬"会持续一夜甚至几夜，直到搭载的鱼雷消耗殆尽为止。

为了将他的作战理论灌输给新的德国潜艇部队，邓尼茨形象地做了这样的比喻："你们见过阿尔卑斯山上的狼群吗？见过狼群撕咬的情景吗？狼群在觅食时是分散行动的，以便增加发现猎物的机会。一旦发现了羊群，并不立即发动攻击，而是用嗥叫招来同伴，然后再选择最佳地点群体出击，将羊群全部吃掉。因此，敌人的船队就是羊群，而我们的潜艇就是狼。德国潜艇必须集结成群，以群对群，大量地击沉敌人的舰船，这样才能获胜！"

1937年秋，在波罗的海举行的"国防军演习"中，邓尼茨第一次采用了潜艇协同战术，潜艇群成功跟踪和攻击了"敌方"一支舰艇编队和护航运输队；1939年5月又在西班牙半岛和比斯开湾以西的大西洋上进行了潜艇"集群战术"的演习,同样取得了圆满成功。一系列演习的结果表明,集群战术的原则和具体细节问题已基本解决。至此,邓尼茨亲手训练的U艇和年轻的"狼群"已露出"尖利的獠牙"和"狰狞的目光"。

崭露头角

战争爆发前,不管是英德两国的国家决策层还是海军执行层,都对在可能爆发的战争中潜艇兵力的重要性缺乏足够的估计,即使在战争爆发当年,也就是1939年1月开始的德国海军雄心勃勃为期6年的造舰计划("Z"计划)中,与大中型水面作战舰艇相比,潜艇兵力的建造比重仍然处于相对次要的地位。按照邓尼茨战前基于英德两国海军总体力量对比而提出的建造构想,潜艇兵力的数量结构应达到不少于300艘的总体规模。但是因为种种因素的制约与影响,直到1939年9月开战时,邓尼茨拥有的潜艇总数仅仅为57艘,其中有46艘可以立即投入作战,但只有22艘能抵达大西洋海区作战,按照1/3~1/4的出动概率计算,意味着平均只有5艘~7艘潜艇能在大西洋作战海区与敌周旋。多年后,邓尼茨甚至无奈地在回忆录中写道:"在一场战争中一个兵种的武器数量少到如此程度实在罕见。这样少的武器只能起到刺痛敌人的作用,而不可能使一个世界大国、第一流的海军强国求和。"

战争初期,即使在这种不利的情况下,由邓尼茨亲手组建并严格训练的U艇和"狼群",干出了三件令大英帝国瞠目结舌的"惊天之举"。

首先是击沉"雅典娜"号事件。在9月3日,即英国对德宣战的当天,预先展开在海上的U-30号潜艇在赫布里底群岛以西海域发现了该船,"雅

> U-30号潜艇

> 浓烟滚滚的"雅典娜"号

典娜"号是一艘排水量为1.35万吨级定期往来英美之间的客轮,当时船上有1102名乘客和315名船员。U-30艇长伦普上尉通过潜望镜观察,见其偏离正常商船航线,又实行灯火管制,便认定是一艘英国的武装商船,随即决心将其击沉。19时40分,在1200米距离上,U-30向该船齐射3条鱼雷,其中一条鱼雷命中,猛烈的爆炸几乎将"雅典娜"号拦腰折断;9月4日11时许,"雅典娜"号沉入海底,这是第二次世界大战中第一艘被击沉的船舶,船上有112人丧生,其中28人是美国人。

9月30日返回基地后,伦普向邓尼茨作了口头汇报,邓尼茨担心美国会以此为借口加入战争,命令销毁航海日志,严格保密。由于"雅典娜"号沉没时85名无辜妇孺丧生,激起了英美乃至世界舆论一致谴责,但德国矢口否认,并死不认账地声称称这是英国故意炸沉的,目的就是栽赃德国,想将美国也拖入战争。一时间,"雅典娜"的沉没成为悬案,直到战争结束,才真相大白。

第二件是,击沉"勇敢"号航母。在"雅典娜"号被击沉后,英国认为德国很可能已开始实施无限制潜艇战，为确保大西洋航线安全，英国海军出动航母执行反潜巡逻任务，"皇家方舟"号前往西北部海域，"勇敢"号和"竞技神"号则前往西南部海域。

9月17日黄昏，"勇敢"号航母在4艘驱逐舰掩护下，赴爱尔兰以西海域进行反潜巡逻。当接到发现德军潜艇的报告后，"勇敢"号立即起飞舰载机，并抽调2艘驱逐舰前去搜索。不久，正当这艘2.25万吨级的舰队航母接受返航的舰载机着舰时，被德军U-29号潜艇发现，艇长舒哈特上尉立即决定实施攻击，该艇迅即突破英军的警戒圈，向"勇敢"号齐射两枚鱼雷，两雷全部命中，仅仅20分钟后，"勇敢"号就爆炸沉没，全舰1200名官兵中包括舰长琼斯海军上校在内的514人阵亡。U-29号随即遭到了英军驱逐舰的深水炸弹反击，但该艇成功摆脱攻击安全返回。

第三件影响最大，战果最辉煌，是U-47号潜艇偷袭了英国皇家海军最重要、防御最严密的斯卡帕湾海军基地。这个航道狭窄、水流湍急、暗礁密布的海军基地，东临北海，西接大西洋，是英国皇家海军在不列颠群岛上的主力舰队锚地，战略地位极其重要。这里是德国海军的"伤心之地"，也是日耳曼人的"耻辱之地"，一战结束后，公海舰队的主力舰艇被"囚禁"于此，并悉数自沉，堪称提尔皮茨雄心勃勃创建公海舰队以来几十年间的"奇耻大辱"。一直以来，邓尼茨都想尝试让一艘德国潜艇潜入这一水域并给予英国

> U-29号潜艇

> 被击沉的皇家海军"勇敢"号航空母舰

皇家海军沉重一击,德国海军情报部门为此做了大量的准备工作,并通过德国空军和部分巡逻潜艇搜集到了部分关于斯卡帕湾的情报资料。

在与参谋人员几经研究之后,邓尼茨终于下定了最终的决心,这一丧心病狂的任务落到了时年 31 岁的 U-47 号潜艇艇长普里恩的肩上。普里恩于 1933 年加入德国海军,曾参加西班牙内战,在他的首次战斗巡逻中就取得击沉 3 艘敌舰、总吨位 6.6 万吨的战果,并因此获得二级铁十字勋章。在邓尼茨的回忆录《十年与二十天》中记录下了他当时的考虑:"我必须做一次尝试,我的选择倾向于海军上尉普里恩,他是 U-47 号艇的艇长。在我看来他完全具备执行任务所需的个人品质和专业技能,看上去再合适不过。我把所有的有关资料都递给了他,告诉他可以选择接受,或者放弃……"

1939 年 10 月 8 日,U-47 号潜艇满载鱼雷缓缓离开基尔港,沿着事先谨慎制订的航线经由威廉港驶往北海。此次作战任务代号为"P",由于机密程度太高,邓尼茨本人也仅向海军司令雷德尔进行了口头汇报。在潜艇出航时,甚至没有按照惯例举行任何送行仪式。

10月13日深夜，在普里恩沉着冷静的指挥下，U-47潜艇克服了阻塞沉船和海流的影响，极为惊险却又极为成功地潜入了斯卡帕湾，分别于14日0时58分和1时16分，对"皇家橡树"号战列舰进行了两次鱼雷攻击。虽然由于鱼雷引信问题，第一次攻击未果，但是第二次攻击齐射的3枚鱼雷准确地命中起爆，撕破了"皇家橡树"号2.9万吨的巨大舰体，海面上烈焰冲天浓烟滚滚，并在10分钟后迅速沉没，包括英国皇家海军第二舰队司令布拉格若夫在内的24名军官和809名舰员丧生，只有375人生还。水面布满燃油的卡帕湾，顿时成为一个巨大的海军坟场。

其实最为疯狂的，还要数1939年10月30日，U-56号潜艇对"纳尔逊"号战列舰的那次不成功的鱼雷攻击，因为当时丘吉尔本人就在"纳尔逊"号战列舰上。如果3枚鱼雷引信工作正常的话，那么二战的历史很可能将会改写。为此，在纽伦堡审判结束后很长时间，耄耋之年的邓尼茨依旧对听到的那段新闻报道记忆犹新：

"U-56号潜艇这次行动的失败是军事上的一个重大失误！"

初露锋芒

从1939年9月至1940年6月，邓尼茨麾下的"海狼"击沉敌对国家的舰船总数达到了242艘，总吨位约85万吨。从总体上看，这些损失对英国而言，还是能够承受的，因为同一时期新建造的船只吨位完全弥补了损失，而且英国的反潜战总体情况还不算坏，击沉了德军24艘潜艇，并将德军潜艇逐渐逐出近岸海域。虽然击沉了"勇敢"号航母和"皇家橡树"号战列舰，但是从作战组织形式的角度来看，邓尼茨的U艇仍处于"单打独斗"和"各自为战"的阶段，战前寄予厚望的"狼群战术"并未得到充分施展。

随着德军相继占领了法国、挪威等大西洋沿岸国家，原先极其不利的海上态势顿时改观，德国海军迅速在法国和挪威沿海各港口建立潜艇基地，U艇从位于比斯开湾的洛里昂、布勒斯特、圣纳泽尔等港口出发，可以直接进入大西洋，作战海域得到了极大的拓展，武器装备和后勤保障效率大幅提高。虽然U艇总数基本与前期持平（53艘），但在大西洋上战斗巡航的U艇数量却较前期增加了一倍（平均每天有10至15艘潜艇在海上活动）。邓尼茨的对潜指挥机关也前移至法国洛里昂。这一切改变，都为"狼群战术"的集群化运用创造了基本条件，也预示着大西洋上将掀起一场全新的风暴，邓尼茨"狼群"的第一个黄金时期即将到来。

从7月开始，英国从航线起始点两方向扩大护航范围，从英国开往加拿大和美国的运输船队，由英国海军的护航军舰护送至西经17度，至10月又扩大为西经19度。但大西洋航线上中间一段是没有护航的，这一海域也是德军潜艇活动最猖獗的海域。8月17日，希特勒下令对英国实施全面海上封锁，潜艇有权击沉任何进入封锁海域的船只，中立国船只只要进入封锁海域，同样是合法的攻击目标（这实际上就是"无限制潜艇战"）。U艇部队被束缚的手脚彻底解放了，精英艇长们开始大显身手，积极投入到了"吨位战"当中，其间涌现出一大批名噪一时的所谓王牌，其中普里恩（U-47号艇长）、克雷斯特施默尔（U-99号艇长）、舍普克（U-100号艇长）就是其中杰出的代表，也被誉为邓尼茨的所谓"三大王牌"。在这一"黄金时期"里，9月间HX-72护航船队、10月间SC-7护航船队之战就是其中的典型战例。

9月20日，U-47发现了从加拿大开往英国的HX-72运输船队，该船队编有41艘运输船、1艘驱逐舰和4艘护卫舰。此时U-47只剩下了一条鱼雷，所以无力采取攻击，只好一面跟踪船队一面召唤附近潜艇尽快赶来。天黑后首先赶到的U-99号对船队实施了攻击，击伤3艘运输船，其中1艘后终因伤势过重而沉没，其余2艘因伤掉队后被其他潜艇击沉。天亮前，U-48也进行了攻击，击沉了1艘运输船。

9月21日入夜后，U-100号潜艇突入船队中间，艇长舍普克充分发挥其高超的驾驶技术，连续进行了长达4小时的攻击，一连击沉7艘运输船，护航军舰对其竟一筹莫展，毫无办法。

9月22日清晨，英军2艘驱逐舰赶来加强护航力量，并将正企图进行攻击的U-32号潜艇驱走，这才结束了船队噩梦般的航程。此次护航战中，德军潜艇尤其是U-100号表现出色，总共击沉了12艘运输船，计7.7万吨。

10月17日凌晨，U-48号发现了从加拿大开往英国的SC-7船队，该船队由30艘运输船和5艘护卫舰组成，艇长布莱克劳特少校果断实施攻击，击沉了2艘运输船，并向潜艇司令部报告了船队的航速、航向、船只数量等情报。天亮后U-48被英军的水上飞机发现，随即遭到了深水炸弹的攻击。水上飞机引导驱逐舰对潜艇所在海域进行了连续深水炸弹攻击，潜艇虽然没有遭到损伤，但被迫长时间潜航，以致失去了与船队的接触。这让正忙于调兵遣将的邓尼茨心急如焚，好在U-38号及时赶到，重新发现了船队，这才使邓尼茨能够迅速调集U-46、U-99、U-100、U-101和U-123号潜艇在船队航线前方组成了巡逻线，张网以待。

17日晚，U-38号首先发难，抢先发起攻击，击伤1艘运输船，但U-38很快就被护航军舰驱走。

18日黄昏后，船队闯入了潜艇巡逻线，遭到了上述5艘潜艇的围攻，船队的队形被彻底打乱，德军潜艇乘机大开杀戒，击沉了19艘运输船，击伤5艘，其中U-99号战果最为辉煌，击沉6艘，击伤1艘。天亮后，U-99、U-101和U-123都用完了所携的全部鱼雷而返航。

19日夜间，另两支HX-79和OB-229护航船队也经过这一海域，同样遭到了德军潜艇的猛烈攻击，HX-79船队损失12艘船只，OB-229船队损失2艘船只，参战的潜艇大都用完了携带的鱼雷陆续返航。

这两支护航运输船队总共有30艘商船被击沉，损失吨位达14万吨。

6月，击沉58艘，28.4万吨；7月，击沉38艘，19.6万吨；8月，击沉56艘，26.8万吨；9月，击沉57艘，29.5万吨；10月，击沉63艘，35.2万吨。英国的船只损失直线上升！

就这样，在1940年7月至10月间——U艇第一个"大开杀戒"的时期里，德国海军以6艘潜艇的代价，击沉英国及中立国运输船217艘，总吨位达到110万吨。

面对如此惨重的损失，英国首相丘吉尔只得向美国总统罗斯福求援，并于1940年9月2日美英达成协议，英国提供在巴哈马群岛、牙买加群岛、安提瓜岛、圣卢西亚岛、特立尼达岛和英属圭亚那等地的海空军基地99年的使用权，纽芬兰的阿根夏和百慕大岛基地也无偿提供给美国使用，换取美国50艘超龄服役的旧驱逐舰。9月5日，美国海军沿美洲大陆海岸设立中立海区（也称"安全海区"），由大西洋舰队组织对中立海区的巡逻和为航行船只提供护航，同时宣布将驱逐中立海区里参战双方的作战舰艇。这也在客观上标志着美国中立地位的改变。至此，美国参战已进入倒计时，战略力量的天平即将倾斜。

所谓王牌的陨落

所谓王牌艇长，几乎是战争初期邓尼茨几乎凭借U艇部队"一己之力"与大英帝国海军抗衡的核心支柱。从1939年9月战争爆发伊始，在短短的1年5个月的时间里，涌现了一大批名噪一时的所谓王牌艇长，如U-47号艇长普里恩、U-99号艇长克雷斯特施默尔、U-100号艇长舍普克、U-46号艇长英多拉斯、U-101号艇长弗洛恩汉，尤其是前三人即邓尼茨麾下所谓的"三大王牌"。

1940年全年，德军海军在付出损失潜艇31艘的代价后，取得了击沉471艘运输船，总吨位约218.6万吨的可观战绩，将扼在大英帝国咽喉上的绳索越拉越紧。但是，战争是一个双方力量此消彼长的动态过程，从1941年1月开始，英国海军在护航军舰上装备HF/DF高频测向仪，这种装置可以根据潜艇发出的无线电波准确测U艇方位；同时装备的还有改进型AS雷达，这些装备大大有利于发现潜艇的踪迹。U艇发现船队后，只要发报报告情况，就会被高频测向仪测出位置；实施夜间水面攻击战术，则会被新型雷达发现；潜入水下，又难逃声呐的搜索，这样一来潜艇作战中自身安全性和隐蔽性难以保证。而且英军开始为侦察机配备雷达，使之能尽最大可能扩大侦察范围，正是由于英军远程侦察机数量的增加和性能的提高，U艇活动受到了极大压制。

> U-47号潜艇

> 后人描摹的"皇家橡树"号爆炸时的场景

而此时，邓尼茨也开始实施经过改进的"狼群战术2.0版"，即以6至8艘甚至更多数量的潜艇在护航运输船队可能经过的海域以40千米~50千米间隔一字展开，形成潜艇巡逻线（或称"艇幕"），只要其中任何一艘U艇发现船队，就立即报告岸基对潜指挥机关，再由岸基对潜指挥机关组织附近U艇展开连续的夜间水面攻击，不仅提高了U艇的作战效率，还最大限度地保证了潜艇行动的隐蔽性。随着这一战术的使用，2月的战绩略有上升，击沉运输船37艘，计19.7万吨。但比起上一个黄金时期来，战果还是有所下降。因此，邓尼茨于3月起调集最精锐的潜艇前往英国西北海域，企图发起一次大规模的破坏作战。

3月6日晚，U-47号潜艇在冰岛以南370千米处发现了从利物浦开往美国的OB-293护航运输船队，立即向岸基对潜指挥机构报告，并准备投入攻击，但被英军护航军舰发现并遭攻击，被迫潜入水下，因此失去了与船队的接触。但岸基对潜指挥机构迅速将情况通报给附近的潜艇，U-70和U-99号潜艇闻讯而来，于3月7日凌晨相继投入攻击，先后击沉2艘运输船，击伤3艘。U-70被英军护卫舰发现，遭到猛烈的深水炸弹攻击，终被击伤而被迫上浮，浮出水面后又遭到英舰的炮火轰击，幸存者纷纷弃艇逃生，几分钟后U-70号就沉入海里。

3月7日拂晓，U-47号潜艇再次发现船队，全速追赶准备攻击。入夜后，正企图实施攻击，却被近在咫尺的英军"黑獾"号驱逐舰发现，只得紧急下潜，"黑獾"号驱逐舰猛冲过来，投下一连串深水炸弹，潜艇剧烈震动，螺旋桨主轴被击伤，因此航行时发出很大的噪音，被"黑獾"号驱逐舰声呐准确捕捉到，又是一番深水炸弹攻击最终将其击沉。邓尼茨所谓的"三大王牌艇长"之一，奇袭斯卡帕湾的传奇人物普里恩上尉和全艇官兵一起葬身海底。

3月12日，德军侦察机在格陵兰以南550千米海域发现HX-12护航运输船队，该船队是从加拿大开往英国的，编有41艘运输船，由5艘驱逐舰和2艘护卫舰担任护航，护航船队司令是"沃克"号驱逐舰的舰长唐纳德·麦金泰尔海军少校（出身战斗机飞行员，是一名经验丰富的反潜战专家，毕业于波特兰海军反潜学校）。

邓尼茨随即将这一情况通知了在该海域活动的5艘潜艇，3月14日拂晓，这5艘潜艇以U-99为核心组成潜艇巡逻线，准备迎击HX-12船队。3月15日拂晓，德军U-110号潜艇在冰岛西南约370千米海域发现了船队，向上级报告后，一直在后跟踪船队。

入夜后，相继赶来的U-99、U-100和U-110号潜艇轮番对船队发起了攻击，攻击一直持续到3月17日凌晨，U-100号在击沉了1艘因伤掉队的油船全速追赶船队时，被"沃克"号发现后遭到了10余枚深水炸弹的攻击，同时"范诺克"号驱逐舰也赶来助阵，在数番深弹攻击后，U-100号终于在劫难逃，在浮出水面时被"范诺克"号的雷达发现，U-100号艇长舍普克上尉，被"范诺克"号的迷彩涂色所迷惑，误判英舰距离，几秒钟后，"范诺克"狠狠撞上了U-100号潜艇，舍普克在舰桥上被活活撞死，潜艇也随后迅速沉没。

就在"范诺克"号开始打捞德军潜艇幸存艇员时，担负警戒掩护任务的"沃克"号通过声呐偶然发现了在附近浮起的U-99号潜艇，在6枚深弹的攻击下，瞬间U-99号即被重创，被迫浮出水面，后因伤势太重开始下沉，包括艇长克雷斯特施默尔在内的大部分艇员被俘。

在10天中，德军潜艇部队一下损失了3艘所谓王牌潜艇，对于邓尼茨和他的潜艇部队，都是非常沉重的打击，连德军潜艇部队的高涨士气都受到了严重挫伤。

南征北战

尽管在"黑色的三月"中损失了 3 位"所谓王牌艇长",令邓尼茨痛心不已,但"凶狠的狼群"依旧取得了击沉运输船总吨位 24 万吨的可观战果。在接下来的时间里,4 月份 24 万吨,5 月份 32 万吨,6 月份 31.5 万吨,加上其他兵力的破坏战果,这一季度英国损失的船只吨位高达 170 余万吨,也被英国称为战争中最艰难的一个季度。

随着东线苏德战场的开辟和南线北非战场的胶着,U 艇的作战区域同时向南北两个方向延伸,覆盖了从北极圈、地中海到南大西洋的大部分海域,虽然广阔的大西洋和地中海对邓尼茨的"狼群"进行了部分的分散和稀释,但是 U 艇集群化作战的优势仍旧得到了充分的展现,扼在大英帝国咽喉上的绳索依旧没有松开。

"巴巴罗萨"计划开始后,德军统帅部根据空军的强烈要求命令潜艇部队抽调 4 艘潜艇担负气象侦察任务,并抽出 6 艘潜艇前往北极海域和波罗的海,袭击苏联的运输船只。尽管德军在大西洋上的潜艇数量减少了,但 6 月德军潜艇的战绩仍达 31.5 万吨,这主要归功于 4 月间派往弗里敦海区活动的 6 艘潜艇,这些潜艇由于不断从补给船上得到燃料、鱼雷等物资的补给,海上活动的时间大为延长,不但攻击英国单独航行的船只,还攻击了从塞拉利昂开往英国的多支护航运输船队,取得了不小战绩,尤其是 U-107 号潜艇,在一次战斗航行中取得了击沉 14 艘船只,计 8.6 万余吨的战果,创造了德国在整个战争期间单艘潜艇单次战斗航行的最大战果。

就在大西洋破交战进行得如火如荼之时,美国人的一系列举动又给战局的进程增添了一系列的变数。从 7 月初开始,美国海空军开始进驻冰岛,为航经附近海域的运输船队护航,批准为英国建造 100 艘 1500 吨驱逐舰、20 艘扫雷舰和 4 艘救生船的计划,同时允许修理在横渡大西洋时受损的英国船只;8 月下旬开始,美国海军制定了大西洋护航计划表,承担起纽芬兰至冰岛之间的护航责任,全面承担起大西洋航线西段的护航任务。由于 U 艇在统帅部的指挥下"南征北战"、疲于奔命，在大西洋活动的数量有所减少，再加上英军加强护航的努力和运输船队航线北移，使 U 艇战绩开始下降，7 月份仅击沉运输船 22 艘，9.4 万吨；8 月份仅击沉运输船 23 艘，8 万吨；9 月份，击沉 53 艘运输船，20.2 万吨。从总体上看，这段时间是相对平静的，双方都在积蓄力量、积极求变。

1941 年 9 月，鉴于北非战场局势日益严峻，在希特勒的命令下 U 艇进入地中海，支援隆美尔的非洲军团，从战略上讲是无可厚非的，但却遭到了邓尼茨从战术角度上的坚决反对，一方面因为地中海海域狭小，潜艇活动区域较小，也容易被岸基航空兵或水面舰艇发现，难以高速机动抢占有利攻击阵位，无法取得较大战果；另一方面直布罗陀海峡自西向东的海流异常强劲，进入地中海是顺流，比较顺利，但要逆流而出，势必要开足马力，U 艇自噪音大容易暴露，再加上英国海军直布罗陀基地的严密封锁，甚至可以说一旦进入地中海，就等于"像笼中的老鼠一样"。

> 北极海域作战的 U 艇

后来的战争进程并未出乎邓尼茨的预料，9月至11月，20艘潜艇进入地中海，其中5艘在通过直布罗陀海峡时被英军发现而遭击沉，其余15艘到达地中海后，积极开展活动，先后击沉"皇家方舟"号航母和"巴勒姆"号战列舰。其中在击沉"皇家方舟"号航母后，英国首相丘吉尔显示出了前所未有的伤感，后来他在回忆录中写道："一切挽救这艘船的企图都失败了，于是在我们的许多战事中战绩显赫的一代名舰，就在距离直布罗陀只有25海里航程时沉没了。这是我们地中海舰队所受到的一系列惨重损失的开端，也暴露了在那里我们以前从来不知悉的弱点。"

虽然大中型舰艇损失惨重，但是英国人却最终实现了自己的战略目的，有力保障了地中海海上交通线的顺畅，也为北非战场蒙哥马利扭转战局创造了基本的物质条件。反观德国海军，进入地中海的U艇全部都是刚下水的新艇，装备精良，配备了最先进的鱼雷，但由于受到作战海域的限制，除了少数几次较有影响的战绩外，几乎没有什么大的作为，反而削弱了德军在大西洋主战场上的总体力量。德国海军投入地中海和直布罗陀海峡以西海域的潜艇最多时达40至50艘，几乎相当于德军投入大西洋潜艇的一半，尽管在一定程度上支援了北非战场，尽管也牵制了英军部分护航力量，但北非战场毕竟不过是欧洲战场的分支，投入过多的潜艇反而影响了直接关系战争命运的大西洋破交作战。可以设想，如果这部分潜艇全数投入大西洋，必将给英军的大西洋航线带来巨大威胁和沉重打击。

U艇的"南征北战"虽说是战略全局的客观要求，但是不顾一切地在次要战场上分散、消耗、浪费了邓尼茨手中新补充的、为数不多的战略资源，在未实现主要目的(切断英国地中海交通线)的情况下，削弱了大西洋战场——这一主要战略方向，没有抓住前期创造的有利态势继续扩大战果，不能不说是一个重要的战略失误。

> 地中海区域活动的一艘潜艇被深水炸弹迫出了水面，然后又遭到一架"解放者"轰炸机的攻击

> 被 U-81 号潜艇击中的"皇家方舟"号航母

所谓的"欢乐时光"

12 月 11 日，也就是太平洋战争爆发后的第三天，第三帝国对美宣战。对于德国而言，此时与美国宣战，还是显得太突然了，尚缺乏必要的准备。希特勒决定派遣潜艇前往美国沿岸袭击美国运输船只，但邓尼茨能立即投入作战的 U 艇数量仅有 91 艘，考虑到除去 11 月和 12 月遭受的损失，还有相当一部分 U 艇正在"地中海的囚笼"里鏖战，一部分在"北极圈的边缘徘徊"，在兵力部署上捉襟见肘，至少需要一个月时间完成兵力调配和变更部署。即使在这样困难的情况下，12 月 16 日，还是派出 5 艘排水量为 1100 吨的远洋潜艇远征美国沿海，这次任务代号为"击鼓行动"。考虑到当时德军能投入作战的 91 艘潜艇中，在地中海有 23 艘，直布罗陀海峡附近有 6 艘，挪威外

海有 4 艘，其余潜艇不是在船坞维修，就是在返回基地的途中，这 5 艘潜艇已经是德军潜艇部队所能派往美国的最大数量了！

尽管美国海军早就介入了大西洋上的护航作战，掌握了 U 艇的基本战术，但参战之初，美国海军反潜措施远远没有真正落实，沿海地区没有实施灯火管制，航线上灯标和航标照旧大放光明，夜间航行的船只仍旧开灯行驶，美国沿海基本没有编组护航船队。简直还是在和平时期！1942 年 1 月美海军无论在组织上，还是在反潜兵力训练和数量上，都远远没有做好反潜准备，甚至指挥机构内部都没有设立专门的反潜机关，反潜兵力仅有包括 76 艘驱逐舰、56 艘扫雷舰、14 艘猎潜艇、11 艘炮舰和 23 艘近海巡逻艇在内的约 280 艘各型舰只，反潜飞机也只有区区 72 架。

在美国沿海活动的 5 艘 U 艇由于数量较少，也就没有采取集群攻击战术，而是实施单艇游猎，通常白天在远离商用航线的海域养精蓄锐；夜幕降临后则在航线上以水面状态搜索目标，一旦发现猎物，往往接近至鱼雷最小射程的距离才发射鱼雷，以确保不浪费鱼雷。在这样的作战背景下，这仅有的 5 艘 U 艇取得了极大的收益，尤其是 U-123 号潜艇（艇长为哈尔根海军少校），创下了击沉 8 艘运输船，计 5.3 万吨的纪录。哈尔根在航海日志中感慨地写道："如果有 10 艘或 20 艘潜艇的话，我敢保证一定会取得更大的战绩！"

在看到首批到达美国海岸的 U 艇取得了如此令人瞩目的战果，邓尼茨于 1 月 15 日又抽调第二批 5 艘潜艇前往美国东海岸。整个 1 月，U 艇在大西洋总共击沉运输船 48 艘，计 27.7 万吨，几乎全是最后两周在美国沿岸海域取得的。

在尝到了甜头之后，邓尼茨又分别于 2 月 10 日、3 月 14 日、4 月 8 日派出 3 批 38 艘 U 艇前往美国。这些"水下狼群"在"歌舞升平"的美国沿海取得了极其恐怖的战果：1942 年前 3 个月，在没有损失 1 艘 U 艇的情况下，取得了击沉运输船只 242 艘，共计 134 万吨的巨大战果！这一时期也被称为 U 艇的"第二个黄金期"和"美国狩猎季节"，而丘吉尔首相则伤心地将这时期的美国海岸叫作"潜艇乐园"！

时任加勒比海海防区司令的胡佛海军上将，1957 年在信中以友好的口吻对刚获释的邓尼茨说："1945 年~1956 年这段时间（指邓尼茨的服刑期）使你的神经感到紧张，但 1942 年初你的 U 艇在加勒比海实施令人惊讶不已的袭

> "击鼓行动"中被德军潜艇击沉的美国"南方之箭"号油轮

击时，同样也扰乱了我的神经。"这也真实反映了当时德军潜艇对美国的巨大打击。

英国对美国海岸的惨重损失，极为不满。迅速向美国提供了24艘武装拖网渔船和10艘护卫舰，这些舰船上都安装了新型的声呐。美国也开始在沿岸地区普遍实施灯火管制，并关闭航线上的灯标，在近海组织护航运输船队，白天由军舰护航，夜间则驶入有军舰保护的锚地停泊，以减少运输船在夜间航行时的损失。

5月中旬，随着美海军开始在整个东海岸都建立起了护航船队体系，并根据英国海军的经验，建立并完善护航船队体系的组织，从最早的局部护航，逐渐扩大为整个近海护航体系，并开始组织岸基航空兵为船队提供空中掩护，还从大西洋舰队向东部海疆区调拨了一批反潜舰艇，编成6个护航队，每队包括2艘驱逐舰、2艘武装拖网渔船和3艘其他船只，以加强东部海岸的护航力量。从5月中旬开始，U艇基本被逐出美国东海岸各主要航线，被迫转到还没有建立起护航船队体系的墨西哥湾和加勒比海活动，力求以最小的代价换取最大的战果。

尽管"水下狼群"6月份在加勒比海、大西洋以及其他作战海区取得了击沉144艘，计70万吨的疯狂战绩，但是邓尼茨敏锐地发现了英美海军武器装备的更新和作战组织形式的变化，并致信德国海军总司令雷德尔，要求根据战争的发展重新确定潜艇所承担的任务，特别是提出在对手装备了新型雷达后对潜艇威胁越来越大的不利情况下，强烈要求建造具有高航速的"瓦尔特级"潜艇（"瓦尔特级潜艇"因由潜艇工程师瓦尔特所发明的高效发动机而得名，这种发动机通过氧化氢与海水反应产生动力，这样就能彻底改变柴油发动机必须定时上浮出水，以给蓄电池充电的传统方式，能够长时期在水下进行高速航行），并将建造这种潜艇的重要性提高到决定战争胜负的高度。

随着美海军近海护航体系和分段护航体系的全面实施实施，1942年7月至1942年12月盟国在美国海岸的损失减少到39艘，占全部护航船队编成中

> 防御严密的盟军护航船队

的 9064 艘次船只的 0.5%，大大低于横渡大西洋的护航运输船队 1.4%损失率，充分证明了有效的护航体系在近海航行中对于保证船只安全所起的重要作用。鉴于美国沿海已建立起护航体系，很难以较小代价取得较大的战果这一实际，邓尼茨果断改变战术，将潜艇作战的重点再次转移回北大西洋。至此，U艇在美国沿海疯狂肆虐的"欢乐时光"宣告结束。

整个 1942 年，U艇共击沉同盟国运输船 1160 艘，总计 626.6 万吨，是整个战争期间年度最高战果！占德军潜艇、飞机和水面舰艇击沉运输船总数 1664 艘的 69.7%，击沉吨位总数 779 万吨的 80.4%！而同盟国全年新建船只总共不过 700 万吨，只相当于损失总吨位的 89.8%！由于运输船的严重损失，英国全年物资进口量下降到 3400 万吨，比 1939 年的进口量下降了几乎三分之一。英国供运输船使用的燃料储备极其匮乏，全国库存仅 30 万吨，还不够 3 个月的正常消耗。

相比之下，U艇全年损失 87 艘，但凭借大量新服役潜艇，总数不仅没有减少，反而增加到 393 艘，其中 212 艘完成了战斗训练，能够随时出海作战。因此 1942 年的大西洋之战，德国毫无疑问是胜利者，但还远远没有到达取得决定性胜利的时候。

最后的疯狂

1943 年 1 月 14 日，美国总统罗斯福与英国首相丘吉尔在北非卡萨布兰卡举行首脑会议，一致认为由于同盟国运输船在 1942 年中的惨重损失，与德军潜艇所进行的护航战的胜负直接关系到整个战争的结局，因此将消除潜艇威胁列为压倒一切的最重要的战略任务，并采取了一系列的措施，成立了美、英、加海空军特别联合指挥部，专门指挥反潜海空作战，全力增加远程岸基飞机和舰载反潜飞机的生产，将航空兵视为反潜的战略力量来发展。1 月 30 日，邓尼茨接替遭解职的雷德尔，出任德国海军总司令兼潜艇部队司令。就任海军司令后，他更是将潜艇部队的发展作为海军发展的重点，以"海上狼群"为主要组织形式的大西洋破交作战，被德国海军乃至德军统帅部置于绝对优先的地位，大西洋上新的风暴兴起在即！

2月间，德军共有3个艇群，总共42艘潜艇活跃在大西洋航线上，对多支护航船队实施了攻击，取得了击沉63艘运输船，共计35.9万吨的战绩。其中，2月20日至25日期间，活动在大西洋中部海域的"矿工"艇群发现了从英国开往美国的ON-166护航船队，该船队共有49艘运输船，由5艘护卫舰和2艘驱潜快艇护航。附近海域活动的10艘U艇闻讯赶来，在纵横达1100海里的广阔海域连续进行了五天五夜的连续跟踪、攻击，共击沉14艘运输船，计8.5万吨，自身仅有1艘U艇被击沉。

进入3月后，尽管遭遇了强烈的风暴，但是恶劣的天气并未阻止U艇掀起的破交狂潮。3月6日至10日，邓尼茨组织由26艘U艇组成的庞大艇群，对从加拿大开往英国的SC-121护航船队发起了大规模"海上围猎"，SC-121船队由59艘运输船组成，尽管得到了1艘驱逐舰、3艘护卫舰、1艘驱潜快艇和1艘救生船的掩护和从冰岛起飞的反潜航空兵的支援，但是因为恶劣天气掉队的船只大部成为尾随而至"狼群"的猎物。最终，SC-121船队共有13艘运输船被击沉，计6.2万吨，而U艇则无一损失。

3月16日至20日，邓尼茨在获悉大西洋上同时发现HX-229和SC-122两支船队后，同时在大西洋上的3个艇群共计37艘U艇悉数投入，对船队实施了持续4个昼夜的集群攻击。此次破交作战，是二战期间德军最大规模潜艇破交战之一，尽管U艇在后期遭到了盟军反潜飞机和护航舰的有效压制，但是仍取得了巨大的战绩，总共击沉21艘运输船，计14万吨，自身仅损失1艘U艇。

自战争爆发以来，英美海军一直采取的护航船队体制在此次作战中受到了挑战，两支船队中几乎每一艘运输船都遭到过潜艇的攻击，损失比例达到了惊人的21%！一直以来被认为是对抗潜艇最有效的护航船队体制开始受到质疑，不少人甚至认为护航船队已经无法对付德军的狼群攻击战术，主张放弃这一方法。

也是在3月份，U艇共击沉运输船108艘，共计62.7万吨，几乎彻底切断了英国与美洲大陆的海上联系！照此发展下去，英国军事工业生产所需的原料、燃料和粮食等战略物资的供应将会断绝，英国海军部在战后总结中特别指出："德国人的破坏程度从来没有像1943年3月前20天中那样达到最高峰，

> 航行在北大西洋上的盟军护航船队，每支船队通常由 30 艘~50 艘商船组成

几乎把新旧大陆之间（指美洲与英国本土）的交通切断了。"

就在同盟国开始感到绝望的时候，转机也同时降临了！

卡萨布兰卡首脑会议的各项措施逐渐得到落实并发挥作用，同年3月，在华盛顿召开大西洋护航会议，盟国决定集中统一使用反潜兵力，一系列新型舰载声呐和高频测向仪陆续装备部队（英国研制出代号为"硫化氢"的新型高分辨率厘米波 ASV-III 雷达，能够发现海面罐头盒大小目标，其工作频率超出了U艇装备的梅托克斯雷达，即"比斯开湾十字架"接收范围，使U艇无法及时获得雷达告警下潜躲避打击）；加紧生产对潜艇威胁极大的反潜"刺猬弹"、机载航空火箭弹、反潜自导鱼雷等反潜武器；加强对德军潜艇基地、修理船坞和生产厂家的战略轰炸；组织岸基远程反潜飞机和舰载反潜飞机，扩大航空反潜力量，消除大西洋上的"黑窟"（盟军反潜兵力无法覆盖的真空地带）；改进护航船队的兵力配置，优化运输船队的运量调配，以节约兵力增加运量；在对德广播中实施心理战打击德军潜艇部队官兵的士气等等。

在所有措施中，最重要的是建立了攻击型反潜战斗群，又称"反潜支援大队"或"反潜特混舰队"（英国海军上将马克斯·霍顿勋爵指挥），反潜

> 英国海军"八哥"号护航炮舰投掷深水炸弹

战斗群由护航航母、驱逐舰、护卫舰等军舰组成,这些军舰上均配备最先进的探测设备和威力最强劲的武器装备,武器、雷达、声呐等部门的骨干均是一些经验丰富的老手,这样的战斗群不担负护航任务,其使命只有一条,那就是消灭德军潜艇!这就改变了以往护航军舰遇到了潜艇后,如果不能一举将其击沉,就不能与之周旋到底的两难境地,因为一旦追踪时间过长,船队的警戒圈就会出现缺口,容易让其他潜艇乘虚而入。而反潜战斗群则没有保护船队的后顾之忧,只要发现潜艇就穷追不舍,直到将其击沉为止。这种进攻性反潜手段彻底改变了过去防御性反潜的被动地位,易守为攻,满盘皆活!

这些措施逐渐开始发挥作用之后,1943年3月德军潜艇的疯狂胜利,如同昙花一现,又如垂死之人的回光返照;英美两国在3月间所经历的惨重损失,就像是黎明前最黑暗的时刻,而在这之后就是光明!

后继乏力

3月下旬起,在大西洋上活动的U艇陆续返回基地进行补充和休整。留在大洋上活动的U艇数量很少,以至于在4月最初的一周里,作战海区几乎成了真空地带。一时间，大西洋上风平浪静，与3月间殊死争斗简直是天壤之别！

从4月中旬起，随着大批潜艇经过补充和休整后再度出海，北大西洋上又集结起空前数量的潜艇，邓尼茨准备再创3月那样的疯狂战绩。但在整个4月，德军潜艇只击沉了56艘运输船，吨位也下降至32.7万吨，只相当于3月的52%，而损失的潜艇却达到15艘之多！4月下旬，尽管遭到了很大损失，但邓尼茨仍然决定在大西洋上集中60艘潜艇，准备全力攻击盟军船队。

从5月4日夜间到6日凌晨，ONS-5船队遭到了两个艇群40多艘U艇的连续攻击，但是盟军护航舰队的表现与以往护航作战迥然不同，在"卡特琳娜"式反潜飞机的支援下，反潜舰艇凭借其装备的先进雷达和"刺猬弹"接连对准备抵近"狩猎"的U艇展开了一次次勇敢的攻击，其中"奥瑞比"号驱逐舰则以"海上白刃战"的形式，直接撞沉了U-531号潜艇。虽然ONS-5船队在U艇的疯狂攻击下，被击沉12艘运输船，计5.7万吨，但U艇亦被击沉6艘，击伤4艘，这样惨重的损失在开战以来还是第一次！这场二战大西洋战场上规模最大的潜艇破交战最终以德军的惨败而告终。

此次作战结束后，邓尼茨在作战日志中写到：敌军装备在飞机和舰艇上的雷达不仅极大妨碍了潜艇的作战，而且还由于敌军掌握了潜艇位置而设法加以规避。潜艇隐蔽性上的优势已经丧失了。敌军航空兵几乎能对整个北大西洋航线上的船队提供空中掩护，以往没有空中掩护的空白区敌军也将于不久利用岸基飞机或舰载机加以填补。当大量飞机出现在船队周围海域上空时，潜艇就受到压制而不得不下潜以躲避攻击，这样就会落在船队后面，失去有利的战机，甚至不可能取得任何战果，特别当敌实施海空协同护航时，更是如此。

> 正在规避盟军潜飞机的U艇

正如同邓尼茨写到的那样，盟国在冰岛、纽芬兰、格陵兰等地均部署有大量的岸基航空兵，其中远程飞机作战半径达 1100 千米至 1400 千米，而护航船队也始终在航空兵作战半径以内航行，从而能够及时得到有力的空中掩护。反潜舰艇利用装备的雷达、高频测向仪和声呐等设备能先敌发现，发射深弹和新型的"刺猬弹"，一旦命中对于潜艇造成的损伤极大。而 U 艇只要使用无线电进行联络，就会暴露位置，随之就将遭到攻击，其优势已荡然无存。

在 5 月 11 日至 14 日，对 HX-237 船队和 SC-129 船队的攻击中，盟国共损失 5 艘运输船，计 2.9 万吨，而 U 艇损失却相当惨重，共有 5 艘被击沉，1 艘被重创。这次护航战，充分显示了水面舰艇和岸基航空兵、舰载机协同反潜的巨大威力，护航航母及其舰载机逐渐开始在护航战中发挥出越来越大的作用。

整个 5 月，盟国共有 50 艘运输船被击沉，损失吨位 26.4 万吨，而 U 艇则损失惨重，41 艘被击沉，因此 5 月被德军潜艇部队称为"黑暗的五月"。5 月 24 日邓尼茨在日记中哀叹道："到目前为止，我们的损失已经到了无法容忍的地步。"

5 月活动在大西洋上的德军潜艇共有 118 艘，作战中损失高达 41 艘，战损率达 34.7%。在此之前，德军每损失 1 艘 U 艇的同时可以击沉运输船 10 万吨，而这一指标在 5 月急剧下降为 0.64 万吨！

面对如此严峻的局势，邓尼茨只得承认失败，于 5 月 23 日下令 U 艇部队全面撤出大西洋航线，南下至危险性较小的亚速尔群岛附近海域，待技术条件成熟之后再重返大西洋。这就意味着德军曾猖獗一时的"吨位战"和"狼群战术"开始走向覆灭。这一天也就成为大西洋护航保交战发生伟大转折的里程碑！

为进一步削弱 U 艇的整体作战实力，将"海狼"扼杀在"巢穴"当中，盟军充分在英吉利海峡附近确立的空中优势，从 4 月份开始，使用进攻型反潜力量，尤其是反潜航空兵，对邓尼茨 U 艇的"老巢"——比斯开湾进行了遮断式反潜封锁作战，截至 8 月初，在持续 97 天的封锁作战中，共击沉 U 艇 26 艘，击伤 17 艘，给予德军潜艇部队沉重打击，史称"比斯开湾潜艇大屠杀"。

1943 年是大西洋反潜战关键性的转折之年，从年初 U 艇的辉煌胜利到年底的日落西山，真可谓"其兴也忽焉，其衰也忽焉"。而对于盟国而言，黎明前最黑暗的艰苦时期已经过去，胜利的曙光已经来临！全年，盟国损失运输船 466 艘，约 220.3 万吨，尚不及 1942 年的一半！而 U 艇损失则高达 237 艘，被迫放弃了集群攻击战法，使同盟国能够从下半年起，比较安全地将大量的人员、装备和物资横渡大西洋，运抵英国。这些人员、装备和物资，也为 1944 年 6 月盟军顺利实施诺曼底登陆，开辟第二战场奠定了坚实的物质基础。可以说，大西洋航线护航战的胜负，对于战争的胜负，是具有决定意义的。

> 被深水炸弹击中的 U 艇

垂死挣扎

早在 1943 年 5 月，邓尼茨就曾向希特勒汇报了潜艇战面临的极其不利的局面，由于盟军空中力量的急剧增强和新式定位仪器的大量使用，潜艇面临着极大的危险，希望能在技术条件解决后再恢复在大西洋的破交作战，但希特勒绝不允许放弃潜艇战，因为即使进行战略防御，U 艇在大西洋上的活动也要比在欧洲沿岸进行被动防御要好，而且潜艇战牵制了盟国大量的兵力兵器，一旦放弃潜艇战，盟军用于护航的大量兵力兵器将被转用于其他任何地方，其产生的结果将是难以想象的。在这种情况下，邓尼茨决定不惜巨大的代价，将大西洋上的破交作战"硬着头皮干到底"。

进入 1944 年后，U 艇的日子越来越难过，如何消灭敌人的问题已不再那么重要，生存问题已成为压倒一切的头等大事。此时盟军岸基航空兵飞机数量已超过 3000 架，每艘 U 艇平均要对抗 20—30 架飞机，除去在冰岛、爱尔兰、纽芬兰、百慕大群岛、格陵兰岛和亚速尔群岛等地建立的完善的基地网，护航航母的舰载机的空中掩护几乎覆盖整个大西洋航线，再加上护航航母的舰载机和水面舰艇所组成的攻击性反潜特混舰队，都有效挫败了德军的"狼群战术"，盟国的运输船队终于可以在大西洋上安全航行。

在 1944 年的最初 3 个月中，盟军横渡大西洋的 105 支船队的 3360 艘运输船，只有 3 艘被 U 艇击沉，而德军则付出了 36 艘 U 艇被击沉的惨重代价。邓尼茨也被迫下令取消了对横渡大西洋船队的攻击行动。

到 5 月底，邓尼茨在美国沿海只部署了 2 艘潜艇，在非洲沿海也不过 2 艘，海上活动的 U 艇数量已经下降到最低，而且都只在为生存而奋斗，根本谈不上取得什么战绩。邓尼茨在大西洋上部署了 3 艘 U 艇，而且都只是负责报告天气预报，在比斯开湾各港口集结了约 70 艘 U 艇，准备用于抗击盟军即将在法国的登陆。

为抗击盟军在法国诺曼底的登陆行动，6 月 6 日当天，邓尼茨调集 36 艘 U 艇，企图冲入密布盟军登陆输送舰船的英吉利海峡，但是在由岸基航空兵、舰载航空兵和水面舰艇所组成的立体反潜防线面前，U 艇 5 沉 5 伤，仅有 9 艘安装有通气管的 U 艇进入英吉利海峡，其余 17 艘未安装通气管的 U 艇直到 6 月 15 日，仍滞留在比斯开湾附近海域。6 月 7 日至 9 日，突入英吉利海峡的 U 艇多次使用音响自导鱼雷对海峡中的盟军舰艇实施攻击，但由于盟军舰艇都安装了拖曳式的"福克瑟"噪音发生器，先后发射的 10 枚音响自导鱼雷无一奏效。

7 月，为拖延盟军后续登陆物资输送的步伐，部分 U 艇冒着被击沉的巨大风险，突入英吉利海峡攻击了盟国登陆输送船队，击沉运输船 2 艘、登陆舰和武装拖网渔船各 1 艘，击伤运输船和油船各 1 艘，德军潜艇损失高达 8 艘。尽管德军潜艇在攻击船队时付出的代价非常巨大，但邓尼茨认为每击沉 1 艘运输船，船上所运载的武器、物资和人员随船沉没，是对盟军最沉重的打击。因为要是在陆地上消灭 1 艘运输船上所运载的武器、物资和人员，必将付出更大的代价！所以他向出击的潜艇下达特别训令：勇敢地接近船队！为了减少敌人最后的成功机会，在登陆之前就要给予打击，即使因此损失潜艇，也应在所不惜！考虑到这一训令出自一贯注重 U 艇及其艇员安危的邓尼茨之手，可以想象出他内心的极度痛苦，这也从一个侧面反映出德国海军的困境已经到了何种地步。

8月底，眼见盟军登陆场已越来越巩固，U艇部队的拼死战斗已无力回天，邓尼茨命令尚在英吉利海峡活动的5艘潜艇撤回挪威。在抗击诺曼底登陆战斗中，德军潜艇在力量对比众寡悬殊的情况下，投入攻击，总计击沉12艘运输船、4艘登陆舰和5艘护航军舰，击伤5艘运输船、1艘登陆舰和1艘护卫舰。但U艇损失惨烈。

1944年，U艇在大西洋上的作战行动遭到了强力的遏制，共击沉运输船131艘，总吨位约51.1万吨，但损失潜艇总数则达到了无法忍受的264艘！大西洋上的殊死搏斗渐渐平静，但邓尼茨仍顽强坚持着代价高昂的潜艇战，他的心中还有一丝希望，那就是只要性能优异的新型Z1潜艇服役参战，目前的困难局面就会得到扭转！

事实上，盟军统帅部再也没有给邓尼茨和他的"狼群"以任何翻盘的机会，将对新型U艇的生产工厂的空袭，与对V-1、V-2火箭生产发射基地一样列为最优先的攻击目标，对其制造工厂和工厂附近的水陆交通线进行异常猛烈的战略轰炸，对Z1型潜艇的生产造成了灾难性的影响，使其在1945年初建成服役的计划被大大延迟。

> 安装有通气管的U艇作战示意图

在 1945 年 1 至 4 月间，为削弱盟军西欧战场的进攻步伐，邓尼茨的"狼群"先后多次发起带有某种"自杀性色彩"的攻击行动，虽然偶尔取得些许战果，但是每次作战付出的代价往往是 10 余艘 U 艇的有去无回。4 月底，邓尼茨企盼已久的第一艘 Z1 型潜艇终于建成并出海参战，但为时已晚，于事无补。

最后的"彩虹"

1945 年 5 月 1 日，已有 91 艘 U 艇展开于海上，还有 12 艘 Z1 型潜艇可以投入实战，从这一趋势看，邓尼茨的"狼群"似乎正在慢慢恢复，正如他所期望的那样，重整旗鼓似乎就要实现了。但是，老天已经不会再给邓尼茨留下任何机会，因为就在前一天，苏联红军攻克柏林，希特勒自杀，根据其遗嘱，指定由海军总司令邓尼茨接任德国元首兼武装部队总司令。

5 月 4 日，邓尼茨下令潜艇部队停止战斗。

5 月 5 日，U-853 号潜艇在美国布洛克岛附近海域击沉 1 艘运输船，这是 U 艇二战中在美国沿海所取得的最后战果。

5 月 7 日，英国空军 1 架"卡特琳娜"式反潜飞机在挪威卑尔根附近海域击沉德军 U-320 号潜艇，这是二战中被击沉的最后 1 艘 U 艇，而 U-2336 号潜艇在英国福思湾附近海域击沉的 2 艘运输船，则是二战中 U 艇取得的最后战果。

5 月 8 日，德军统帅部代表凯特尔元帅在柏林近郊的卡尔斯霍斯特向同盟国递交了由邓尼茨签署的无条件投降书，盟军通过广播宣布这一消息，并要求所有在海上的德军潜艇浮出水面，报告具体位置并开到指定港口向盟军投降。

5 月 9 日，第一艘 U 艇回到基地，向盟军投降。在随后几天中，先后有 156 艘 U 艇返回基地，向盟军投降。

可是，战争的结束并没有使一切灾难性的后果戛然而止。德国海军潜艇部队认为邓尼茨下达的不得破坏武器与自沉军舰的命令是在受胁迫情况下发出的，并非出自他的真心，更何况在德国海军中，向敌国交出军舰有损军人名誉，加之在 1919 年 6 月第一次世界大战结束后，德国海军曾有过将"大洋舰队"主力战舰自沉的先例，德军潜艇部队私下传开了一战时自沉的暗语代号"彩虹"。与一战结束后斯卡帕湾公海舰队悲壮的自沉一样，德国的"狼群"

> U艇在波特茅斯海军船坞向盟军投降

> 1945年5月23日，卡尔·冯·邓尼茨（左三）在弗伦斯堡被盟军逮捕

没有给盎格鲁撒克逊人以再次羞辱自己的机会，随着一道暗语"彩虹"的发出，203艘（也有史料称220艘）U艇集体自沉，"U艇"和"狼群"也就此成为一个历史符号。

在1939年9月1日战争爆发时，德国海军拥有57艘潜艇，战争中建成1131艘，总共有1188艘潜艇投入战争。

在历时五年八个月又一周的战争中，U艇共击沉盟国和中立国的运输船2828艘（也有资料为2603艘），总吨位达1468.7万吨，平均每月击沉41.4艘，21.5万吨。其中1943年3月击沉108艘，计62.7万吨，为最高月战绩。潜艇所取得的战绩占德国海军击沉运输船5150艘总数的54.9%，总吨位2158.1万吨的68.1%，U艇的战绩也是二战中所有参战国海军潜艇中最高战绩。

与此同时，U艇部队也付出了巨大代价，共损失潜艇778艘，其中719艘潜艇是被盟国海空军击沉，其余59艘则是由于碰撞或事故等损失的。战争期间U艇部队服役的官兵总数约为4.1万人，阵亡和失踪的达2.8万人，被俘0.5万人，伤亡率高达80%，是德国陆海空三军诸军兵种中伤亡率最高的部队。

盟国方面，大西洋海战中的人员伤亡难以准确统计，仅牺牲的运输船船员总数至少超过5万人，英国海军牺牲的7万余人中大多数也是在同德军潜艇的战斗中英勇献身的，因此保守地说，同盟国的人员伤亡在10万以上。交战双

> 邓尼茨被拘留时的资料

方如此惨重的人员伤亡,这场贯穿战争全程的海上战役,其悲壮惨烈可见一斑!

可以这样说,盟国以极其高昂的代价,保障了大西洋航线的安全,取得了大西洋之战的最终胜利,不仅挽救了英国,也赢得了战争。五年零八个月的海上厮杀,双方在护航破坏作战中,无论是战略战术的比拼,情报分析与密码破译的较量,飞机军舰与潜艇的斗智斗勇,还是双方官兵的无畏与顽强,都在世界海战史上树起了一座丰碑,创造了很多堪称经典的战例,成为后人研究潜艇破坏与反潜护航的绝佳教材。而从此之后,潜艇也受到世界各国海军的高度重视,极大地影响到战后各国军事战略和海军战略的发展。

卡尔·冯·邓尼茨作为德军海军潜艇部队的指挥官和"狼群战术"的始作俑者,于5月23日被英军逮捕,1946年10月在纽伦堡国际军事法庭作为二战主要战犯,受到审判,并被判处10年有期徒刑,1956年10月刑满获释,定居于汉堡。1980年10月在汉堡病逝。

二战后期出任英国海军大臣的坎宁安海军上将曾这样评论他:"是自荷兰人德鲁伊特尔以后对英国最危险的一个人!"这句话也是对手对他的最高评价。

07

超越海平面的攻击
山本五十六万里偷袭珍珠港

1941年12月8日东京时间11时45分，日本东京广播电台突然中断正常播音，发布了昭和天皇的"宣战大诏"："朕兹对美国及英国宣战。帝国今为自存自卫，已蹶然奋起，必当摧毁一切障碍！"语气中渗出一股腾腾杀气。紧接着首相东条英机以"拜受大诏"为题发表了对全国的讲话，宣称："胜利永存于皇威之下！"随后东京广播电台播出了贝多芬的交响曲《命运》，并在播放过程中一再叫嚣："帝国海军终于振奋起来了！""帝国海军终于振奋起来了！"

这是怎么回事呢？原来就在东京时间12月8日3时19分，夏威夷时间12月7日7时49分，由6艘舰队航空母舰为核心组成的第一航空舰队，使用360架舰载机向美国太平洋舰队主要驻泊地珍珠港发动了突然袭击。太平洋战争全面爆发！

这并不是航空母舰和舰载作战飞机第一次登台亮相。其实，早在一年前的11月11日——"光棍节"之夜，在地中海之滨的塔兰托，英国皇家海军地中海舰队的"光辉"号航母，就曾出动了21架略显过时的"剑鱼"式双翼鱼雷轰炸机，对驻泊在塔兰托的意大利地中海舰队进行了突袭，仅仅耗时65分钟，消耗了8枚鱼雷及少量炸弹，以损失2架飞机的微小代价，击沉、击伤意大利海军3艘战列舰、2艘巡洋舰、2艘驱逐舰，戏剧性地改变了地中海上的力量对比，一举掌握了地中海的制海权，取得的战果甚至堪比日德兰大海战。自此，舰载航空兵华丽登场，成为改变海战场制胜规则的新兴力量。

自从人类战争开启了海战模式以来，战斗一直是在平面（海面）上进行的，二维空间的物质特性限制了兵力机动速度和火力投送效果，直到海军航空兵的出现，才将海战场的维度由二维扩展到三维，广阔的天空给快速机动奔袭提供了更高的维度，第一次在海天之间为战争机器插上了"动于九天之上"的"鹰隼之翼"。一种全新的战争方式出现了！

正如战争历史所证明的那样，承认新事物是一回事，而自觉认同、运用新武器新理论新战法则又是另外一回事。在塔兰托对拥有坚固防御的驻泊地域突袭，是由单艘航空母舰搭载航空兵完成的，那么航空母舰这种新型海上作战力量能不能大规模集群化使用以及如何使用，就成为新型作战力量发展过程中的试金石和里程碑。在那之前，这些试金石和里程碑无一例外都是由欧美国家创造的，不管是"无畏舰"还是潜水艇，不管是在日德兰还是塔兰托，但是这一次战争之神的目光转向了东方，航母中心战理论的探索开拓者山本五十六成为这场经典战役的主要策划和指挥者。美国太平洋舰队及其驻泊地珍珠港则成为试炼的对象，背负了不宣而战、背信弃义、突然袭击等"千古骂名"，但时至今日，"偷袭珍珠港"战役一直是各国职业军人们反复研究推敲的经典案例，历久弥新，经久不衰。

"不让造战舰？咱们造飞机去！"

在1937年日本退出《伦敦海军条约》之前，《华盛顿海军条约》和《伦敦海军条约》就像两道紧箍咒，严重制约着帝国海军的力量结构和整体规模。在那个"大舰巨炮"制胜论盛行的时代，战列舰——核心决胜力量的发展受到严格限制，简直是一件不可想象的事。但在严峻的国际形势、失衡的力量对比和严重的经济危机面前，日本不得不在1930年第二次伦敦海军军备会议上，向英美屈辱性地选择了退让。

为了解决发展目标与规模限制之间的刚性矛盾，山本五十六提出的解决办法是航空作战，并于同年向海军军令部次长末次信正提出建议："被迫接受劣势比例的帝国海军在同优势的美国海军作战一开始,就只能以空袭的方式给予敌人一记痛击。"他在给部下的信中说:"和英美开战的日子不会太远,在开战之前做到航空上的跃进是最紧要的要务。"看得出,山本在反对和美国开战的时候,也毫不矛盾地相信日美开战是无法避免的宿命。为了取得胜利,他毫不犹豫地将赌注押到了航空兵的身上。

纵观山本五十六的海军职业生涯,除了1928年出任"五十铃"号轻巡舰长(4个月)和"赤城"号航母舰长,1933年出任第一航空战队司令官(8个月)之外,绝大部分时间是在海军军政部门度过的。客观地说,他更像是一个出色的军政官僚而不是一个一线指挥官。可是山本却又是一个极具战略前瞻性眼光的"特殊官僚",他的"官僚生涯"与航空兵这一新型作战力量的兴起与发展紧密相连。

1924年,山本出任霞浦航空队副队长(同年威廉·米切尔的《空中国防论》问世);1930年出任海军航空本部技术部少将部长;1935年出任海军航空本部中将部长。在海军航空本部主政期间,坚决反对建造"武藏""大和"号超级战列舰,力争为航空兵的发展争取更大的份额;在与三菱、中岛、爱知等航空巨头建立起良好的协作机制的同时,引入美国武器生产机制,实现"在海军省控制下"的良性竞争,以提高国产飞机的设计和制造水平;主持发展研制了一系列性能优异的先进战机,并在战争期间发挥了重要作用,其中包括在偷袭珍珠港之役中表现优异的"九九"式舰爆机(俯冲轰炸机);臭名昭著、令盟军谈之色变的"零"式战斗机(1940年服役,当年是日本皇历纪年2600年);在击沉"威尔士亲王""反击"号作战中克服恶劣天气影响,长途奔袭跨海飞行2000多千米的"九六"式陆攻机(陆基鱼雷轰炸机)。

在这个航空力量大发展的时期,身处海军航空本部要职的山本五十六倾注了大量的心血,在取得事业巨大成功的同时,也为自己赢得了良好的形象。甚至在

> 五国海军条约规定的吨位比例示意图

> 航母甲板上的日海军母舰载机

战后日本经济困难时期，八幡钢铁公司"为了对战时山本对他们的关照表示谢意"，曾多次以公订价格将数吨钢材出售给山本的遗孀，希望通过与市场之间的差价来帮助山本的家人渡过难关。就这样，通过"军民上下齐努力"，在 1941 年太平洋战争爆发前，陆海军先进作战飞机总数达到了 2000 架，海军整体规模也史无前例地达到了美国海军的 70.6%。日本海军那 30 年"超英赶美"的春秋大梦似乎就要实现了。

突袭的"邪念"

不论是冷兵器还是热兵器时代，在进攻作战中创造并实现突然性，一直是古往今来各国名将们所梦寐以求的。但是随着侦察技术手段和防御武器装备技术的不断发展，驻泊地域和筑城堡垒的综合防御能力得到了显著提高。如何实现对驻防严密的重兵集结地域长途奔袭的突然性，摆在了山本五十六和联合舰队的面前。

早在 1936 年，日本海军年度演习重头戏就是：联合舰队主力从中国青岛出发进攻佐世保，用以检验本土的迎战能力。但联合舰队的主力从青岛出发

> 海军战棋推演模拟进攻珍珠港

仅仅 50 分钟后，就遭到了从航空母舰和本土基地起飞的大批飞机"空袭"，"长门""陆奥"号战列舰被裁定"击沉"，进攻方损失惨重。在后来演习研究会上，木更津航空队的少壮派佐官们就跟那些"保守的官僚们"干上了。虽然当时的联合舰队司令官高桥三吉本人并不反感这种"战舰无用论"激进思想，但还是没有了下文。当时的山本次官只能安慰着少壮派们："现在只能忍。"

一转眼，4 年过去了，1940 年 3 月，山本司令官指挥着这支庞大的舰队再次进行代号"123 号作业"的海空攻防演习时，演习的计划是：舰队主力从有明湾出发，经过九州东岸北上，向佐旧湾进发；航空队则搜索北上的舰队并利用夜间对舰队实施轰炸。戏剧性的一幕又出现了："一航战"的司令官小泽治三郎指挥"赤城""龙骧"号 2 艘航母在 4 艘驱逐舰的护卫下，去进攻山本亲自指挥的"长门""陆奥"号战列舰和"苍龙"号航母组成的编队，进攻方拥有携带鱼雷的 18 架舰攻机、36 架陆攻机和 27 架舰爆机（俯冲轰炸机），防御方战斗机总数 27 架。演习时，小泽私下里更改了指挥流程，从航母舰长和基地指挥官手中接管了这 81 架攻击机的指挥权，改由自己直接指挥，向山本的编队发起了连续猛烈的进攻。

当时"长门"号的舰长大西新藏和"陆奥"号的舰长保科善四郎在舰桥上简直快发疯了，翼展达到 25 米的攻击机紧贴着海面成群结队地直扑过来，投下鱼雷后急剧爬升，沿着桅杆直冲云霄，留下海面上拖着白色航迹的鱼雷一枚接一枚地扑向船舷，躲得了一枚还有第二枚，躲过了第二枚还有第三枚、第四枚……没见过像小泽这种玩法的，不需要裁定了，船肯定已经沉了几次了。

当这些好不容易缓过神来的舰长们都在破口大骂小泽治三郎时，只有山本司令官一个人在舰桥上一声不响，默默地看着眼前发生的一切，最后轻声对身边的联合舰队参谋长福留繁说了一句："能不能用飞机去炸夏威夷？"

写到这里，大家可能都觉得山本五十六"触景生情""灵机一动"，"咔嚓一声，偷袭珍珠港计划就出炉了"。其实事实上，偷袭珍珠港这一惊世骇俗之举的企图计划并不是在一瞬间出现的。在更早些时候，也就是1928年前后，后来偷袭珍珠港和中途岛海战时担任"一航战"参谋长的草鹿龙之介，就曾提出过使用飞机攻击珍珠港的作战方案，而且还是以文字形式正式提出的。当时的草鹿少佐以霞浦航空队教官兼海军大学教官的身份，在为永野修身、寺岛健等十几名海军要人进行"航空作战"专题授课时，讲的就是"使用飞机攻击珍珠港"的实案化作战构想。后来这份讲稿被以文件的形式印刷了30份，下发至海军各主要部门。也就是说，山本五十六已经在更早的时候看到过这份文件，说他"灵光一闪"不假，但是这个"灵光"却已经孕育多时，并且蓄谋已久了。1940年3月的这次演习和后来的塔兰托战役，不过是更加坚定了他的判断。就这样，人类战争史上的惊世骇俗之举和珍珠港的灭顶之灾，都在这一刻注定了。

赌徒的决断

古往今来，在战争这种人类社会活动特殊形态中，总是充满了极大的不确定性，从不确定中找确定，从纷繁芜杂的矛盾现象中找出主要矛盾并破解之，是战争指挥决策者需要面对的首要任务，不可避免地带有着博弈，甚至是赌博的色彩。

其实，山本五十六在现实中就是一个货真价实的超级赌徒。他赌技高明，在1923年陪同井出谦治大将考察欧美时，曾在摩纳哥赌场大显身手，因为赌技高超，赢钱太多，最后甚至被赌场经理拒之门外。据说，他是蒙特卡洛赌场开办以来，第二个因为赌技高明而被拒绝入场的人。他精明狡诈，在"五十铃"号轻巡洋舰任舰长时，"现场学习掌握了"打麻将，并用高明的牌技降服了沉迷赌博的军官们，从而制止了沉迷棋牌、不务正业的歪风。他愿赌服输，在年轻时跟自己的挚友堀悌吉以"壹岐"号靶船是否被舰炮击沉来打赌，赌注是3000日元（在那时可以购买一栋高级住宅），结果山本输了。虽然堀悌吉拒绝接受，但他坚持不能食言，一定要付钱，最后决定：分期把钱捐给海军军官学校第32届毕业生校友会。直到他晋升大佐后，还在每月"按期还款"。按照常理来说，像山本这样的赌徒应该凭借直觉瞬间出手、快意恩仇，但就是这样一个精明狡诈、胆识过人、愿赌服输的"超级赌徒"，却在偷袭珍珠港歼灭美军太平洋舰队这样一个问题上陷入了前所未有的沉思。

这是为什么呢？

因为即使有英国皇家海军成功袭击塔兰托这样一个成功案例作为参照，偷袭珍珠港这场"超级豪赌"还是显得过于复杂和惊险了。

在战略层面，使用超大型航母编队长途奔袭夏威夷这样的战略行动，本身就与《帝国国防方针》《海战要务令》所阐述的"渐减邀击作战，最后主力决战战略"出现原则性的冲突，也与海军军令部"南下战略"中设想的"进攻式防御"存在着结构性的矛盾。

在战役层面，这将是战争史上第一次将航空母舰以集群化的形式投入大规模作战使用。与此同时，在海军大学进行的"夏威夷特别作战图上演习"结果显示：联合舰队战损太大（最终判定击沉美国主力舰 4 艘，重创 1 艘；击沉美国航空母舰 2 艘，重创 1 艘；击沉 3 艘巡洋舰，重创 3 艘；击落击伤飞机 180 架。日方将在战斗打响的第一天，被击沉航空母舰 2 艘，2 艘受轻伤，损失飞机 127 架）。

在战术层面，珍珠港内水深过浅（12 米），现有空投鱼雷无法使用；选择的太平洋北航线距离太远（单程 3600 海里），且海况过于恶劣，舰载燃油消耗惊人；突袭编队规模太大（编队舰船总数 28 艘，仅舰队航母就达到了 6 艘），在漫长的航线上将难以保持隐蔽……

1941 年 10 月 13 日，联合舰队旗舰"长门"号上的后续图上演习结束后，山本五十六曾这样对联合舰队的参演人员说："不同的意见会有的，但只要我当联合舰队的司令，就一定要坚持突袭夏威夷。为此，要设法争取上面派出全部航空母舰，以满足进击夏威夷机动舰队的作战需要，我的决心已定。"

尽管存在着战略上的"方向性错误"、战役上的"不可预测风险"、战术上的一系列难题，但山本五十六还是从美日两国国力对比以及他对美国战争资源潜力的判断出发，在联合舰队参谋团队（11 航空队参谋长大西泷治郎、联合舰队先任参谋黑岛龟人、一航舰航空参谋源田实）的支持下，克服了一系列技战术难题，甚至以辞去联合舰队司令官相要挟，最终下定了最后作战决心。

"既然山本如此执拗地坚持他原来的意见，那就让他试试看吧！"面对汇报完山本五十六作战决心的先任参谋黑岛龟人，军令部总长永野修身勉强同意了联合舰队的意见。至此，对偷袭珍珠港的争论落下了帷幕，珍珠港的灾难也进入了倒计时。

"攀登新高山1208"

熟悉战争历史的人都知道，作战企图、作战设想、作战计划和作战准备是战争的前奏，是一个辗转反复，甚至可能出现颠覆性变化的过程。可是一旦战争准备进入作战命令环节，就会具有极强的指向性和针对性，意味着战争真正进入了迫在眉睫的"读秒"状态。

1941年11月5日，军令部总长永野修身签署的代表天皇的"大海令一号"颁发，山本随即发布了《联合舰队机动作战命令》，其中第二号命令中明确了作战预定日为12月8日，这也是"攀登新高山1208"这一密语指令的由来。

从11月初开始，第一航空舰队的参战舰艇开始陆续向择捉岛的单冠湾集结，在此之前第一航空战队的飞行员们全部被从中国战场召回，这些平均飞行时间超过1500小时，最高达到2500小时的精英飞行员们，进行着极为苛刻的特技飞行训练。其中舰攻机(鱼雷轰炸机)的飞行员发射条件必须达到——发射高度10~20米，速度160节，飞行角度0度；或者发射高度7米，速度100节，飞行角度4.5度。这都是一航舰作战参谋、最后一期海大首席吉冈忠一少佐使用通过大量研究后找到的数据，为珍珠港的特殊地形量身定做的。因为只有在这两种情况下命中率才可能达到80%，这样的命中率在那个非制导武器时代是非常了不起的。

前面说到过珍珠港内水深太浅，仅为12米，日本海军现有空投鱼雷根本无法使用，必须对现有鱼雷进行包括加装尾鳍在内的一系列改造。可当时日本贫乏的兵器工业却无法向南云突击编队提供足够数量的浅水改装鱼雷。6艘航空母舰搭载的舰攻机数量达到了90架，而直到11月10日改装完成的鱼雷数量仅仅有28枚，最后费了九牛二虎之力，在11月25日，也就是偷袭珍珠

> 集结于单冠湾的机动部队（照片摄于"赤城"号航母飞行甲板）

港编队出发前一天，才将剩余的 12 枚鱼雷在"加贺"号上改装完毕。可是一共就只有 40 枚，舰攻机的鱼雷攻击只能进行一次，这就是后来日本海军无法对除战列舰以外的美国海军巡洋舰进行鱼雷攻击的原因。

后来，吉冈忠一在回忆录里写道："如果有 80 枚改装鱼雷的话就好了……"

除了鱼雷之外，加油也是个问题。因为选择了气象条件多变、海况恶劣、船迹罕至的太平洋北航线，偷袭珍珠港编队的单程航程就达到了 3600 海里，所有舰艇必须在恶劣海况下进行燃油补给。在预先演练中屡试屡败，不仅航母加不了油，战列舰、巡洋舰都加不了。南云忠一实在没办法，只好询问各舰能够装多少油桶，第二航空战队的司令官山口多闻发火了，直接回答："别问这个问题，带着'二航战'去就行了，我们航程短，只准备了单程，不回来了！"——都准备死在珍珠港了。

最后，还是"一航战"的参谋长草鹿龙之介（提出使用飞机偷袭珍珠港的始作俑者）想出了一个怪主意："都是妈妈抱着孩子喂奶，孩子能不能抱着妈妈吃奶？"因为加油试验一直是补给舰拉着被补给舰，草鹿的意思是吨位大的被补给舰反过来拉补给舰，经过几次试验，果然成功解决了这个问题。

武器有了，油能加了，是不是问题就都解决了？不！"是战是和"这个最大的问题还没有结论呢。当时美日的和平斡旋谈判还在进行中，实际上美国政府的回答，也就是著名的"赫尔备忘录"是在 11 月 27 日才送到日本政府手中，而南云忠一的突袭编队在前一天就已经出发了。这样就出现了突击编队已经在路上了，而是战是和还没有定论这样一个尴尬的局面。

对此，山本五十六在 11 月 13 日"长门"号上的作战会议中，对作战命令进行说明时坚定地说："如果现在正在华盛顿进行的日美谈判成功的话，我就向机动舰队下达撤退命令。那时即使进击的母舰已经出发，接到命令后也必须掉头返航，不去进击夏威夷。"山本刚刚说完，南云忠一就第一个带头反对说："已经出发的舰队还要返航吗？这未免太过分了。不单单会影响部队的士气，而且在实际上也很难行得通。"还有人说得更难听："这岂不是要把快要撒出去的尿憋回来吗？"

山本一听大为恼火，声色俱厉地斥责道："养兵千日为了什么呢？！打仗本身并不是目的。即使接到返航命令也不打算回来的指挥官，干脆现在就不要出去，即刻辞职好了！"

至此，作战发起的原则定了，参战指挥官的思想也统一了，接下来就剩下到时候怎么打了。

"赤城"号航空母舰飞行长增田正吾 12 月 2 日在他的日记中这样写道："一切均已就绪，无左，无右，无悲伤，无欢笑。"

"虎！虎！虎！"

"内华达，亚利桑那，田纳西，西弗吉尼亚，马里兰，俄克拉荷马，加利福尼亚，宾夕法尼亚……"渊田美津雄中佐在机舱里举着望远镜一遍又一遍地数着。虽然从 12 月 6 日开始，他就已经知道美国太平洋舰队 3 艘航空母舰都不在港内，但是他仍抱有一线希望，万一贪图享受的美国人赶在周末晚上回到珍珠港呢？这是日本海军的舰载机群第一次出现在珍珠港的上空，也是最后一次。

东京时间 12 月 8 日 3 时 19 分，夏威夷时间 12 月 7 日 7 时 49 分，指挥偷袭珍珠港第一波攻击部队 183 架战机的渊田美津雄，向后方坐席等待命令的电信员水木德信一等飞行兵曹做了个手势，水木立即按下电键，向整个部队发出了命令："TO-TO-TO-TO"，托字连发，意思就是"全军突击"。

随着信号的发出，太平洋战争全面开始了！

几分钟过去之后，没有看到地面有战斗机起飞，也没有看到高射炮火的闪光，渊田美津雄坚信：偷袭珍珠港已经成功了！

渊田再次向后座的水木德信做了个手势，水木毫不犹豫地再次敲下了电键，这次发出的是："TORA，TORA，TORA"，也就是近代世界战争史上一份臭名昭著的电报——"虎！虎！虎！"意思是"我军奇袭成功"。

"虎！虎！虎！"的信号被已经解除无线电静默的旗舰"赤城"号强力放大中转，其实根本不需要中转，东京大本营、柱岛锚地的联合舰队司令部全都直接捕捉到了这个电波。同时，这个电波传到了马来和菲律宾，传到了中国香港和文莱，传到了关岛和威克岛……传遍了全世界。此刻的时间是东京时间 3 时 23 分，夏威夷时间 7 时 53 分。

8 时 30 分（夏威夷时间），渊田美津雄从耳机中听到了第二波突击机群指挥官岛崎重和少佐的突击命令，167 架战机也按照预定的计划扑向了各自的目标。联合舰队作战室接连收到电报：

"我们的奇袭成功！"

"敌战舰遭我鱼雷轰炸机的猛烈攻击，战果辉煌！"

"我们轰炸了敌卡西姆机场，战果辉煌！"

当第二波攻击结束，担负攻击效果评估任务的渊田美津雄最后一个降落到"赤城"号航空母舰时，已经是夏威夷时间 12 时 30 分左右了，他已经在珍珠港的上空盘旋了 6 个小时。

就这样，仅仅在 1 小时 45 分钟的时间里：

日本海军损失 9 架战斗机、15 架"九九"式舰爆机，5 架"九七"式舰攻机，阵亡飞行员 55 名，另有 5 艘执行特攻任务的袖珍潜艇被击沉。按照日本人自己的话来说"只不过是碰破了一点皮，根本不算什么"。

而美国海军太平洋舰队包括"亚利桑那""俄克拉荷马""加利福尼亚""西

> 侦察机相机镜头下的珍珠港

弗吉尼亚""内华达"号战列舰在内的8艘战舰被击沉，11艘舰艇被重创或击伤，驻夏威夷陆海军188架作战飞机被击毁，191架被击伤，2336人阵亡，1347人受伤。这个损失数字除了说明太平洋舰队已经几乎全军覆灭之外，还有什么其他意义呢？

这个意义实在太大了！要知道美国在第二次世界大战中阵亡总人数为292131人，在珍珠港阵亡人数只占这个数字的不到1%，但是美军在2个小时之内出现超过2000人的阵亡是从来没有过的，即使算上后的朝鲜战争和美越战争，珍珠港依然为美军单位时间内阵亡人数之冠，这个纪录延续至今。

"虎！虎！虎！"日本人认为，奇袭成功后南云突击编队这只"虎"能从千里征途上归来。是的，南云忠一带着一航舰确实全身而退了，但是却使日本这个国家背负上了不宣而战的骂名（野村吉三郎和来栖三郎将宣战诏书递交的时间是夏威夷时间12月8日9时20分），山本五十六最担心的"不宣而战"再一次成了现实（上次是 1905 年日俄战争），除了唤醒美国这个沉睡的战争巨人之外，日本帝国和日本海军已经被死死钉在了历史的耻辱柱上。

这，就是"虎！虎！虎！"的真实意义。

"为什么不再来一次？"

在偷袭珍珠港之役之后的 70 多年时间里，关于"南云忠一为什么不再次发起攻击扩大战果""为什么不摧毁珍珠港油库和修理设施""为什么不在返航途中对中途岛进行攻击"等问题的争议与质疑，一直持续着，并有越说越复杂，越说越邪乎，越说越离谱之势。其实，这一切争论与质疑还是要从日本人的战争理念、军事文化与指挥官的个人性格上去找原因。

山本五十六在 1941 年 1 月 7 日写给海军大臣及川古志郎的信中是这样说的："我军在日美战争首先采取的策略应该是：一开战就猛击击破敌主力舰队，置美国海军及美国国民于无可挽救之地，使其士气沮丧。从而才能占据东亚之要障，确保不败之地步，以此来建设东亚共荣圈……一旦击破美主力舰队，菲律宾以南的闲杂兵力必然士气沮丧，很难考虑能勇斗敢战。"山本的观点可以理解为他从海权论的观点出发，将偷袭珍珠港作为控制西太平洋制海权的中心环节，即消灭了美太平洋舰队，就控制了整个西太平洋，日本陆军在南方作战时就没有了后顾之忧。

但是山本在这段话中根本没提"消灭"二字，反而反复强调要让敌人"士气沮丧"，这也是南云忠一和草鹿龙之介所理解的。草鹿甚至认为："此次作战的目的是保护南方作战的腹背，机动部队面对的敌人不是那么简单就能解决的。"客观地说，在这个问题上作为总策划的山本五十六与身为前线实际指

> 美海军太平洋舰队受创的三艘战列舰，由左至右为"西弗吉尼亚"号战列舰（重创），"田纳西"号战列舰（微创），"亚利桑那"号战列舰（被击中弹药库引发爆炸，后沉没）

挥者的南云、草鹿存在着理解认识上的分歧。

在下定决心之前，南云和草鹿都曾反对过偷袭珍珠港作战，他们是不是在具体执行中因为有情绪而抗令不行呢？其实，他们不可能有意抗命，因为压根就没有这个命令！

在伴随着"攀登新高山1208"这一著名指令以后生效的《机密联合舰队命令第一号》中的原文是："机动部队以及其先遣部队应极力密匿，向夏威夷运动，在开战开始之时对夏威夷敌舰队实行奇袭，予以致命打击，同时先遣部队遏制住敌舰队出路，极力捕捉攻击之。"这段话说白了，就是"奇袭"一旦得手后立即撤退，"消灭敌人后"跑得越快越好。从实际战果上看，美国太平洋舰队除了3艘在当时看来还是"辅助力量"的航空母舰之外，确实没有什么像样的船了。因此，南云和草鹿"在贯彻上级意图方面"，不仅没有打折扣，相反还"保质保量地完成了任务"。

没错，山口多闻、渊田美津雄、源田实等人确实都提出过要再次发起攻击的建议，在现在看来毫无疑问是正确的。但是在当时作为肩负着6艘航空母舰——这些日本海军最宝贵战略资产安危的南云忠一，与他们所处的位置是完全不一样的，在"几乎超额完成任务"后，他不可能拿整个"一航战"和自己的仕途去做一次以锦上添花为目的的赌博，因为这在他看来毫无意义。

在偷袭珍珠港之前，日本海军在甲午战争和日俄战争中的作战半径从未超过600海里，不管他发展到什么程度，也还仅仅是一支近海海军，而不是一支远洋海军。二者之间最大的区别就是，近海海军没有补给的问题。在日本海军兵学校的英语教材里，根本没有"LOGISTICS"（物流、兵站）这个词，甚至在日本军事文化中存在着这样一句奇怪的谚语"辎重如果也算兵，蜻蜓都能变老鹰"。

日本海军用一种令人费解的方式告诉世界，他还不知道补给的重要性，因此南云忠一认为珍珠港的那点油不算多大事也很正常。从这个角度，我们就更能充分理解尼米兹在1943年登上阿图岛时讲的那句话："要么是日本人还不知道什么是现代战争，要么就是日本人没有资格进行现代战争。"

南云忠一本来对偷袭珍珠港作战心里就没底，上任后曾心事重重地对草鹿龙之介讲："参谋长，不知你是怎么想的，我受此重任，实感力不从心。

当时我的态度再坚决一些，拒绝接受此任命就好了。这次出征能取胜吗？我毫无把握。"我们很难想象一个底气不足、惶恐不安的指挥官，在初战告捷、大喜过望之时，能够顶着压力、冒着极大的风险干到底。

在后来返航途中，"一航战"曾接到联合舰队司令部的命令："归途中，若情况允许，一定要空袭中途岛，力争将其摧毁到不能再用的程度。"但南云在接到这个命令后，却以天气不好为借口，根本就没去执行。在他的逻辑看来，得胜还朝的路上还要干这些啰嗦事，犹如"在相扑比赛中，击败'横纲'的'关取'，在得胜归来的路上还要买个大萝卜带回来一样"。在这样的性格与心理的支配下，在这样战场环境的压力下，指望南云忠一"义无反顾地去锦上添花"和"创造性完成任务"显然是不现实的。

"珍珠港"留给我们的启示

回眸远眺，第二次世界大战这场距离我们最近的世界性战争，已经过去整整70多个年头了，与当时相比今天的世界地缘政治和国际形势格局已经发生了颠覆性的巨变，国家间的竞争更多地体现在经济、科技领域，和平与发展已成为人类社会的主题。但是，70多年前日本军国主义分子策划实施的这场直接引发太平洋战争的"偷袭珍珠港"之战，仍旧留给我们许多值得不断深入思考的课题，影响着包括科技与商业竞争在内的社会生活各个领域。

> 日海军"零战"正从"翔鹤"号航母上起飞

启示一："向最好处着眼，从最坏处着手"——"底线思维"

在日本大本营决心开战时，作战主要分为夏威夷和马来两个方向，军令部曾要求联合舰队至少派出2艘舰队航母支援马来作战，山本五十六死活没有同意，这在事后看来应该说是十分谨慎和明智的。因为山本认为即使在达成战略突然性的前提下，也必须在手头留有足够的余量以应对可能出现的突发情况。如果没有预先做好应对美军突袭、航渡中与敌遭遇等突发情况的准备,那么当出现这些意想不到的情况时,就会措手不及、束手无策。

《孙子兵法·九变篇》中说:"是故智者之虑,必杂于利害。杂于利,而务可信也;杂于害,而患可解也。"意思是说:聪明人考虑问题必定是兼顾利害两个方面。处于不利的情况下,能充分考虑到有利的方面,才能对完成任务充满信心;在顺利的情况下,能充分考虑到种种不利的因素,才能预先设防,从而能解除各种可能产生的祸患,化险为夷。

英国前首相哈罗德·威尔逊曾说过:"我是个乐观主义者,但我是一个带着雨伞的乐观主义者。"

干事业、做事情,其实就是一个解决各种各样问题的过程。事先预想到的问题越多,估计到的困难条件越全面,储备的应急预案和手段越充分,对事情的顺利完成就越有利。在准备阶段经历了大量艰苦工作,完成"由易到难"的过程之后,在实施阶段等待你的就将是"化繁为简""由难到易"了。

在项目规划实施方面需要运用"底线思维",在单位、部门的人事管理领域同样需要运用"底线思维"。

例如,在某个单位或部门中,对于特殊的个人可以"用人不疑,疑人不用",因为个人是确定的,是可控的,是需要鼓励的;而对于群体而言,就要"用人要疑,疑人可用",因为群体是不一致的,是难以控制的,是需要统一的。对于少数人,我们可以"高标准,严要求"。但对于多数人,还是"低标准,严要求"起来比较现实。

因此,"一对一"的管理,通常要从最好处着眼,立足于人性之善;而"一对多"的群体管理,通常要从最坏处着手,立足于人性之恶。

启示二:"锐意当进取,敢为天下先"——"创新意识"

从1914年英国人使用7架水上飞机突袭德国北部的库克斯飞艇基地开始,航空母舰和舰载机作为进攻性力量开始登上了战争的舞台。但在实践中英美海军普遍认为航母防御性能差,"鸡蛋不能都放到一个篮子里",所以认为航母不适宜集群化使用,再加之受舰载机及武器性能的制约,1940年代航空母舰的作战效能并未得到充分的发挥。即使在1940年11月英国地中海舰队突袭塔兰托时，采用的仍然是单艘航母的作战形式。而在珍珠港，日本人创造性地将6艘舰队航母进行集群化编组使用，将舰载机的作战效能"井喷"式地发挥出来，取得了极其惊人的战果，在世界海战史上创造了先例。那么这种战果是如何取得的呢？在对新武器新装备新战法探索发展的道路上，日军都做出了哪些努力呢？是什么促使日本海军在"大舰巨炮"理论盛行的时代，另辟蹊径、剑走偏锋呢？这些问题都得从"创新"说起。

从上世纪20年代开始，《华盛顿海军条约》和《伦敦海军条约》就像紧箍咒一样，牢牢限制着日本海军的建设与发展，在那个舰炮口径与舰艇吨位决定胜负的年代，无异于走进了死胡同。1924年威廉·米切尔的《空中国防论》问世，空中力量初露锋芒，在这个历史的十字路口，日本人牢牢抓住了历史的机遇，虽然没有彻底放弃"大舰巨炮"决胜论，但是已经在《条约》限制的框架内，悄悄地完成了力量结构的转型，并通过"月月水火木金金"的高强度训练和"以战载训"的特殊手段，锤炼出一支初具规模、技术精湛的精英飞行团队，几乎创造性地将航母和舰载机的攻击效能发挥到了极致。

《制空权》的作者朱里奥·杜黑曾说过："胜利总向那些预见战争特性变化的人微笑，而不会向那些等待变化发生后才去适应的人微笑。在战争方式迅速变化的时代，谁敢于先走新路，谁就能获得用新战争手段克服旧战争手段所带来的无可估量的利益。"

在战争领域"创新意识"与胜败"生死攸关"，而在今天科技竞争这个大国竞争主战场上，"创新意识"也与产业升级紧密相连。

启示三："台上三分钟，台下十年功"——"持之以恒"

在偷袭珍珠港作战中，日本海军航空兵体现出了极高的战术素养和组织指挥水平，第一波攻击部队183架飞机仅仅在15分钟的时间里就完成了起飞，要知道在半年之后的中途岛海战中美国海军航空兵完成同样数量规模的舰载机起飞时间是1个小时；在珍珠港，美国海军5艘主力舰被击沉、3艘被重创或击伤，一航舰仅仅消耗了40枚鱼雷；包括6艘舰队航母在内的28艘大中型舰艇船，往返航渡7000海里，近400架飞机完成了起降（实际飞临珍珠港上空的作战飞机总数 360 架），竟然没有发生大的事故，也没有出现非战斗伤亡。即使用今天的技术水平来衡量，也不能不说是一个惊人的奇迹。奇迹的发生是有前提和条件的，没有长期持之以恒地付出汗水、煎熬、忍耐，而奢望成为"锦鲤"，那种微概率事件只能存在于梦里。

与"底线思维"和"创新意识"相比，"持之以恒"是看似"技术含量最低的"，但是却又是"最难做到的"，因为他已经由"理论思维"层面进入到了"客观实践"层面。

众所周知，不论是在军事训练、体育训练，还是其他专业领域的专业技能训练活动中，"从难从严从实战出发"已经成为取得胜利的不二法门。其中，海军航空兵飞行员训练奉行精英标准，招生少（1934 年招收的第一期航空预备学员只有 5 人，1942 年 2 月的第 9 期也只有 35 人），淘汰率非常高（以第一期预科练为例，8000 多人参加选拔，最终入队只有 79 人，淘汰率高达99%）；水面舰艇部队大型舰艇训练，受到了油料、维修等保障条件的制约，训练强度最大、水平最高的反而是不太显眼的驱逐舰部队，在后来著名的萨沃岛海战中三川军一指挥的轻型舰艇编队取得了击沉美国海军 4 艘重巡洋舰的佳绩；潜艇部队人员素质较高，作战比较积极，战果也很明显，先后击沉了"约克城""黄蜂"号航母，一度使美国海军陷入了在太平洋战场无航母可用的境地。从总体上看，日本海军战前持之以恒，狠下的"十年功"，在开战初期的"三分钟"里获得了丰厚的回报，战前官兵训练水平和战法方面的优势体现得十分明显。

军事训练是军队战斗力增长的源泉，而对于企业而言，行之有效的绩效管理，则是自身发展壮大，实现层次跃升的重要抓手。无独有偶，一些先进的互联网企业，就高度重视持之以恒的绩效管理，并视持之以恒的绩效管理为企业不可替代的核心竞争力。这些企业的决策层十几年如一日，如同"月月水火木金金"一般，将客户第一、团队合作、拥抱变化和激情、诚信、敬业等核心价值观奉为圭臬，把绩效管理和价值观贯彻进行深度融合，形成了自身独具特色的绩效考核体系，这也成为他们持续取得高绩效的关键因素。

08

掣电海空挽狂澜
尼米兹中途岛转折之战

1942年6月4日13时30分（夏威夷时间），在位于中太平洋上"飞龙"号航空母舰的舰桥上，第二航空战队司令官山口多闻在下达完攻击机队起飞的命令后，一脸落寞，目光茫然地对身边的"飞龙"号航母舰长加来止男说道："刚才天空上还都是我们的飞机，现在决定机动部队命运的就剩下这6架战斗机和10架攻击机了。"

究竟在6月4日的上午发生了什么？

原来，就在3个小时10分钟之前，美国海军"企业"号航空母舰SBD"无畏"式俯冲轰炸机飞行队长麦克拉斯基少校，率领30架俯冲轰炸机，在预定海域未发现目标的情况下，做出了后来被尼米兹赞扬为"中途岛海战中最重要的决定"。通过锲而不舍地向北搜索，他最终寻觅到日本海军机动部队的踪迹，完成了一次带有浓厚"个人英雄主义"色彩的决定性壮举，瞬时间让日本海军两艘威风凛凛的舰队航空母舰变成了浓烟滚滚、熊熊燃烧的火球。这一"神来之笔"彻底改变了这场海战和整个太平洋战争的走向。

那么在这场被很多战史学家们称为太平洋上"转折之战"的焦点战役中，作为指挥决策者的尼米兹与山本五十六是怎样进行构想谋划的？作为前线指挥官的弗莱

> 中途岛海战中被美军战机击中后爆炸起火的日军航母

> 1942年初太平洋形势图

彻与南云忠一是怎样斗智斗勇的？战场上那些"偶然"和"必然"的因素是怎样对战役进程产生影响的？这些都将是职业军人孜孜以求并津津乐道的永恒话题。

战役由来

在太平洋战争爆发后，日本海军取得了偷袭珍珠港、马来海战、爪哇海战等一系列战役的胜利，日本陆军也成功地在新加坡、菲律宾、马来亚确立的自己的优势，趁势将太平洋上的威克岛、关岛收入囊中。作战中，俘虏英美军队总人数超过了25万，击沉舰艇115艘，击落飞机461架，在地面摧毁的飞机数量则达到了惊人的1076架；日本军队伤亡人数仅为2.1万人，日本陆军损失飞机440架，日本海军损失122架，大中型作战舰艇损失为0。

面对着这样所谓的"伟大胜利"，日本大本营甚至在东京举行的"第二次祝贺大会"上，放出了这样的豪言壮语："这样的祝贺大会以后还会有很多，一直到我们在西边的伦敦举行入城式，在东边的纽约举行观舰式的时候才是最后一次。"这种口气是否狂妄姑且不谈，这句牛气冲天的话恰好暴露了问题的本质——到底向东还是向西？到底是伦敦还是纽约？日本人究竟想去哪里？

在下一步去哪里的问题上，日本陆军和海军就发生了严重分歧，陆军主"守"，海军主"攻"，一番讨价还价之后，日军在1942年3月7日大本营联络会议上拿出了一个《今后应该采取的战争指导大纲》，并提出："为了使英国屈服，美国丧失战意，应该采取继续扩大战果，保持长期不败的战争态势。"话说得很漂亮，但是意思很模糊，就连当时的首相东条英机自己都看不大懂，是进攻还是防守都没整明白，反正最后就是糊里糊涂地通过了这个大纲，并成为太平洋战争中"意义不明的决定"中最有名的一件。直到战后总结反省时才发现，其实就是陆海军的意见分歧，最后统一不了做了个文字游戏——"陆军和海军谁爱干什么就干什么"。

好，海军决定采取攻势。那么使用什么力量向哪里进攻？在这个问题上，军令部跟联合舰队也不一致。军令部认为澳大利亚是美军的反攻基地，必须先要消灭，但是算下来要10个师团和300万吨的船舶运力，这是当时的日本无法承受的，陆军都在中国战场深陷泥潭，船舶都在忙着将东南亚的橡胶、石油等战略物资运回本土。后来，军令部不得不退而求其次，说要把美、澳分割开来，占领斐济、萨摩亚、新喀里多尼亚，需要陆军9个大队（营）的兵力就可以，参谋本部感觉可行，就同意了。但是，联合舰队打死也不干！

联合舰队，或者说山本五十六本人就认为：一定要彻底消灭美军太平洋舰队，不能让美国"Fleet in being"（舰队保存）。既然日本没有进攻美国本土的力量，就应该积极寻找美国舰队残余，力争与之决战，或者把美国舰队残余引诱出来决战。山本五十六本人就是一个坚定的"早期决战主义者"，认为日本跟美国的超级战争潜力耗不起，要打就早打、大打，先将美国太平洋上的舰队击败，然后再寻求转机。在他的授意下，联合舰队参谋长宇垣缠提出了方案，计划1942年6月开始进攻中途岛，这也是中途岛战役最初的由来。

就在日本人为了解除后顾之忧，忙着进攻驻科伦坡英国东方舰队的时候，美国人也没闲着，在哈尔西、弗莱彻的指挥下，对马绍尔群岛、所罗门群岛、威克岛进行了一系列规模不大的袭击，这些"小打小闹"，并未引起日本决策层的重视。关于向哪里打，什么时候打，使用怎样的力量打的问题始终处于争议当中，一直到4月18日，一次"来自香格里拉的轰炸"停止了无休止的争议，也改变了战争的整个进程。

4月18日，杜立特率领16架B-25B型轰炸机由"大黄蜂"号航母甲板上起飞，对东京进行了轰炸，尽管造成的损失微乎其微，但是却极大地震动了日本的朝野，"压倒了所有反对的声音"，中途岛作战计划不仅顺利通过，

> 杜立特和"大黄蜂"号航母舰长米切尔

还提前进行了。作为对军令部的妥协，山本五十六同意全程参与 6 月攻打阿留申群岛的军事行动，并在攻打中途岛之前支援对太平洋西南部的局部入侵，这也就是后来的珊瑚海海战。

由此可见，进攻阿留申群岛是独立进行的，并不是中途岛战役的组成部分，而珊瑚海海战则是中途岛战役的"前哨战"。这两个军事行动，不仅没有实现预定的目的，还分散、消耗、浪费了山本手中宝贵的战略资源，也为后来中途岛战役的惨败埋下了伏笔。

"AF"？"AF"！

"中途岛的海水淡化装置出现故障。"

"明白，已向中途岛派出供水船。"

"'AF'淡水供应出现问题。"

"'AF'缺乏淡水，补给舰队务必向'AF'登陆部队提供淡水。"

1942 年 5 月，美国海军夏威夷情报站站长罗切福特在夜以继日的监听中发现，日本海军的电文数量激增，似乎在酝酿着一次大规模进攻行动，众多

> 美海军夏威夷情报站站长罗切福特

电文中都出现了"AF"这样的字眼,那么"AF"究竟指的是哪里呢?记忆力超人的罗切福特从浩如烟海的日军电文中找出1940年12月的一份电报,电报内容是关于水上飞机从马绍尔群岛飞往珍珠港,途中需要在"AF"附近的一个小岛周边降落加油,其中还特别提到要注意规避来自"AF"的空中侦察。从时间和海图上分析,"AF"只能是中途岛。

为了"把铁案做实",在罗切福特建议下,尼米兹来了一次"欲擒故纵"式的"钓鱼行动"。首先,通过海底电缆命令中途岛基地使用明码电报"报告"淡水设备故障,并让珍珠港方面煞有介事地回电:已向中途岛派出供水船。在"天衣无缝"的迷魂阵下,日军果然中招。不久,罗切福特情报小组截获到新的密码信息,日军通知中途岛攻略部队携带更多的淡水净化器,以应对"AF淡水匮乏"。这样,就确定了日军的主攻方向"AF"——中途岛!

同时,尼米兹充分利用这一情报信息优势,不仅掌握了日本海军作战计划的核心内容,甚至是主要的时间节点,还据此指挥舰队成功规避了对手的预先侦察,最大限度地实现了战役突然性。

这是现代战争史上情报战领域一个著名的经典战例,美国海军充分利用自身在信息密码领域的优势,在战略情报领域实现了"单向透明",通过一次"欲擒故纵"式的"钓鱼行动",成功判定了日本海军的作战企图和主攻方向。为弗莱彻和斯普鲁恩斯在战役中"以逸待劳""守株待兔"提供了有力保障,为"化优势为胜势"打下了坚实的基础。

对手的底牌摸到了,尼米兹的牌该怎么打呢?

艰难决断

在中国香港《赌神》系列电影中，我们常常会看到，牌局当中即使窥得对手底牌，掌握了先机，也未必能稳操胜券。因为牌局的形势是千变万化的，随时都可能出现意外情况。在战争中也是如此，战争的复杂程度远非牌局可比，胜负定数千变万化，要想取得最终胜利，仅仅靠窥得先机、上天眷佑是远远不够的，还需要指挥决策者因势利导、知人善任、当机立断。正如《孙子兵法》中所说的那样："故兵无常势，水无常形；能因敌变化而取胜，谓之神。"

大战之前，尽管"窥得了对手的底牌"，但是由于敌我整体力量对比的悬殊，尼米兹仍旧捉襟见肘，陷入了"巧妇难为无米之炊"的窘境，一系列难题摆在了他的面前。

> 美海军太平洋舰队司令尼米兹

首先是战略判断。尽管美海军掌握了山本的战役企图和主攻方向，甚至进行了必要的真实性验证，但是仍旧无法排除这是对手实施战略欺骗，甚至是预设陷阱的可能（美军无法判定日方是否对密码被破译有所察觉）；华盛顿方面对日海军可能再次袭击夏威夷，甚至是美国西海岸，都充满了强烈的隐忧（太平洋上美国人就剩下"约克城""大黄蜂"和"企业"号3艘能动的航空母舰），甚至派出"高参"马克·道斯上校到太平洋舰队司令部"现场督导"；美海军作战部长欧内斯特·金确信南太平洋极有可能成为日海军的主要目标，甚至要求尼米兹派遣"大黄蜂"和"企业"号南下支援。一时间，"令出多门"，让尼米兹"压力山大"。

其次是临阵换将。敌情如火，尼米兹一边要冥思苦想、判明敌情，一边还要与"钦差""虚与委蛇"、分析利害，可是"坏消息"还是一个接一个传来。罗切福特才报告完"日本人刚刚更换了 J-N25 密码",就又接到报告说"哈尔西病了"。这个"更坏的消息"顿时让他陷入了无人可用的困境。"蛮牛"是他的坚定支持者,刚刚指挥特混编队完成了袭击马绍尔群岛和"杜立特轰炸东京"掩护任务,是美国海军中为数不多的拥有航母作战经验的指挥官,一时间难以找到合适的接替人选。为此,他不得不亲自征求"蛮牛"本人的意见,当听到后者推荐斯普鲁恩斯——这个"从未指挥过航母的巡洋舰指挥官"接手特混编队指挥权时,"从善如流"的他却犹豫了起来(因为斯普鲁恩斯资历太浅了)。思忖再三之后,尼米兹本着"疑人不用,用人不疑"的原则,果断"临阵换将"。这一战,也让雷蒙德·斯普鲁恩斯名垂青史。

虽然作战决心已定,指挥员已换,但是尼米兹还面临着无船可用的窘境。5 月 27 日,弗莱彻带着珊瑚海之战中遭受重创的"约克城"号步履蹒跚地回到了珍珠港,按照修理工期要进坞至少 3 个月时间,可是日本人留给他的时间只有 72 小时,因为根据掌握的情报,日本海军潜艇侦察群将于 6 月 1 日展开完毕。同时,要想与拥有 4 艘舰队航母的敌人相抗衡,"约克城"号又是必不可少的。为此,他当机立断,命令"约克城"号 28 日进坞(1400 名维修工人昼夜不停地抢修);"萨拉托加"号的舰载机上舰("萨拉托加"号航母返回西海岸修理,他的舰载机分队替换"约克城"号战损单位);30 日第 17 特混编队出海(以"约克城"号为核心,维修人员、设备随舰边走边修)。就这样,"约克城"号抢在日军潜艇侦察幕展开之前踏上了征途,不仅增加了 76 架舰载机(其中包括 37 架俯冲轰炸机、14 架鱼雷轰炸机),还在胜利天平上为 6 月 4 日实现"惊天逆转",增添了一枚重要的砝码。

山雨欲来

溪云初起日沉阁,山雨欲来风满楼。

——[唐]许浑《咸阳城东楼》

"溪云初起日沉阁,山雨欲来风满楼"是唐代诗人许浑在《咸阳城东楼》一诗中用以形容夕阳西下,山雨即将来临,满楼风声飒飒时的壮阔景象,也是对唐王朝日薄西山、危机四伏的没落局势的形象刻画。此时、此情、此景

> PBY"卡特琳娜"式水上侦察机

用以形容6月3日夜间到4日清晨时的中途岛附近海域的情形再合适不过了。

从6月3日8时43分,美军一架PBY"卡特琳娜"式水上侦察机偶然发现宫本定知的扫雷舰队开始,美日双方侦察与反侦察、袭扰与反袭扰的"勾心斗角"就开始了。

9点28分,在中途岛以西700英里海域,另一架PBY"卡特琳娜"式水上侦察机发现近藤信竹的中途岛攻略部队;

14时前后,9架从中途岛起飞的B-17轰炸机对田中赖三的登陆输送舰艇进行了轰炸,但没有命中;

16时30分,"利根"号重巡洋舰正南方向疑似发现飞机并开火,后经查证,并无飞机存在;

次日凌晨1时30分,3架装备有雷达的PBY"卡特琳娜"式飞机向登陆输送舰艇发起了鱼雷攻击,一枚MK-13型鱼雷命中"曙丸"号油船左舷,造成23人伤亡(这是此次战役中美国海军命中对手的唯一一枚鱼雷,"鹦鹉螺"号潜艇的鱼雷因为引信的问题命中没炸,航空兵空投的鱼雷压根就从未命中过)。

以上行动并未造成日海军多大损失,但是却说明机动部队的行迹已经败露,然而山本五十六和南云忠一根本就没当回事,继续按原计划行动,一前一后间隔着600海里向中途岛冲了过来。

为了在6月4日交战当天尽早发现对方舰队,美日双方都制定了相应的航空侦察计划。日方的侦察计划是由"一航舰"的航空参谋源田实设计的,他设计的"偷袭珍珠港"战役舰载机攻击计划非常漂亮。但是这次他设计的航空侦察计划却存在着致命缺陷:首先是飞机数量不足,仅仅投入7架飞机(没有预留备份机)用于最初的侦察行动,并采用"单相搜索"模式,侦察海域的面积与瑞典的国土面积基本相当(17.6万多平方英里),在搜索覆盖区域存在着严重的空白。此外,源田的计划过于依赖良好的天气、飞行员的素质和近乎完美的时间控制。一句话,实在太难了!后来,源田实在战后回忆录中写道:"不得不承认该空中侦察计划是草率的。"

反观美海军方面,尼米兹恨不得将能用的飞机都派出去侦察,不仅将中途岛基地31架续航力大、留空时间长的PBY"卡特琳娜"式侦察机悉数派出,还从航母上出动了56架全副武装的SBD"无畏"式俯冲轰炸机加入到补充搜索队伍中。在航空侦察这个环节,美海军的成绩是"A+",日本人则是"C-"。这样的力量投入对比太悬殊了!

在这儿,有人可能会不无遗憾地想:"要是源田实增加侦察飞机数量或者采用双相搜索模式就好了。"事实上,在当时日本海军的军事准则(也就是作战理论或作战条令)的体系框架内,飞机总数的10%是允许用于执行侦察任务的最大限度了,剩余兵力应该保留给进攻使用;同时由于没有理由怀疑对方舰队,尤其是航空母舰在中途岛周边海域存在,所以认为单一的侦察计划足以应对意外情况。至于"双相搜索"模式,则是在1943年5月,基于中途岛战役和所罗门海战的经验教训,联合舰队才将其纳入日本海军军事准则的。

由此可见,日本海军在中途岛的失败,并不是偶然的。在战役开始之前,在侦察计划的准备方面,就已经"先输一招",这也为后来的功败垂成"挖好了坑"。

针锋相对

故形人而我无形,则我专敌分;我专为一,敌分为十,是以十攻其一也,则我众而敌寡;能以众击寡者,则吾之所与战者约矣……

——《孙子兵法·虚实篇》

《孙子兵法》中的这段话精辟地阐述了集中兵力、避实击虚的重要意义。但是在6月4日,作为进攻方的日海军不但没有集中兵力、"握指成拳",积极搜寻美海军航空母舰,进而消除所面临最大的威胁,相反还使用108架舰载机对"次要目标"——中途岛进行突击。这样不仅攻击行动后继乏力,还使自身陷入了"一个拳头打两个敌人"这样异常尴尬危险的境地。

日军方面:

4时30分,4艘航母搭载的108架舰载机起飞完毕(仅用时7分钟);

4时45分,舰载机完成空中编组,向中途岛进发;

6时14分,友永丈市指挥攻击机群开始对中途岛空袭;

一切都显得是那样顺风顺水,机动部队似乎只要再出击一次就可以将中

> 日机轰炸中途岛

途岛彻底摧毁。但就在此时，潜在的危机信号却一个接一个出现：

4时30分，"利根"号重巡洋舰的4号侦察机（由甘利洋司驾驶，他在侦察行动中扮演了关键人物的角色）起飞时间被严重延误，直到5时整才起飞完毕；

5时20分，4号侦察机报告发现美军潜艇（"鹦鹉螺"号）；

5时32分，警戒驱逐舰发现敌侦察机；

5时55分，4号侦察机报告15架敌机来袭。

至此，南云机动部队顺风顺水的好日子算是过到头了，那么他的对手们在干什么呢？

此时美海军正按照预先的计划，倾尽全力地在大洋上展开搜索：

4时15分，22架PBY"卡特琳娜"式侦察机由中途岛起飞，对中途岛周边海域进行拉网式严密搜索；

4时30分，"约克城"号SBD"无畏"式轰炸机升空侦察，"企业""大黄蜂"号舰载攻击机甲板待命出击；

5时34分，PBY"卡特琳娜"式侦察机发现南云机动部队及空袭中途岛的攻击机群；

5时52分，PBY"卡特琳娜"式侦察机报告"发现两艘敌航空母舰和战列舰，方位320度，距离180英里①，航向135度，航速25节"；

6时07分，弗莱彻命令斯普鲁恩斯"向西南方向前进，一旦定位完成，就立即对敌航母实施攻击"。

就在南云和机动部队浑然不知时，一柄利刃已经高悬头顶了。等待他的将是无休无止的袭扰和最终的……

6时40分，"加贺"号飞行队长小川正一报告：对沙岛轰炸顺利，"并且取得巨大成功"；

7时整，友永丈市在报告中简单明了地建议："需要第二次空袭"；

7时10分，"赤城"号警戒哨发现敌机（从中途岛起飞的6架TBF鱼雷机和4架B-26轰炸机）来袭；

---

① 英美制长度单位，1英里等于5280英尺，合1.6093千米（千米），旧也作哩。

> B-26 轰炸机对日军舰队展开决死突击

7时15分，南云忠一下达了这场海战中决定双方命运走势的命令——"鱼雷换炸弹"！

南云为什么做出这样的决定呢？出征前，山本司令官不是一再强调要至少保持一半舰攻机携带鱼雷待命出击吗？是谁给了南云这么大的胆子？

这些质疑的答案还要从当时的战场形势说起。就在机动部队中途岛第一波攻击编队返航的同时，7架侦察机还在茫茫大海上"盲人摸象"，正当南云和他的参谋们焦急等待、一筹莫展时，从中途岛起飞的6架TBF鱼雷机和4架B-26轰炸机开始临空轰炸了。虽然没有造成直接损伤，但是其中一架B-26轰炸机"在10英尺①"的高度上掠过了"赤城"号的舰桥，差点让南云和机动部队整个指挥中枢全军覆没，造成了巨大的心理压力。与此同时，派出的侦察机迟迟未发现敌航母踪迹，而中途岛的空中威胁又如此严峻，如果继续执行山本"至少保持一半舰攻机携带鱼雷待命出击"指令的话，就无异于让小林道雄等一批精英飞行员们"待在甲板上晒太阳"，而让友永丈市带着不到100架飞机去和敌人血拼。这样的话，山本司令官的指令就会变得"无比愚蠢"。

其实，南云忠一面对的最大敌人不是轰炸机，也不是难以执行的指令，

---

① 英美制长度单位，1英尺等于12英寸，合0.3048米，0.9144市尺，旧也作呎。

而是无法抗拒的时间。即使不考虑返航飞机的状况如何，让他们重新准备下一次空袭至少需要几个小时的时间，飞机要补充燃料和弹药、受伤飞机要修复、飞行员要汇报战况和补充体力、受伤飞行员需要替换补充，然后制定新的空袭计划、向飞行员下达任务、重新将飞机定位到飞行甲板然后起飞，这一切工作估计在下午之前都不能完成。在这种情况下，给敌人更多的时间舔舐伤口和恢复元气都是不可容忍的——不管怎样，尽早再度打击敌人才是正确的。毕竟敌人的飞机停在地面上，重新恢复战斗力的速度更快。

在6月4日早上战斗的寒光中，山本司令官先前"振聋发聩"的指令开始失效。接下来，南云忠一和机动部队将会为日本海军的傲慢和轻敌付出极为惨重的代价。

峰回路转

锲而舍之，朽木不折；锲而不舍，金石可镂。

——《荀子·劝学》

> 日海军"零战"追击美轰炸机

在 6 月 4 日早上的第一轮较量中，南云充分感受到了中途岛空中力量的现实威胁，美军飞行员也通过惊人的战损，发现了一个可怕事实——日本海军航空兵如同传闻中的那样技艺精湛，机动部队的战斗机如同狼群一样凶狠。

7 时 40 分，4 艘航空母舰"鱼雷换炸弹"正进行得如火如荼，4 号侦察机（没错，还是甘利洋司）报告"发现左方大约 10 艘军舰，方位 10 度（以中途岛为基准），距离中途岛 240 海里，航向 150 度，航速 20 节以上"。这一消息令南云极为震惊，立即要求 4 号侦察机"保持接触"，迅速查明。

此时，4 艘航空母舰的甲板异常干净，所有飞机都在机库中加紧"更换兵装作业"，即使南云下令所有飞机立即起飞，也需要至少 45 分钟的时间在甲板上进行飞机的定位。时间不够啊！可就在南云左右为难之时，麻烦又来了。

7 时 53 分，"雾岛"号施放烟雾，并报告"敌机来袭"。

就这样，紧赶慢赶，准备抢在友永丈市机群降落之前出动攻击机群的计划又泡汤了。因为航母在进行防空机动时，不仅剧烈的机动不允许进行甲板飞机定位，同时遍布于甲板上满载燃油和弹药的战机，都将成为一颗颗定时炸弹，敌机一旦命中，后果将不堪设想。

从 8 时整开始的 40 分钟内，共有三批由中途岛机场起飞的美机空袭了南云机动部队，第一批是由美海军陆战队亨德森少校（后来瓜达卡纳尔岛上发挥核心作用的机场就以他的名字命名）率领的 16 架 SBD"无畏"式俯冲轰炸机，飞行员都是"英勇的菜鸟"，无一命中，大部被击落；第二批是 12 架 B-17 轰炸机，在 2 万英尺的高度投弹，由于高度太高，攻防双方都"无法给对方造成实质性伤害"；第三批是 11 架老式的 SB2U"拥护者"式轰炸机，甚至都没接近航空母舰，仅仅在外围袭击了"雾岛"号，在灵巧的规避下，结果仍旧是无一命中。

三个照面过去，美海军不仅一无所获，还损失惨重。南云机动部队似乎可以缓口气吧？不行！就在机动部队忙于规避美机轮番轰炸的同时，"鹦鹉螺"号潜艇在水下发起了攻击，虽然没有命中，但是却给对手制造了极大的麻烦，牵制了机动部队多艘反潜舰艇，其中就包括"岚"号驱逐舰（后来麦克拉斯基他们就是跟着"岚"号"顺藤摸瓜"找到 4 艘航空母舰的）。

8 时 30 分，美机空袭结束，南云迅速派出"苍龙"号搭载的 D4Y"彗星"

高速侦察机，以查明美特混舰队的位置；

8时38分，"约克城"号攻击机群起飞，35架飞机（包括17架俯冲轰炸机和12架鱼雷轰炸机）向机动编队扑来；

9时10分，友永丈市率领返航机群着舰完毕（108架飞机中11架被击落，14架严重受损，29架受伤，整个机动部队攻击机损失接近四分之一）。

9时20分，由"大黄蜂"号起飞的VT-8中队15架鱼雷机临空，勇敢地向航母发起了攻击，但无一命中，其中14架被击落（由此可见"零战"的恐怖）；

9时38分，由"企业"号起飞的VT-6中队14架鱼雷机临空，分两组发起攻击，还是无一命中，14架飞机中9架被击落；

10时03分，由"约克城"号起飞的VT-3中队12架鱼雷轰炸机，临空发起攻击，这是在开战以来美海军舰载机发动的第一次得到战斗机掩护的（VF-3中队6架战斗机，指挥官约翰·史密斯-萨奇，一举击落了4架"零战"，他发明的双机战术动作被称为"萨奇剪"），配合默契、高低空结合的协同攻击（VB-3中队17架俯冲轰炸机，他的故事后面再说），虽然无一命中，且损失严重，但是却将42架"零战"吸引到了东南方向，为麦克拉斯基的"神来之笔"创造了条件（虽然损失太大了点）。

截至10时20分，美军飞机损失总数已超过120架。但是美海军此时依旧按照战前的预案和"一有机会就连续打击敌人航空母舰"的原则，锲而不舍地发动着连续攻击。此时，由"约克城"号起飞的VT-3鱼雷机中队正扑向"飞龙"号航母；"赤城""加贺"号的战斗机还在陆续升空，"赤城"号的飞行甲板上，一等飞行兵曹木村惟雄指挥的"零战"小队起飞在即。后来的事实证明，这是"赤城"号航空母舰在这场海战中起飞的最后一批飞机。美军飞行员们锲而不舍的努力终于得到了回报，下面的舞台将属于"这场海战史上最具有决定性意义的空袭了"！

掣电铁拳

善守者藏于九地之下，善攻者动于九天之上，故能自保而全胜也。
——《孙子兵法·军形篇》（军形篇）

在 6 月 4 日 10 时 20 分之前的一个小时的时间里，美军舰载机又跟南云机动部队交手了三个照面，不仅一无所获，接近三分之二的攻击机还被击落或打残，VT-3、VT-8 分队几乎全军覆灭，美海军舰载机的突击力量被严重削弱了。但是他们的牺牲并不是没有价值的，极大地牵制和消耗了南云机动部队的空中防御力量，4 艘航母总共就搭载了 70 架战斗机，在除去中途岛消耗的和正在机库中加油补充弹药的，天上飞的也就 42 架"零战"了。燃油在消耗，弹药在消耗，飞行员在消耗，时间也在消耗，南云机动部队刚刚加满油的威力强大的舰攻机、舰爆机群都被牢牢压制在机库里，更换下来的炸弹、鱼雷都堆在机库甲板上，此时 4 艘航空母舰简直就是一触即发的"火药桶"。美军那些英勇的飞行员们，用自己的牺牲换来了对敌人的牵制和消耗，赢得了宝贵的时间。战争中从来都没有什么所谓的"神来之笔"，如果非要说有，那就是用坚忍、无畏和牺牲铸就的胜利基石。

> 小克拉伦斯·韦德·麦克拉斯基海军少校，美国海军航空兵每年颁发的最优秀攻击机中队奖也取名为"韦德·麦克拉斯基奖"

麦克拉斯基指挥着 VB-6、VS-6 中队 30 多架 SBD "无畏"式俯冲轰炸机从西南方向"乘乱而入"，既没有驱逐舰施放烟幕，又没有重巡洋舰炮火示警，也没有引起 4 艘航母的注意，这是战役开始以来美军第一次从空中穿透机动部队外围舰艇的防卫，实现了战术突然性。

"突然性"是个"要命的"东西，但还不是"致命的"东西。就如同篮球比赛中快攻反击一样，他只造就了"势"，要完成得分还要通过球员的"技"和"器"来实现。在麦克拉斯基指挥的这次行动中，飞行员的投弹水平是"技"，30 架飞机和携带的航弹是"器"。暂且不说"技艺如何"，先说"器"。就在胜利在望之时，"器"出问题"掉链子"了。按照美海军航空兵的战术操作规程，在发起攻击前所有飞机都要检查投弹系统的状况，但是 VS-6 中队的指挥官加莱赫刚接通电动开关，投弹系统就失灵了，其中 4 架轰炸机携带的炸弹"稀里糊涂"地掉到了海里，VS-6 中队最终投入攻击的轰炸机只有 13 架。

说完了"器",再说"技"。根据美军的军事准则(作战条令),每个航空兵中队每次只能攻击一艘航母,并且先头中队攻击距离远的那一艘。这主要是考虑到舰载机的性能、弹药命中和毁伤概率以及航母的防空作战效能等因素,还强调两支中队要同时攻击,使敌人难以应付。此时,麦克拉斯基按照军事准则应该命令飞在前面的VS-6中队攻击距离远的"赤城"号(右方),飞在后面的VB-6中队攻击距离近的"加贺"号(左方),但是他下达的命令却是让飞在前面的VS-6中队攻击距离近的"加贺"号。VB-6中队的指挥官理查德·百斯特用无线电提醒麦克拉斯基"请按照军事准则行动",但阴差阳错的是由于两人几乎同时使用无线电通信,干扰了通信设备的信号,谁也没收到对方的电报,最终的结果就是30多架轰炸机组成的庞大机群都奔着"加贺"号一个目标去了。

此时,"加贺"号如同两年前联合舰队"123号作业"演习时遇到的那样,"漫天飞雪"啊!"躲得了初一,躲不过十五",最终中弹五枚,彻底丧失作战能力,成为浓烟滚滚的一团火球。就在20多架SBD成群结队"痛扁""加贺"

> SBD俯冲轰炸机攻击效果图

> 空中俯瞰遭攻击的日海军航母

号的同时，头脑冷静的 VB-6 中队指挥官百斯特看出不对劲来了，大家一窝蜂都奔着"加贺"号冲过去，"赤城"号没人管啊！在下降俯冲前的一瞬间，他将飞机成功拉了起来，并带领另外两架 SBD 在高空观察攻击效果。在看到"加贺"号瘫痪之后，他决心去攻击"赤城"号，虽然只有 3 架轰炸机，也只带了 3 枚 1000 磅的航弹，但是他还是想尝试一下。

3 架飞机数量虽然不多，但还是打了"赤城"号一个突然，因为"加贺"号在西边，"赤城"号在东边，美机自东向西攻击"加贺"号，是远离他的，同时"赤城"号还在放飞木村惟雄的"零战"小队，因此直到百斯特的 3 架 SBD 临近俯冲时，防空警戒哨才发出警报。

不得不承认百斯特他们三个人技艺精湛啊！3 架飞机带着 3 颗航弹攻击了 3 次，命中了"一颗半"。为什么说命中了"一颗半"呢？在很多资料中，都记载"赤城"号中弹 2 枚，实际上百斯特投下的那颗 1000 磅炸弹直接命中了航母中部的升降机，并穿透飞行甲板在机库上方爆炸，最后一架飞机投下的那颗航弹没有直接命中，而是"近失弹"。但是这枚"近失弹"却起到了意想不到的作用——破坏了"赤城"号的方向舵！这一接近十万分之一万的"小概率"事件，使遭受重创的"赤城"号虽然动力犹存，但是原地打转，直至最终沉没。

与此同时，由"约克城"号起飞的VB-3中队17架俯冲轰炸机，也趁乱对"苍龙"号进行了"集火"，命中1000磅航弹4枚，"苍龙"号瞬间起火爆炸，失去作战能力。

胜负就在一瞬间啊！从10时19分"加贺"号防空警戒哨发现SBD开始，仅仅过了25分钟，3艘巨大的舰队航空母舰就报销了。此时，南云忠一忙着带人转移，阿部弘毅（第八巡洋舰战队指挥官）忙着接手指挥权；山口多闻则"不按命令动作"，下令小林道雄带队起飞直接攻击美军航母（"约克城"号）去了。

这时，日美双方的力量对比出现了戏剧性的变化，由4∶3骤变为1∶3，被誉为"精英中的精英"的小林道雄和他的机队会力挽狂澜吗？

落子收官

我们的飞机现在正在起飞，即将去摧毁敌人的航空母舰。

——山口多闻（联合舰队第二航空战队司令官）

阿部弘毅接管指挥权后，刚向联合舰队司令部报告完战况，不待上级指示，立即命令山口多闻发起攻击。命令的电文是10时50分收到的，而事实上5分钟之前，山口多闻就已命令9架舰爆机和6架"零战"起飞发起攻击，小林道雄机队也无愧于"A级攻击机队"的称号，9架舰爆机中7架突防成功，3颗250千克航弹成功命中"约克城"号；此后友永丈市又带领10架舰攻机和6架战斗机向"约克城"号发起攻击，命中2枚鱼雷，迫使"约克城"号弃舰（日军飞行员认为击中的是另一艘航母）。

此时的形势越来越对南云机动部队不利，山口多闻的手头上只剩下4架舰攻机和5架舰爆机，"零战"数量还比较多，13架在天上，19架在机库里。同时，美海军侦察机一直在搜寻他，14时45分发现"飞龙"号，15时25分"企业"号攻击机群起飞，十分巧合，组成攻击机队的飞机还是来自VB-6、VS-6、VT-3这3个中队，指挥官还是投弹命中"加贺"号的加莱赫。

就在夕阳西下，山口多闻正在琢磨着怎么趁着黄昏来一次偷袭的时候，美国人没有再给他机会，"飞龙"号前后遭到近100架轰炸机的空袭，做出了"这

> "约克城"号航母被一架中岛"九七"式舰攻机投放的鱼雷命中的瞬间,驾驶这架"九七舰攻"的是日军第二航空战队的桥本敏男海军大尉

> SBD 向"飞龙"号实施俯冲攻击

场海战中双方航母最优秀的规避",但仍旧"在劫难逃",先后被 4 颗 1000 磅航弹击中,立即燃起大火,丧失作战能力。

按照常理来讲,4 艘舰队航母被击毁了,南云机动部队应该撤退收兵才对,但是这时南云忠一,也包括山本五十六都像输红眼的赌徒一样,急于扳回一城。企图快速拉近与美海军特混舰队的距离,来一场夜战,并与近藤信竹的攻略部队合兵一处,第二天早上跟美军进行一次"原教旨主义"的水面舰艇交战。

但是,谨慎的斯普鲁恩斯没有给南云他们"打夜战"的机会,指挥特混舰队迅速向东机动,避开了敌人锋芒,等待次日天亮后,杀敌人一个"回马枪"。

即使在这样一个"胜负已分"的形势下,联合舰队先任参谋黑岛龟人还在吵吵着要让轻型航母"凤翔"号赶来支援,几艘战列舰一起掩护登陆中途岛。山本五十六冷静却又无奈地制止了他的"痴人说梦"。

中途岛战役进行到这个时候,该打的打了,该炸的炸了,该沉的沉了,该撤的撤了,战役似乎应该落幕了。但是,正如"战役的撤收和结束是一个极为复杂的过程"那样,还有很多节目没有收场。

当日夜间,栗田健男指挥第七巡洋舰战队,在按照计划准备炮轰中途岛的航渡途中,在进行转向机动和反潜规避时,重巡洋舰"三隈"和"最上"号发生撞船事故,其中"三隈"号受伤严重,在 6 月 5 日天亮后被赶来的美海军舰载机击沉。

执行完水面炮击中途岛任务的"伊-168"号潜艇,则意外地发现了处于

> 日海军"三隈"号重巡洋舰　　　　　> 处于漂泊拖带状态的"约克城"号航母和护航驱逐舰

拖带状态的"约克城"号和 5 艘护航驱逐舰。在经过一番惊心动魄的搏斗后，击沉了"约克城"号航母和"哈曼"号驱逐舰。这也是日本海军在这次战役中唯一的收获。

至此，中途岛战役才真正落下了帷幕。

是役，日本海军 4 艘舰队航空母舰、1 艘重巡洋舰被击沉，损失作战飞机 248 架（不含水上飞机），伤亡人数 3500 余人；美国海军 1 艘舰队航母、1 艘驱逐舰被击沉，损失作战飞机 147 架，伤亡人数 307 人。

这是太平洋战争爆发以来 6 个月的时间里，日本法西斯军国主义分子所遭受的第一次沉重打击，咄咄逼人的嚣张气焰受到了强力遏制，尽管离最后的胜利还剩下战斗、苦难、英勇和牺牲的漫长 3 年，但这已是日本法西斯帝国覆灭的开始。

英国首相丘吉尔曾这样评价中途岛海战：

"在海战史上从没有过比这次战役更激烈、更震撼的事件，它让美国海空军将士们经历了一次光荣的考验，飞行员和水兵们的勇敢和献身精神，以及指挥官们的沉着和机智是这个成就的基础。"

未解之谜

在战争史上几乎所有伟大的战役都会伴随着很多未解之谜，人们总是习惯地去解释和总结重大战役的发生发展过程，通过分析其中最重要的瞬间来看清它背后所隐藏的意义。历史长河里充满了决定性意义的瞬间，比如拿破仑战争时期的滑铁卢战役、美国南北战争中的葛底斯堡战役和二战中的巴斯托尼围攻战……这些永恒的事件都是很难完美解释清楚的，不过通过对这些经典镜头的准确掌握，非常有助于我们全面地理解整个战役，避免发生不必要的曲解。

谜题一：中途岛战役美军击败的是具有压倒性优势的敌人吗？

沃尔特·劳德爵士在他那著名的著作《中途岛之战——难以置信的胜利》（1967年出版）中写道："不管从什么标准来说，他们都处于劣势。他们没有战列舰，而日军却拥有11艘。他们虽有8艘巡洋舰，而日军却有23艘。他们只有3艘航空母舰（其中1艘受损），而日军却有8艘……

他们不可能会赢。然而他们却做到了，还因此改变了战争的进程。不仅如此，在鼓舞人心的著名战役中又多了一个名字——中途岛。像马拉松、"无敌舰队"、马恩河，还有其他一些战役一样，中途岛海战向人们展示了不可能是怎样变为可能的。即使面对着敌人压倒性的优势，人类精神中依然存在着某种因素——技术、信念和勇气的完美组合，将他们从失败的边缘带向巨大的成功。"

沃尔特·劳德是美国著名作家、历史研究者，被誉为"历史叙事"领域的一代名家，1967年出版的《中途岛之战——难以置信的胜利》，在当时具有很强的代表性。虽然这一观点不是他首创的，但是却影响到战后很多人对这场海战的评价，在西方几乎每一篇讲述这场海战的文章中都引用了他的看法，大家对此深信不疑。

然而，这种看法却是错误的，而且是亟须澄清的！

因为在1942年5月，日本联合舰队在兵力数量上占有着相当大的优势，但是在6月4日当天同时发起了阿留申和中途岛两个方向的作战行动（相距约1600海里），根据日海军作战计划，山本五十六所在的主力舰队不可能与美军发生交战。那么6月4日当天南云机动部队与美海军参战力量的对比是：

水面舰艇——20 ∶ 25（弗莱彻、斯普鲁恩斯的16、17特混舰队）

舰载机——248 ∶ 233（不含中途岛陆基作战飞机120多架）

潜艇——0 ∶ 1（美"鹦鹉螺"号潜艇）

一句话，在 6 月 4 日 4 时 30 分到 10 时 30 分这 6 个小时的时间里，在真正决定胜负的海域，在战舰和飞机数量上处于劣势的是日军，而不是美军！

当然，我们必须承认南云机动部队在作战飞机性能（例如"零战"和舰攻机）、飞行员经验，以及航母的进攻火力方面占有着极其明显的优势。但是仅仅凭借着性能和技能方面的"隐性优势"，就认定实力天平的倾斜方向是不准确的，也是不严肃的。这一点对于我们在战时和平时进行作战筹划、力量评估和战术计算具有非常重要的指导意义。

那么，在具有兵力数量占优势，部分装备性能、参战飞行员经验和组织指挥能力居于劣势的情况下，美海军是凭借什么取得胜利的呢？尼米兹，也包括弗莱彻、斯普鲁恩斯，首先他们就赢在了战前准备和计划上，凭借着"单向透明"的情报优势，不仅最大限度地调集、配置了现有全部力量，更重要的是准确判明了敌人的作战企图、手段和步骤，从事后的战斗经过来看，6 月 4 日的整个战役进程基本上符合战前尼米兹的构想。虽然美海军航空兵由于作战经验、组织协调能力等方面的"先天不足"，损失了大量的飞机和飞行员，甚至部分贻误了战机，但他们依然凭借着作战技能和勇气，成功地控制了战场。但是从更广阔的视角来看，"3+1＞4"并不能被看作是一个"难以置信的奇迹"。

美海军最难能可贵之处在于——在参战舰队的表现没有完全反映其作战规划的情况下，依然能够取得了胜利。这场战役美海军的指挥决策者尼米兹非常清楚，他所面临的敌军力量是完全能够承受的，即使输掉了战争，他作出的预先判断和下达的命令依然是合理的。因为他们拥有着军事情报的优势、大致相等的实力，还有出其不意的战略。

谜题二：南云机动部队是因为运气不好而遭到美军轰炸机突袭的吗？

运气，也可以理解为偶然性。在战争中，往往不管战前计划制定得多么完善，情况考虑得多么周密，预案看上去多么有效，等到战争爆发后总会或多或少出现意想不到的情况，甚至会形成尴尬的局面，导致失败的结局。这种情况就是运气，就是偶然性。但老话说得好，好运气是自己挣出来的，不走运也是自己找出来的。要是因为没想到，"运气"还可能帮你，要是遇到了一次还不长记性，那么谁都帮不了你了。南云的"一航战"，在中途岛战役之前的两个月，就获得了"吃一堑长一智"的机会，但是压根就没人当回事；中途岛战役之前一个月，"大和"号上的兵棋推演也准确地预见到后来出现的灾难性空中威胁，但是又被"厚颜无耻"地人为干预掉了。这么一来，失败就"无解"了。

1942年4月5日至9日，在印度洋上的"锡兰海战"（美国称之为"印度洋空袭"）中，中途岛战役的主要场景就已经"完全按剧本彩排"了一遍。早在3月28日，英国东方舰队成功部分破译了日本海军密码，已经获悉4月1日南云机动部队将空袭科伦坡，3月29日东方舰队司令官萨默维尔（参加过塔兰托战役和围歼"俾斯麦"号行动）就带着舰队离开科伦坡，前往锡兰岛的西南方向规避，并计划打南云机动部队一个回头，来个夜间袭击。

4月4日南云机动部队被英军飞艇发现，但南云没采取任何措施。

4月5日渊田美津雄指挥128架飞机轰炸科伦坡扑了个空，随后请求第二次攻击，就在"鱼雷换炸弹"的时候，发现了2艘英国海军重巡洋舰。更换一次兵装计划用时1.5小时，一来一回就要3小时，此时的航空母舰防御能力基本为零，如果敌轰炸机临空的话，那么将束手无策。后来，因为敌人只有2艘重巡洋舰，所以只给部分舰爆机更换了兵装，两个小时后53架舰爆机起飞，52架飞机（1架故障）攻击，46架命中，仅耗时20分钟就结束战斗，将2艘重巡送入海底（可见当时"一航战"的飞行员技术的高超，也说明没有空中掩护的军舰在飞机面前多么脆弱）。

4月6日，在轰炸锡兰岛上的港口亭可马里的时候，与前一天一样，在准备第二次攻击时，侦察机发现附近海域英国海军"竞技神"号航母，又是一阵手忙脚乱地更换兵装，67架舰爆机将37枚航弹倾泻到"竞技神"号上。就在舰爆机刚刚起飞后，9架英国轰炸机临空，这跟6月4日中途岛一模一样，只不过晚来了十几分钟，要不是英国飞行员水平"太菜"，"赤城"号航母和"利根"号重巡就都要被击沉。如果被击沉或者击伤的话，日本人可能会清醒一些，但是恰恰是因为"一航战"毫发未损，所以机动部队甚至不知道自己已经从鬼门关上晃悠了一圈。直到战后，日本人才从美国人那里知道，其实"赤城"号应该沉没在印度洋，让它活到中途岛已经让日本人赚了。

所以说中途岛战役的结果是注定了的，战役爆发前，日本海军在中途岛所有的失利原因都已经"暴露无遗",只是因为被胜利掩盖着而没人看到而已。

要说联合舰队没有一个明白人的话也不全对,至少在当时小泽治三郎就注意到更换兵装所需的时间和面临的危险,并上交了专门报告,可联合舰队除了先任参谋黑岛龟人之外,再没有任何人认为这次基本上属于小规模的空袭战斗存在什么问题。

其实,最有意思的却是1943年8月海军军令部下发的一篇名为《航空母舰的舰队防空问题》的论文,文中在对日美双方的舰队航空兵空袭火力和防空能力进行分析后指出,航空母舰是舰队中最脆弱的目标,要想保护日军航母不受美军舰载机攻击,至少需要100架战斗机(而当时"一航战"的战斗机总数只有70架)。也就是说,"一航战"在中途岛的毁灭是理所当然的!这篇研究报告最邪门的还不在内容,而在成文的时间,是1941年10月,作者是海军大学教官高木大佐。联合舰队人人都在问:"为什么一年前不发下来?"

这一切荒谬发生的根源还得从日本海军的军事文化上去找。日本人"重攻轻防"观念早已有之,甚至还有一定的"客观原因"。防御是一个消耗很大的东西,战前山本五十六就提出过"没有3000架零战无法开战"的观点,但问题是日本人根本没地方去弄这么多飞机。也正因为战斗机是"防御性武器",所以在海军中"战斗机无用论"才很有市场,包括山本本人,还有大西泷治郎、源田实都是这一理论的支持者,因此,高木的论文不可能得到重视。甚至可以说,山本不死,这篇论文根本不可能下发。这,才是日本海军真正的悲哀。

谜题三:是"决定命运的五分钟"导致南云机动部队失败的吗?

作为亲身参加了"偷袭珍珠港"和"中途岛海战"两场战役的渊田美津雄,在《中途岛海战》一书中曾这样写道:

"在敌鱼雷机队进攻时,我四艘航空母舰一直在继续进行反击敌人的准备。飞机一架一架地从机库中提上来,迅速在飞行甲板上排好。必须分秒必争。10时20分,南云中将下令,一旦准备工作完成,飞机立即起飞。在'赤城'号飞行甲板上,全部飞机都已经发动了。庞大的航空母舰开始逆风航行。五分钟内,全部飞机都可起飞。

五分钟！谁能料到在这短暂的瞬息之间，战局发生彻底改变呢？

能见度良好，云层高 3000 米，偶尔散开，给敌机的接近提供了很好的庇护。10 时 24 分，从舰桥话筒里，发出了开始起飞的命令。飞行长摇动着小白旗，第一架零式战斗机开足马力，飞离了飞行甲板。突然，警戒哨喊道：'俯冲轰炸机！'我抬头张望，看到 3 架黑色敌机朝航母垂直俯冲下来。"

这段话简直就是电影剧本的"经典素材"，可以一字不改地成为战争大片的"经典台词"，从我知道"中途岛战役"开始的二十多年时间里，这段描述简直就是"不容置疑"的"经典场景"。虽然这里连用了三个"经典"，但渊田所描述的这一幕却是假的！事实上，当美军轰炸机发起"致命一击"时，南云机动部队的 4 艘航母中没有任何一艘的攻击机队做好了起飞准备！

为什么美国的战争史学家乔纳森·帕歇尔、安东尼·塔利（《断剑》一书的作者）敢于"翻"渊田美津雄——这一现场亲历者的"案"？因为他们手头掌握着最原始的记录和数据。

在中途岛战役结束之后，由于种种原因，4 艘参战航母的航海日志等原始文件都没有保存下来，但是舰载机大队的作业记录却被保留下来了。作业记录显示，6 月 4 日当天"赤城"号的飞行作业是：

08：37—09：00，回收中途岛返航的舰攻机队

09：10，回收巡逻战斗机

09：51，回收战斗机

10：06，战斗机升空

10：10，回收战斗机

从记录中可以看出，从 8 时 37 分开始，"赤城"号飞行甲板就一直在进行起飞和降落的操作（主要是起降担负巡逻任务的战斗机），间隔在 20 分钟左右。到 10 时 10 分已经回收了三批战斗机了。而 15 分钟之后，就遭到了美军轰炸机的致命轰炸。

按照日本海军航母操作规程，舰载机起飞前的准备作业是一个十分复杂的过程，最少需要 45 分钟（一般是 1 个小时）。在这段时间内航母的飞行甲板是封闭的，因为飞机要在舰尾进行定位、暖机等准备工作，在这个时候飞机的降落是完全不可能的。如果南云想在 10 时 20 分发动进攻，那么他就要

提前45分钟,也就是9时35分就要开始攻击机的起飞准备。即使没有遭到美海军SBD轰炸的"飞龙"号航母,此时也在规避VT-3中队鱼雷轰炸机的攻击。自顾不暇之时,是不可能起飞任何攻击机队进行反击的。

时间——这一决策和行动最需要的东西,就像是机动部队的血液,已经慢慢地被美军无情地抽空了。现在机动部队——这个病人已经不可能恢复了。

一句话,渊田美津雄所说的"决定命运的五分钟"不过是个掩盖历史真相的所谓"传奇故事"。

谜题四:这次战役让日本海军精英飞行员损失殆尽了吗?

在中途岛战役中,南云机动部队损失了4艘航空母舰和搭载的248架飞机(未包括重巡洋舰搭载的水上侦察机),损失飞行员121人。太平洋战争开始前,日本海军储备的舰载机飞行员总数超过2000人,中途岛战役中损失的飞行员人数所占比例并不高,与后续1942年8月进行的东所罗门群岛海战(损失110名飞行员)、1942年10月进行的圣克鲁斯群岛海战(损失145名飞行员)相比,损失飞行员人数大致相同。实际上,在东所罗门群岛海战中对日海军精英飞行员的消耗才使舰载机飞行员的战斗水准发生了质的下降,而圣克鲁斯群岛海战则标志着日海军战前储备的精英飞行员损失殆尽。

在中途岛海战损失人员中,真正对联合舰队航空战力产生显著影响的却是航空飞行技术人员,总共721名航空机械师阵亡,超过了其总人数的40%。在日本海军航空作战的序列中,这些技术人员是容易被忽视的,但是在航空母舰与舰载机之间的协同配合环节中,这些"身经百战"的技术人员却发挥着不可替代的作用。虽然此役后,暂时没有对作战效能产生明显影响,但正是由于这些"无法替代"的技术人员的损失和培养补充工作的"后继乏力",致使在战争中后期,也就是1944年的时候,对舰载航空兵的作战能力的消极影响才逐步显现出来。

另外,这些飞行员、航空技术人员的损失也带来了一个无法忽视的重要后果——组织管理知识的丧失。不要以为征集3000人,150架飞机和2艘航空母舰,就能组成像"赤城"与"加贺""飞龙"与"苍龙"那样高效的作战体系。在珊瑚海海战时,刚入列的"翔鹤""瑞鹤"号就曾因为飞机重装作业速度迟缓而严重影响作战进程，其中"瑞鹤"号因为作业速度慢，为尽快腾出甲板，接收返航机群，而不得不将12架甲板上来不及收入机库的珍贵战机丢弃入海，造成了不必要的非战斗损耗。

中途岛战役大量人员装备损失的另外一个隐形结果就是：破坏了日本海军航母技战术的统一性，统一的操作规则是指导日本海军舰队建设的中心原则，从一开始就是指导日本海军舰艇建造的政策，从对马海战开始就成功服务于日本海军。在偷袭珍珠港时，6艘航母组成的3个航空战队，构建了平衡合理的攻击阵型，"一航战"是久经考验的老兵，"二航战"是劲头十足的战士，"五航战"是充满希望的新兵，3支航空战队的组合在速度、攻击、补给等方面完美地集合在一起。性能相近的航母进行编组的最大好处就是统一化的操作使用，减少了指挥协同方面不必要的麻烦。但是"一航战"和"二航战"的覆灭永远地摧毁了日本海军令人羡慕的平衡能力和配合水平。

一系列力量与结构的失衡，直接导致了作战中的后继乏力和战争形势的整体逆转，正如"月满则亏，物盛则衰"一样，日本海军航空兵在经历了"膨胀—扩张—辉煌"之后，"相持—防御—溃败"的趋势已不可避免。

中途岛战役带给我们的启示

正如刚才所讲到的那样，在中途岛战役的关键时间、关键地点和关键行动中，真正在数量上占优势的不是日军，而是美军！美军最难能可贵之处在于：克服了诸多"先天不足"，在损失严重情况下，依然凭借着作战技能、无畏勇气和锲而不舍的精神，成功控制了战场，并取得了最终的胜利。距离这场太平洋上的"转折之战"，已经过去了70多年，但是我们依然会感受到太平洋上呼啸的风、翻腾的浪、燃烧着的空气和参战者身上流淌着的血。

那么在回顾和感慨之后，我们能获得哪些启示呢？

启示一：要根据自身实力合理界定战略目标

在中途岛战役中，日本海军之所以会频出"一个拳头打两个敌人"和"分散削弱主要方向力量配置"这样的"昏招"，是因为他们在进行战略任务规划设计时，盲目过高地估计了自身所占的优势，在战略目标的合理定位上出了问题。

在战争和现代社会生活中，目标设定的高低取决于力量所能到达的边界，"有多少干粮走多少路"已成为不争的铁律。在总体环境与条件既定的情况下，预定目标与实施手段之间的组合决定了计划实施的成效。一般认为，战略取得成功需要以目标与手段之间达成平衡为前提。利德尔·哈特就曾指出，"战略的成功主要取决于目标和手段之间的合理估计与协调"。

对于个人而言，我们每个人都希望能够获得辉煌的业绩和成功的人生，在媒体报端"年轻之时立下鸿鹄之志的天才""出身名校志存高远的学霸"屡见不鲜，但是在身边我们看到更多的则是"初入职场遭受挫折的毕业生"和"起步之初就折戟沉沙的创业者"。虽然这些情况事出有因，甚至是"情有可原"，但是"设定的目标脱离自身实际"是其中非常重要的一个原因。我们常说"路选对了我们就不怕它遥远"，但是别忘了，还有一句叫"路选错了我们走多远都走不到"。

这，就是"合理目标"的作用！

启示二：锲而不舍地从绝望中找希望

在中途岛战役中，美军航空兵在战役中前期遭受了重大损失，飞机损失数量超过 120 架，其中鱼雷轰炸机损失非常严重，但是作为战役指挥者的尼米兹并没有过多地干预，前线指挥员弗莱彻和斯普鲁恩斯也没有动摇退缩，麦克拉斯基、加莱赫和百斯特等战地指挥官更是连续出击、百折不挠。在这样锲而不舍的"将士齐心用命"之下，才"从绝望中找到了希望"，实现了战场形势逆转，创造了"不可思议的奇迹"。

在战争中，当战事出现胶着，损失不断出现，伤亡持续增加，前景愈加晦暗不明时，指挥员的决心意志是否坚定，锲而不舍的进取意识是否强烈，都将成为左右战役进程，甚至是决定最终结局的关键因素。如果把战役全局视作"一碗水"的话，那么指挥员的意志也许就是"一滴水"，在关键的时刻，"一滴水"可以使"一碗水"溢出来！

对我们个人而言，无论外界环境优劣，不管运气好坏，都不抛弃、不放弃，不为逆境"所困",也不为顺境"所惑",按照自己预先的计划,稳扎稳打、步步为营。每天前进一点,到来年的这个时候再回过头来看,你就会发现你已经走出了很远的距离。其实,真正的人生不就是让你感到绝望的同时,又透过一条缝隙让你看到点希望吗?

还是美国总统林肯那句话说得好:"我走得慢,但我绝不后退。"

启示三:在大好形势面前保持清醒头脑

中途岛战役是在太平洋战争爆发初期日本海军连战连捷的背景下发生的,被空前胜利冲昏头脑的日本海军,不仅豪言"英美算老几",还患上了"不可思议的胜利传染病"(美国战史学家约翰·伦德斯特罗姆)。在战略规划、兵力配置、作战阶段划分、侦察保障等方面都犯下了"无比低级"的错误。总结起来"原因千条万条,轻敌第一条"。

轻敌,是战争中的大忌,但在古今中外的战史上却屡见不鲜,赤壁之战的曹操、希波战争中的大流士、远征俄罗斯的拿破仑和希特勒等,战前都以为自己有必胜的把握,最后却惨败而归。究其根本原因,还是因为人是一种感情动物,容易受情绪的影响和左右,也只有人才能犯下这种事后无法解释的错误。

启示四:要善于从胜利中找隐患找问题

1942年4月5日至9日,在印度洋上的"锡兰海战"(美国称之为"印度洋空袭")中,中途岛战役的主要场景就已经"完全按剧本彩排"了一遍。事后,虽然小泽治三郎注意到更换兵装所需的时间和航母面临的空中威胁,但在军令部和联合舰队的高层中,没有任何人对此给予高度重视。就这样带着问题和隐患来到了中途岛,又"按照剧本再犯一次错误",最终招致全军覆没。

有句俗语叫"祸兮福所倚,福兮祸所伏"。意思是说福与祸并不是绝对的,它们相互依存,可以互相转化。比喻坏事可以引出好的结果,好事也可以引出坏的结果。在事物发展过程中,矛盾对立双方不是一成不变的,相反的东西具有着同一性,在一定条件下是可能发生相互转化的,成语"相反相成"

说的就是这个意思。

20世纪90年代初，美国军队在取得了海湾战争胜利之后，在《海湾战争——美国国防部致国会的最后报告》中，对战场成功和军事优势"轻描淡写""一笔带过"，但说到问题与症结，却挖掘很深、概括很精、升华很高。在战绩如此明显的情况下依然具有如此强烈的问题意识，对寻找缺憾如此敏锐，对查找问题锲而不舍，恰恰表明他们在力图保持清醒，在力求未来胜利。

就在不久前的2018年12月18日，俄罗斯国防部召开扩大会议，国防部长绍伊古在向普京的报告中，也像美国人那样，没有对叙利亚作战和"东方-2018"演习中的成功经验进行挖掘、概括、升华，而是对面临的问题、威胁、隐患进行了不遗余力地突出和强调。

我们常说所谓的格局，其实就是追求目标的高度、眼界的广度、思维的深度，以及自身所体现的从容大度。我个人认为，要想改变自己的格局，就要带上一双不可或缺的"慧眼"，而"慧眼"中最重要的就是强烈的问题意识和由此派生出的进取意识。人生的格局并非一成不变，但只有在成绩面前自觉、清醒地走出改变的第一步，才有可能迎来水到渠成的第二步，进而实现思想格局的升华和人生的成功。

启示五：要辩证分析评估，真正"知己知彼"

在中途岛战役中，美日双方的作战平台数量是基本持平的，日本海军在舰载机组织指挥与作战技能方面占有着明显的优势。例如，第一波中途岛攻击机机群108架战机起飞时间用时7分钟、完成空中机群编组用时15分钟，而美海军同样规模的机群完成时间至少为1小时；在攻击效率方面小林道雄9架舰爆机中7架突防成功，7架飞机命中"约克城"3弹，友永丈市10架舰攻机命中"约克城"2雷，这是非常惊人的；"零战"的优势更为恐怖，由"大黄蜂"号起飞的VT-8中队几乎全军覆灭，15架鱼雷机在突防和攻击中被击落了14架。那么为什么南云机动部队在拥有十分明显的优势下只发动了两次成功的航母攻击行动（还是由"飞龙"号单独完成的）？为什么"赤城"号被直接命中1枚航弹就彻底丧失战斗力？为什么4艘航空母舰使用自身防空火力仅击落1架美机？

这些问题确实令人费解，但是正如现代战争已经证明了的那样，决定作战体系整体效能底线的不是"长板"而是"短板"。如同"冰山露出海面仅仅只有一角"那样，日本海军的短板和弱项是客观存在的，在战前装备建设发展中已经埋下了"失败的种子"，只不过在战争初期，由于作战对手相对较弱以及战斗持续时间和强度的有限而没有得到直观充分的反映。例如，在对空预警方面美海军舰艇已装备并熟练使用雷达，可为编队提供至少10—15分钟的预警时间，而日海军该能力为零，仅仅依靠目力观察和哨舰前出警戒；在舰艇损害管制控制方面，美海军已经能熟练使用二氧化碳气体对航空燃油管路进行预先保护，并且实现损管训练技能普及化，而日海军在损管控制装备和人员技能方面存在着严重缺陷；在舰艇防空火力方面，美海军已经初步构建起早期指挥控制系统，火力密度和自动化程度比较高，而日军在火力密度方面差距很大，同时火力控制方案不仅效率低，而且生成时间太长，基本不具备快速反应能力。

我们常说，在作战筹划、指挥、决策各个环节要做到"心中有数"，那么什么是"数"呢？"数"是度量，是评估，是对敌我双方力量以及综合形势的判断，是实现"知己知彼"目标的具体化手段，是筹划决策——"庙算"的重要依据。但在实践中，常常会受到一些非理性意识的干扰，只看到自身优势的"放大效应"，而忽视了问题短板的"衰减效应"；只看到了自身优势的"攻击破坏性"，而忽视了问题短板的"防御脆弱性"；只看到了自身优势的"几何叠加"，而忽视了问题短板的"一触即溃"。被"表面的浮华"迷失了双眼，失去了客观的心态和眼光，在"激情亢奋"中浑然不觉地陷入了"不知彼，不知己，每战必殆"的危险境地。

我们每个人都有自己的优点，甚至是非常突出的、"独一无二"的特长，但是也存在着若隐若现的、"不愿意发现和承认"的缺点。在特定的社会活动和环境下，优点特长可能会被"削弱"，缺点则可能会被"放大"，"乐观的心理预期"可能严重受挫甚至"根本无法实现"。在这时，"是故智者之虑，必杂于利害。杂于利，而务可信也；杂于害，而患可解也"（《孙子兵法·九变篇》）的作用就显现了出来。在"虚幻的浮华"面前，"底线思维"与"辩证评估"不啻为一面"知彼知己的明镜"和一剂"催人警醒的良方"。

09 天火焚魔
李梅与对日战略轰炸

> 柯蒂斯·李梅

对美国空军来说，柯蒂斯·李梅上将（Curtis LeMay）作为军人尚武精神的象征，他对美国战略空军建设所做的贡献，相当于哈尔西之对于美国海军，巴顿之对于美国陆军。李梅是美国陆军（美国空军战后才独立，战时还叫作"陆军航空队"）在二战期间晋升最快的军官之一，1940年是中尉，1943年9月就晋升为准将，只用了3年半的时间。6个月以后，37岁的李梅成为美国陆军历史上最年轻的少将。战后41岁是最年轻的中将，1951年又成为整个美军历史上第二年轻的上将，时年45岁。（美军历史上最年轻的上将是内战时期北军总司令44岁的格兰特）。

李梅在二战结束的时候仅仅是少将，但是他指挥整个B-29轰炸机部队对日本进行战略轰炸，火烧东京，核击日本，使得他比很多上将军官更著名。战后他主持过柏林空运，长期掌管美国战略空军，并最终晋升到空军总参谋长。李梅是战略轰炸的坚定信奉者,即使不熟悉李梅的人,大多数也听说过他的那句名言:"把他们炸回到石器时代。"

一、从俄亥俄到欧洲战场

李梅1906年生于俄亥俄州哥伦布市,家里可以说赤贫,父亲是个铁路工人,而且生性从不喜欢在一个地方长待,从俄亥俄迁移到密西根,再搬家到西海岸的加州,最后再搬回俄亥俄。这样不停地折腾,自然积攒不起什么家当。

李梅幼年的时候,正好也是人类航空的起步阶段,据他自己说,最早对航空产生向往是5岁的时候,他在后院玩,看见天空飞过一架飞机,那是他看到的最早的一架飞机,于是在地上追着飞机跑。莱特兄弟发明飞机是在1903年,他俩就是俄亥俄州人,住在代顿市,离哥伦布市仅100千米。莱特兄弟在代顿市,制造飞机,并开设一个飞行训练学校。莱特兄弟的第一批学生不到10个人,其中有一个叫阿诺德,就是后来二战中的美国陆军航空队总司令,五星上将。李梅当时还小,那时候整个俄亥俄州只有莱特兄弟学校一个地方会有飞机,而代顿和哥伦布两个地方又那么近。如果李梅的回忆没错,他5岁时看到的,的确是一架飞机而不是鸟的话,那架飞机颇有些可能就是莱特兄弟之一,甚至可能是李梅未来的上司阿诺德驾驶的。

李梅不是西点毕业生,也没有上过利文沃斯堡指挥与参谋学校。1924年16岁的时候,李梅上了俄亥俄州立大学工程专业。他家里穷,学费完全要靠自己打工挣出来,每周6天从下午5点打工到次日凌晨3点,睡上4个小时,

> 莱特兄弟

> 被誉为"空中堡垒"的B-17轰炸机

白天再去上课。靠打工挣的钱，李梅生活得还不错，甚至跟同学凑钱买了一辆当时还很稀罕的旧汽车。那辆车已经不能开了，但是难不倒学工程的李梅。修修补补鼓捣一番之后，那辆车后来又开了很多年。李梅在大学里加入美国陆军后备役军官训练团 ROTC。美国大学里的 ROTC 是真正的军事训练，还要定期集训的。李梅从 ROTC 报名参加陆军航空队训练，暂时中断学业，去加州 March Field 学习飞行。1928 年成为少尉军官，分配到密西根州的第 1 驱逐机大队第 27 中队当战斗机飞行员。1931 年他回到大学完成最后一学期的课程，拿到学位。1935 年李梅晋升中尉，并申请改行调到轰炸机部队，他当时已经看出苗头，轰炸机才是航空队里最有前途的兵种，因为它是进攻武器，而战斗机是防御武器。

战前的李梅在轰炸机部队里很有名，被公认是最好的导航军官之一，曾参加过多次试验性的长程海上会合，攻击演练，比较著名的一次是跟海军合练，陆军航空队想证明轰炸机编队可以在没有地标的茫茫大海上，仅凭经纬度找到敌方军舰。海军作战部故意拆台，给航空队提供错误的坐标，而导航军官李梅居然领着轰炸机编队在加州外海找到了演习目标，"犹他"号战列舰。1937 年美国陆军航空队开始装备四引擎战略轰炸机 B-17 空中堡垒，1938 年阿诺德出任陆航司令，到 1939 年欧洲战争爆发前后，陆航已经大规模装备了 B-17。1940 年 3 月李梅晋升上尉。和平时期军官晋升缓慢，人人如此，李梅从少尉到上尉花了 12 年，而此后的 3 年半时间里，他将晋升到将军。

李梅于 1941 年 3 月从第 49 轰炸机大队的助理作战参谋，调到 34 大队任中队长，两个月以后又当大队的主任作战参谋，1942 年 3 月晋升少校。这份战前履历，丝毫看不出李梅会在日后的战争中成为明星的迹象，反而有几处明显的先天不足：首先他没上过西点军校，也没有经过利文沃斯堡的高级指挥参谋培训，是从大学后备役军官训练团转正的半路出家者；其次可能是因为李梅作为导航专家的名声在外，一直担任参谋军官，只当过两个月的中队长；第三，李梅不是阿诺德参谋部小圈子里的人物。第三点相当重要：二战期间，美国陆军航空队和整个陆军一样，可以说都有一点"任人唯亲"的作风。陆军里是参谋长马歇尔，他所重用的艾森豪威尔、布莱德雷、巴顿等人，都是战前跟马歇尔共过事的好友。陆航的阿诺德也是一样，在阿诺德身边当过参谋的军官，后来的晋升都特别快。不过无论马歇尔还是阿诺德，他们都是有眼光的人，从来没有因为任人唯亲而让无能之辈占据要职。私交方面，李梅完全没有优势，直到他在欧洲战场青云直上以后，一共只和阿诺德单独见过三次面。李梅之所以获得阿诺德的青睐，完全是在欧洲战场实干的结果。

1941 年和 1942 年初是美国陆军大规模扩军的时期，很多部队都只有番号和人，却没有来得及配备武器，1941 年李梅所在的轰炸机第三十四大队，只有 4 架 B-17。这年李梅还秘密地去加拿大，将美国刚刚生产还没来得及装备军队的另一型四引擎战略轰炸机，B-24 解放者式，飞赴英国交给英国人与德国作战。1942 年 1 月，李梅晋升中校，去犹他州第二航空队担任新成立的 306 轰炸机大队副大队长，这个大队也是只有 4 架 B-17。仅过了 5 个月，他又升为加州的第 305 大队大队长。这是李梅第一个高级指挥职务，可是他手下 4 个轰炸机中队应该有 35 架 B-17，却还是只有 4 架。李梅就让这 4 架飞机不停地飞，轮流训练手下那些新兵。原来他们都以为自己会被派去太平洋战场，可是大队的飞机补齐之后，305 大队受命转场东海岸的马里兰州。1942 年 10 月 23 日，全大队飞越大西洋，进驻英国 Prestwick 基地，加入第 8 航空队序列。

美国空军第 8 航空队，是二战期间美军最强大的航空队，1942 年 1 月在佐治亚州海边的萨凡纳正式成军（至今在萨凡纳还有第八航空队纪念博物馆），很快派往英国，它的主要作战力量是伊拉·埃克尔准将的第 8 轰炸机司令部，和弗兰克·亨特准将的第 8 战斗机司令部。第 8 航空队名义上的司令是斯帕茨少将，但是斯帕茨少将同时还有好几顶帽子，包括欧洲所有美国陆航部队的总司令，后来又去北非任 12 航空队司令，去意大利担任十五航空队司令，所以直到 1944 年 1 月之前，第 8 航空队实际上是埃克尔将军在指挥。

> 正在对德国实施战略轰炸的 B-17 机群

百战归来：名将与成名战

1942年第8航空队的力量还很单薄，而且作战经验不足，一切都在摸索阶段，作战区域也仅限于西欧的德国占领区，达不到德国本土。7月4日，第15轻型轰炸机大队的6架美军轰炸机和皇家空军的6架轰炸机一起，进行了第8航空队的第一次出击，目标是荷兰的德国机场，美国飞机被击落两架。这次行动的象征意义远大于军事意义。8月17日，97大队的12架B-17进行了空中堡垒对德军的首次出击，目标是法国境内的火车调车场，埃克尔将军亲自升空，而飞领航机的，是蒂贝茨少校，就是后来在广岛扔下原子弹的指挥官。这次行动取得了成功。

10月底李梅的305大队加入第8航空队的时候，第8轰炸机司令部总共有5个轰炸机大队，李梅在第8航空队里面很快就以战术革新家而闻名。后来许多行之有效的轰炸机编队和战术，都是在那个阶段由第8航空队从实践中摸索出来的，发明权不能归于某一个人，但其中李梅起了决定性的作用。1942年11月23日，第305、306、91三个大队轰炸法国圣纳泽尔港的德军潜艇基地，李梅飞领头的第一架轰炸机，305大队起飞20架B-17，16架到达目标上空投弹，没有一架飞机被击落，306大队起飞8架到达4架，91大队出动10架到达5架，被击落5架。这次出击，李梅下令不准B-17做出机动动作规避高射炮和敌机，而他的大队战损率却是最小的，这证明B-17确实有能力独自对付德军战斗机和忍受地面炮火，后来，"不规避"成了美军战略轰炸机编队的标准战术。到1942年年底，李梅的305大队总共出击6次，他本人带队2次，总共只损失了2架空中堡垒。

1943年1月27日，第八航空队首次出动64架轰炸机轰炸德国本土。1942年底到1943年初，北非战事越来越重要，第8航空队得到的新飞机渐少，其司令官斯帕茨也调到北非指挥第12航空队，第8轰炸机司令部司令埃克尔少将正式升任第8航空队司令，安德森将军接掌第8轰炸机司令部。埃克尔将军在整个1942年都因为坚持美军的"白日精确轰炸"思想，跟皇家空军的"夜间面积轰炸"派争论，他在战役思想方面的贡献很大。而在战术层面上，李梅战术改革家的名声越来越响，那段时间他的办公桌上摆满了飞机模型，只要作战形势允许，李梅就在办公室里着魔似的摆弄不同的作战队形，B-17机群由4机编队到6机9机编队，最后发展到12机"箱形"密集编队，集中的自卫火力越来越强，不依靠战斗机护航的情况下，对付来袭的德军战斗机也越来越有效，李梅的手下常常是尝试新编队的第一支部队。

李梅就是这段时间开始出名的：1943年5月18日，李梅中校升任新成立的第102轰炸机联队司令，6月中旬又调任第4轰炸机联队司令，这次晋升非常关键，因为第4联队司令部已经内定要扩编为第3轰炸机师。其实第3轰炸机师原定的师长不是李梅，而是内森·佛雷斯特准将，但是佛雷斯特刚到英国就在带队执行第一次出击任务的时候阵亡了。

> 对德国实施昼间轰炸的B-17机群

> 一架被德军高射炮直接命中的B-17G轰炸机

李梅上校就任第3轰炸机师师长的时候，第8轰炸机司令部整编成2个轰炸机师，第一师师长是威廉姆斯准将，（第二轰炸机师要到1944年1月才正式成立），统归第8轰炸机司令部安德森将军指挥。第1师和第3师的竞争关系就相当明显。与第8轰炸机司令部平行的第8战斗机司令部，司令由亨特准将换成了Kepner少将。

李梅在欧洲战场期间，第8航空队最重大的空中战役，是轰炸德国施魏因富特—累根斯堡的行动。随着北非作战结束，第8航空队的实力也逐渐增强，作战规模越来越大，但付出的代价也越来越大。1943年7月25日，第8航空队搞了一个"闪电周"，一连7天6次大规模出动，到30日为止，总共损失100架空中堡垒和1000名机组成员，第8航空队轰炸机司令安德森将军明确命令李梅不得亲自升空参战，他要李梅集中精力准备拟议中8月份最大的一次空中行动：第8航空队的两个轰炸机师将倾巢出动，与意大利战场斯帕茨将军第15航空队的B-24轰炸机群配合，进行穿梭轰炸（斯帕茨在北非作战结束以后又调到意大利担任十五航空队司令）。届时，15航空队出动轰炸奥地利诺依施塔特的Fw-190战斗机工厂，第8航空队轰炸累根斯堡的Bf-109战斗机工厂，然后双方飞到对方基地降落，补充油料弹药，回程再次轰炸德国目标。结果到预定的时间，英国天气状况不佳，第8航空队的行动被迫延误，第15航空队独自轰炸了诺依施塔特。于是埃克尔将军又把计划改为第8航空队用李梅的第3师轰炸累根斯堡Bf-109战斗机工厂，威廉姆斯的第1师轰炸施魏因富特的滚珠轴承厂，这仍是当时规模最大的轰炸行动。

1943年8月17日，李梅乘坐先头第96大队的导航机第一个出发，跟在他后面的是3师的3个轰炸机联队，总共146架空中堡垒成功起飞。本来计划1个小时以后1师起飞230架B-17，但是天气转坏，1师出动被延误，3师的机群在空中盘旋了1个小时之久，但李梅故意关掉座机上的无线电，他求战心切，怕上级命令机群返回，所以装聋作哑。1个小时以后机群的油料可能不够飞到目的地，因此3师不等1师就首先出发了。1师又耽误了3个小时才出动，这样，先头轰炸机群惊动了德军战斗机，不但让德军预光有准备，而且可以各个击破，越是后面的美军轰炸机，所受的攻击也就越猛烈。李梅所在的先头部队飞越海峡之后17分钟，在比利时上空开始遭到德军Fw-190战斗机群拦截，德军利用想得出来的一切手段从各个方向攻击美军编队，不但用上了空对空火箭，而且用炸弹从高空向B-17机群投掷，利用近炸弹片杀伤美军飞机。先头第96大队的损失不大，但是殿后的第一百大队，几乎以为自己要被全歼了。总共15架B-17被德军击落，其他飞机大多带伤，加上其他原因坠毁的飞机，李梅的第3师146架空中堡垒，损失24架，但是他们顺利地将303吨炸弹投到目标，然后经过意大利上空，飞到北非降落。另一路，第1师的230架B-17，损失了36架。这次行动总损失60架飞机，这个损失率之高，是骇人听闻的。第8航空队司令埃克尔将军亲自驾机飞来北非了解情况，看到平安降落的大部分飞机也受到不同程度的损伤，当地零配件不足，无法全部修复，但是李梅的战意依旧旺盛，他坚持按照原计划，带领还能出动的57架飞机编队经法国上空，再次轰炸德军，然后返回英国基地。其他损伤严重的飞机在北非修复，然后单独飞回英国归队。大致上，这次施魏因富特—累根斯堡作战虽然达成了作战目的，但是代价极为惨重，战役以后一周，第8航空队还能正常出动的飞机只占原先实力的一半。这样的战损率，是美军承受不起的。

1943年9月6日，第8航空队又出动到338架B-17轰炸斯图加特，这些飞机大部分刚从美国本土到达，机组经验不足，结果又损失了45架，而且没对轰炸目标造成任何值得一提的伤害。再过一天，出动185架B-17轰炸法国和比利时境内的目标，这一次有P47雷霆式战斗机全程护航，结果没有一架损失。这充分证明美军目前的问题不在轰炸战术本身，而在于迫切需要有一种能伴随轰炸机群深入德国境内的、航程足够远的战斗机。9月28日，已经当了两个月师长的李梅上校晋升准将。10月14日，291架B-17再次出动轰炸施魏因富特，这次又损失60架飞机，其中1师的149架飞机被击落45架，李梅3师的142架飞机只掉了15架。

1944年1月到2月，美国陆军航空队在欧洲的指挥机构大调整：艾森豪威尔出任战区最高司令以后，提出希望把自己在地中海战区的指挥班子带去，

> 穿过密集防空火炮的B-17编队

> 时年37岁的李梅，美国陆军历史上最年轻的两星将军

而很可能因为在 1943 年的高昂损失使得阿诺德对第 8 航空队司令埃克尔的信心有所动摇，所以阿诺德同意了艾森豪威尔的建议。因此，原第 8 航空队司令部，升格为战略空军总司令部，统一指挥驻英国的第 8 和意大利的第 15 航空队，斯帕茨中将出任总司令。原来的第 8 轰炸机司令部升格为新的第八航空队司令部，由原先意大利的 15 航空队司令，当年首次轰炸东京的英雄杜利特尔少将任新第 8 航空队司令，杜利特尔原先的 15 航空队司令一职，由从南太平洋 13 航空队调来的内森·特文宁少将接任。原第八航空队司令埃克尔中将，转任地中海战场空军司令，统一指挥美国陆航的第 12 航空队和英国沙漠空军、巴尔干空军（后来还包括 15 航空队）。李梅也在 3 月 3 日晋升少将，仍然指挥第 8 航空队的两个主力轰炸机师之一。现在李梅只有 37 岁，是美国陆军历史上最年轻的两星将军。他的第 3 师已经壮大到 4 个 B-17 联队 15 个大队，不过他在欧洲战场的日子也到头了。李梅的新职务虽然没有那么多部队，但却将指挥一个独立的战略方向。

从中国出击

太平洋战场幅员广阔，日本帝国的核心部分与最近的美国空军基地之间，远隔数千英里的距离，虽然 1942 年美军曾经以航空母舰"大黄蜂"号搭载陆航的 B-25 中型轰炸机奇袭东京，但那毕竟只是偶尔骚扰，只有重型战略轰炸机的持续攻击，才能对日本本土造成实质性伤害。但是当时美国陆军航空队的武库中，没有一种轰炸机的航程足够远，无论 B-17 空中堡垒还是 B-24 解放者，都无法飞越中国大陆或浩瀚的中太平洋来打击日本列岛。但是，阿诺德手中已经有了一件秘密武器，航程更远、载弹量更大的 B-29 超级空中堡垒。这是像阿诺德这样的战略轰炸理论信徒梦寐以求的终极武器。

1944 年 4 月，美国陆军航空队专门成立第 20 航空队，指挥全球所有的 B-29 轰炸机单位，阿诺德以陆航总司令之尊，亲自兼任 20 航空队司令，保证不让任何战区司令官挪用这支力量作战术支援。B-29 是阿诺德心爱的玩具，绝对不许别人染指。欧洲的战事用 B-17 已经够了，B-29 将专门用来对付日本人。计划当中，20 航空队的 B-29 将从两个方向轰炸日本：东面从中太平洋的岛

> "超级空中堡垒"B-29 重型轰炸机　　　　> 从中国机场起飞的 B-29 重型轰炸机

屿基地出发，西面则从中国大西南的机场出发。指挥东路的是第 21 轰炸机司令部，指挥从中国出击的，是第 20 轰炸机司令部。在 1944 年大部分时间里，美军在中太平洋还没有占领足够近的岛屿基地让 B-29 出击。于是，中国成了首先大规模轰炸日本本土的唯一选择。这，就是"马特霍恩"计划。

B-29 当时生产数量既少，质量也还不过关，阿诺德的第 20 航空队在 1944 年成立的时候，基本是个架子部队，只有驻印度的第 20 轰炸机司令部，首任司令是沃尔夫准将，主要基地在加尔各答附近，作战部队只有一个第 58 联队，联队长桑德斯准将，包括第 40、462、444、468 四个大队。6 月 4 日，B-29 第一次出击，从印度出发轰炸泰国曼谷，98 架 B-29 起飞，14 架因机械故障返航，1 架坠毁，77 架成功投弹，回程又坠毁了 4 架，日本只有 9 架战斗机升空抵抗，没有能击落美军飞机。事实证明，B-29 最主要的威胁来自自身不稳定的质量，日军的空防根本不能构成威胁。6 月份，B-29 从中国成都附近专门新建的特长跑道起飞，首次空袭日本本土的钢铁厂。这些跑道是动员了四川成千上万老百姓，在缺乏现代机械的情况下，用人力碾出来的。这次袭击由联队长桑德斯准将亲自带队，出动 75 架飞机，损失了 7 架 B-29，但投弹的成果，几乎可以忽略不计。阿诺德心急如焚，早在 B-29 研制生产阶段，阿诺德就因为不断催促而发了心脏病。战斗开始以后令人失望的成果，让阿诺德失去耐心。6 月份诺曼底登陆后不久，阿诺德特地挑选心目中最有能力的轰炸机指挥官李梅离开欧洲，指挥"马特霍恩"行动。

李梅整个 7 月份在美国听取情况汇报，同时自己也在学习驾驶这种新型飞机，8月29日到任。心急的阿诺德早在7月4日已经撤了沃尔夫第20轰炸机指挥部司令的职务，让58联队长桑德斯暂代。李梅到达印度的时候，第20轰炸机司令部共有8个大队，4个大队B-29组成第58联队，是他的打击力量，另外4个大队是由B-24轰炸机改装成的C109运输机，专门负责把油料从印度运到中国。当时中国是个贫油国，即便玉门油田有一些石油，也没有能力提炼高品质的航空燃料，B-29出击所需的所有燃料都必须从印度运去，而偏偏这些B-29都是吃油老虎。这是"马特霍恩"行动最主要的客观条件限制。

李梅到任以后全面评估了形势，并向阿诺德坦率地报告了自己的意见。整个从中国出击轰炸日本的"马特霍恩"行动面临三个障碍，一是飞行员缺乏训练，士气不高，这李梅自己可以解决，实际上这就是阿诺德把他从欧洲调来的原因。李梅一到就开设导航学校、轰炸学校，拿出自己标志性的魔鬼训练，直到把机组人员都训练到将日常训练作为苦事、把战斗出动当作休息的程度。第二个问题是B-29的故障率太高，很少被日军击落，却大部分都是自己往下掉，B-29初期型号质量不过关，引擎常常空中熄火，要么自己着火。这种问题，李梅自己解决不了，只能催促研究和生产部门改进设计和制造工艺，期待慢慢地情况会好转。第三个问题是中国的油料供应。所有的航空燃料必须从印度飞越喜马拉雅山运到成都，所以李梅的主要基地必须留在印度，成都只能作为前进作战基地。李梅不仅让运输机运油，而且发动所有B-29轰炸机也飞越驼峰运油。整个联队飞越7次驼峰航线，才能攒够一次出击日本所需要的燃料。后勤问题是绝杀无解的死结，就算假以时日也不可能缓解。因此，李梅从一开始就明白，从中国出击轰炸日本，是没有其他办法攻击日本之时的权宜之计，一旦美军在中太平洋占领足够近的岛屿，B-29的作战就要移到东路去。这一点上，中国战区第14航空队的陈纳德倒是跟李梅意见一致。陈纳德有他自己的考虑：李梅只向阿诺德本人负责，既不属于蒋介石和魏德迈的中国战区，也不属于蒙巴顿的东南亚战区。驼峰航线补给中国战区的能力本来有限，陈纳德也不愿意李梅这支"外来户"部队来加重后勤负担。所以李梅和陈纳德的默契，就是一旦情况许可，第20轰炸机司令部将从中国战场撤出。

但是至少1944年下半年，还不存在李梅撤出的问题。他必须尽油料许可的限度，从四川出发打击日本大后方的战略目标。

1944 年 9 月 8 日，李梅首次从成都出击，目标是中国东北的鞍山昭和钢厂，这是日本人建立的主要钢铁供应基地，也是今天鞍钢的前身。这是 B-29 第二次轰炸鞍钢。李梅征得阿诺德批准，亲自带领 114 架 B-29 组成的机群出击。英国空军和美国陆航都有很多将领喜欢亲自升空带队作战，最初军方对此没有什么限制，结果在不列颠之战和以后的英德空战中，英国皇家空军为此牺牲了不少高级军官，后来这个教训被吸取，美军和英军都明文规定，一般情况下禁止将领亲自升空作战，除非当事人能够向上级提出明确的理由并获得批准。本来阿诺德也明确禁止李梅上天，但李梅申辩，这是他第一次与日本人作战，他想亲自观察日本战斗机的战术和地面炮火的有效性，跟德军的战术对比，获得第一手经验来制定未来的战术。这对将来作战是绝对必要的。阿诺德批准了他的请求。

9 月 8 日从成都出发的 115 架 B-29 当中，7 架未能起飞，还有几架中途掉队，95 架到达鞍山投下 200 吨炸弹，只有 4 架被日军战斗机或高炮击落。李梅亲自驾驶第一架飞机，他发现日军战斗机的作战技巧大大逊色于德国同行，没有多少对付 B-29 的办法。日军战斗机中队事先已经抢占了截击的有利位置，但是错误估计了 B-29 编队的速度，结果第一次出击一下子冲过了头，等兜一圈再回来的时候，又赶不上 B-29 了。而且日军习惯在 1.7 万千英尺左右高度作战，在 B-29 的 2.5 万英尺高空基本追不上美国飞机。9 月 26 日李梅再次出动轰炸鞍山，73 架飞机投弹，自身毫无损失，但也没有对目标造成什么伤害。日军飞机只有两种方式能够对 B-29 构成威胁：一是凭借飞行员的个人勇敢去

> B-29 轰炸机从四川成都机场起飞

> 一架川崎 Ki-45 "屠龙" 改双发重型战斗机撞向 B-29 "超级空中堡垒"

撞击美军飞机，二是主动攻击四川的空军基地。

还在李梅上任之前，8月20日美军轰炸日本 Yawada 钢铁厂，日军飞机第一次撞击 B-29，一架美军 B-29 被日军飞机撞得空中解体，散落的残骸又打下了另一架 B-29。至于基地的危险，9月28日（第三次袭击鞍钢以后的两天）日军轰炸成都机场。美军战斗机对机场的保护只在白天有效，夜间战斗能力不足。这一点后来很快得到加强。

对日本人的能力心中有数之后，李梅把随后一个多月的时间花在严格训练上。10月14日，为配合海军哈尔西第3舰队扫荡东南亚的日军航空力量，李梅对日军基地和飞机制造厂的轰炸，取得很大成功。10月底到11月中，李梅数次大规模出击日本冈山县（Okayama）和九州大村（Omura）的飞机制造厂，另外还在11月5日轰炸仰光和新加坡的港口，12月初轰炸沈阳。在沈阳行动中，日军战斗机飞行员3次奋不顾身地用自己的飞机撞击 B-29，3次日本战斗机都坠毁，两架 B-29 被击落，但是第三架被撞的 B-29 安全飞回了基地。以上是李梅在中国期间所进行的主要轰炸作战，总体来说，对中国东北、中国台湾和东南亚目标的轰炸收到一定效果，但是对日本本土的轰炸效果几乎可以忽略不计。除了远程导航困难以外，日本列岛上空经常覆盖很厚的云层，而且 B-29 所飞行的高度，是当时人们还没有认识到的平流层，强劲的高空气流和云层一起，使得精确瞄准轰炸根本不可能。

1944年11月，随着美国海空军占领塞班、提尼安和关岛，并把那里的机场跑道扩建得可以起降 B-29 轰炸机，阿诺德终于拥有了后勤保障可靠，又可以打击日本列岛的基地。从这里起飞轰炸日本，可以依赖美国海军源源不断地跨越太平洋输送燃料和弹药，比从四川出发的基地作战效率高得多。按照预先同意的方案，第二十轰炸机司令部从中国出发袭击日本的使命，已经完成了，1945年1月美军正式命令第20轰炸机司令部的作战部队撤出中国，回到印度的主要基地。李梅本人则另有大用：阿诺德把他调到太平洋接手指挥第21轰炸机司令部，主持轰炸日本的全盘作战。来第20轰炸机司令部接替李梅的，是 Roger Ramey 准将，这个司令部从阿诺德亲领的第20航空队，划归蒙巴顿的东南亚战区指挥，作战目标仅限于东南亚。这里的战事，对美国陆军航空队那些满脑子战略轰炸的高级将领来讲，已经不重要了。

李梅在印度和中国指挥第20航空队的半年，有重大战果的轰炸行动很少，其意义是练兵，演练 B-29 的战术，改进并完善飞机性能，还有汉口的火攻启发了日后李梅革新作战思想。现在，李梅可以从太平洋上的基地出发，大干一番了。

> 执行空袭汉口任务的 B-29 轰炸机群

日本火地狱

在李梅调来太平洋之前，20 航空队的第 21 轰炸机司令部已经进驻提尼安岛，司令是阿诺德的参谋部宠臣汉塞尔准将。最初 21 司令部只有一个奥唐纳准将的第 73 联队，下辖 4 个 B-29 大队，因此汉塞尔将军直接指挥各大队。（奥唐纳也是阿诺德参谋部出来的人，后来在朝鲜战争中指挥远东轰炸机司令部）1944 年 11 月 24 日，联队长奥唐纳率领 111 架 B-29 从塞班岛起飞，首次袭击东京，有 17 架 B-29 因故障中途返航，6 架因各种原因无法投弹，1 架在海上迫降，1 架被日本飞机撞毁。但是战果非常小。27 日再袭东京又无战果。日军从硫磺岛起飞反过来两次袭击美军 B-29 基地，两次总共击毁 4 架 B-29，重伤 6 架，轻伤 22 架。此后美军开始重视，一举摧毁了硫磺岛上的日本航空战斗力。在 1945 年李梅到任之前，汉塞尔多次出击中，只有两次比较成功：一次是 12 月 13 日 71 架 B-29 空袭名古屋的三菱飞机制造厂，损失 4 架受伤 31 架，另一次是 1945 年 1 月 9 日 62 架飞机轰炸神户附近的川崎飞机制造厂，没有飞机损失。除了这两次有效打击了作战目标以外，

> 1945 年 3 月 10 日，部署于提尼安岛北方机场的 B-29 轰炸机群

其他各次出击的效果可以忽略。另外，11月19日夜间和12月22日，汉塞尔还两次用过燃烧弹攻击战术，其中第一次比李梅的汉口行动还早，但两次都不成功。

第21轰炸机司令部战果很小的原因，客观地说并不在于指挥官的能力，跟从中国出击的20轰炸机司令部一样：日本上空经常云层密布，3万英尺以上的气流过强。而主观原因，则是美军指挥层始终坚持白昼精确轰炸的作战思想，而且汉塞尔每次出动的机群不够集中，尤其是两次火攻规模太小，形不成集中的成片大火。

1945年1月20日，李梅正式到任，就能力而言，他在印度和塞班岛的两位前任并不是无能之辈，很多事情即使换了李梅，也不一定能做得更好。但李梅的运气好：他到任的时候，塞班和提尼安的B-29已经扩展到了4个联队：73、313、315、316联队，而且印度的老部队58联队也正在调来。从2月份开始，313联队已经可以和73联队一起出动，其他2个联队很快可以准备就绪。来自硫磺岛日军飞机袭击的威胁也已经不复存在。B-29飞机本身的很多机械问题正在逐渐解决。李梅本人比其他空军指挥官高明的地方，在于他不是参谋部出身，能够给部队带来欧洲战场上行之有效的作战经验，而且他本人也是一个战术革新家。

在塞班和在中国两次，李梅到任都带来了他的"李梅改革"：取消每架飞机双机组制度，提高人员利用率；从每个大队撤编一个中队补充其他中队，让剩下的3个中队都至少有10架飞机；开设领航学校，让各个飞行中队的领航机组集中训练；改4机钻石型编队为欧洲战场上通行的12机箱式编队。还有他那令部下神经紧张的饱和训练日程。

与海军的哈尔西和陆军的巴顿一样，李梅所到之处也会流传一些半真半假的故事，而且越传越神。其中一个故事是说，李梅叼着他那永远不离嘴的雪茄烟去视察机场上装满油料的机群，卫兵提醒他不要抽烟，否则飞机会有起火爆炸的危险，李梅咆哮着："我看它敢？！"

但是李梅解决不了天气和高空气流的问题，只要他坚持白昼精确轰炸的作战方针，战果就不可能好起来。李梅来的头一个多月，第21轰炸机司令部16次大规模出击，没有一次战果令人满意，阿诺德催促的语气日益急躁，又

> 在塞班岛机场列队起飞的 B-29 轰炸机群　　> 执行使用燃烧弹轰炸东京任务的 B-29 轰炸机群

犯了一次心脏病。李梅感到，如果再这样下去，自己也可能被解职。必须狠狠地改变点什么。李梅在准备进行一场从战术到轰炸思想的彻底革命。

以燃烧弹火攻的计划，本身不是个新的主意，李梅本人在汉口就成功过，21 轰炸机司令部也试验过两次，尽管不成功。但李梅要大规模火烧整个日本，在当时的确是个革命性的想法，显示李梅作为一个战术革新家的能力和魄力。如果从军事角度分析，李梅战略的革命性表现在以下几点：

首先，"白昼精确轰炸" 是每个陆航战略轰炸派将领的信条，而且在欧洲战场证明行之有效。你偶尔搞一次火攻可以，那是战术问题，可是要整个航空队装上燃烧弹，搞多次夜间突击，那是离经叛道，如果结果还不成功，肯定要丢乌纱帽。变革需要魄力。

其次，李梅搞夜间火攻，是面积轰炸，不讲精确性，这就改变了参谋长联席会议给他的优先目标名单。名单上明确规定第一位的重要目标是日本的飞机制造和其他重工业企业。改变作战目标，不是李梅这个层级可以决定的。

第三，还有一个战争道德的问题：就传统而言，美国人在战争道德上有所顾忌。有几个先例可以说明：战前美国破译德国和日本密码的努力，曾经因为陆军部长史汀生一句书生气的 "绅士不拆看别人的信件" 而停顿下来。伏击山本五十六之前，海军部长诺克斯也专门向法律专家咨询 "战时刺杀敌方领袖是否合法" 的问题，得到肯定答复以后才批准行动。美军在两次世界大战期间，狙击手的培训一直得不到重视，狙击战术比苏军和德军有很大差距，这种忽视狙击的思想，跟美军认为 "战争应该怎么打" 的思想有很大关系。当然，以上的这些事，美军到底还是都做了，在一场总体战当中，"军事需要"永远是最强的逻辑，所有书生气的道德考虑都要让路。笔者举这些例子是要说明，起码美军的作战行动并非毫无限制，李梅当时必须要向上级打报告，说明大规模烧死日本平民这种做法在军事上的必要性。批准的权限既不在李梅，也不在阿诺德，而是美国最高军事当局和政府。李梅举出的理由是，日本军工生产能力依赖小型家庭作坊，不但轻工业品如此，就连重工业的零件粗加工也是分包到千万个家庭企业，然后再集中到大工厂组合。所以日本的城市平民区蕴藏着日本的工业潜力。

以上是改变战法在宏观战略思想上必须克服的障碍。在战术上，李梅也必须进行一系列配套的改进，保证火攻成功。这是李梅作为战术家的拿手好戏。

燃烧弹攻击本身不能保证目标城市燃起大火。到处扔燃烧弹，处处点火是没有用的，成功的关键，在于划定一个有限的面积，集中大批燃烧弹投放在这个狭小区域里面，让各处小火汇集成一个火焰的风暴，消耗掉风暴中心的氧气，而从风暴边缘吹进火区的空气会自动形成强劲气流，使火势蔓延。因此李梅对轰炸精确度的要求，不能降低太多。而且他要集中一切可用的飞机，装载尽可能多的燃烧弹。

为此，李梅命令B-29机群编队把轰炸高度从3.5万英尺降低到5000英尺，这样不但可以提高投弹精度，而且可以节省燃料，腾出装燃料的宝贵吨位装载燃烧弹。这是个很冒险的计划，如果在德国，李梅非常清楚在这样的高度进攻，机群会立即被德国人高低配备完善的防空火网撕成碎片。而日本人以前一直对付B-29高空轰炸，强调用大口径高炮打高空，在低空的小口径高炮火力反而薄弱。李梅赌的就是日本无法适应美军战术突然改变。为了训练飞行员低空投弹，李梅使用了他惯用的夸张训练方法：有一次他命令一个大队的B-29以"离海面50米高度"轰炸附近日军占领的岛屿作为训练，几分钟以后，下级联队指挥部发回电报"司令部上次命令电文有误，50后面少了两个零"。李梅立即回电"没错就是50米"。要知道，B-29是4引擎的庞然大物，不是轻巧的战斗机，在这个高度投弹闻所未闻。

李梅的另一项冒险，是命令所有出击的B-29拆除自卫机枪，空出装载枪炮、弹药、机枪手的吨位，多装燃烧弹。这使得整个机群没有任何自卫火力来对付日本夜间战斗机。李梅对日军战斗机飞行员的素质，尤其是夜间的战斗力嗤之以鼻，愿意冒这个险。在他看来，日本夜间战斗机对 B-29 造成的威胁，还不如其他 B-29 友机自卫机枪误击所造成的威胁大。

1945 年 2 月 24 日，李梅用常规战术进行了一次火攻试验，231 架飞机每架装载 3 吨燃烧弹和 1 枚 500 磅高爆炸弹从高空袭击东京，172 架飞机找到目标，在 1 平方英里的小区面积内扔下 453 吨燃烧弹，夷平了 2.8 万栋建筑。行动成功，而这仅是个小小的试验而已。日本的末日，已经临近。

3 月 9 日夜，李梅的大赌博开始了。他尽最大限度让每架飞机满载 6 吨燃烧弹，所有 3 个作战联队倾巢出动，戴维斯的 313 联队从提尼安，鲍尔斯的 314 联队从关岛，奥唐纳的 73 联队从塞班岛出发，而且以后一周的时间，李梅要做到每天全力出击，完全不留休息时间。李梅本人原来要亲自带队，但是他已经知道了美国的原子弹计划，任何知道原子弹计划的人都被严禁飞越日本上空，因此李梅挑选最信任的第 314 联队长鲍尔斯准将驾驶领头飞机，并在整个空袭过程中在东京上空盘旋，把观察所得向李梅汇报。

这一夜，注定是东京城命中的劫难。

324 架 B-29 超级空中堡垒组成的机群，以 2.5 万英尺高度巡航，接近目标上空突然把高度降到 5000 英尺。也是天绝日本，那个夜晚晴空万里，没有一丝云的掩护，而且风力强劲，绝对是火攻的最佳天候。空中几乎没有日本战斗机迎战，高炮火力与李梅预料的一样稀疏，不过后来渐渐增强，整个过程有 14 架飞机被击落，42 架受伤。

鲍尔斯准将的领头飞机投弹之后，盘旋上升，在东京上空观察到最后一架 B-29 投弹完毕才离开。他亲眼目睹了全过程。没有人能期待比这次更为彻底的毁灭了：所有燃烧弹都集中投掷在 16.8 平方英里的限定地区，从空中望去，起初是成千上万处小火苗，然后渐渐连成片，最后汇集成一个巨大的火炉，火风暴形成了。风暴中心炽热的上升气流如此强劲，将数千英尺高的 B-29 庞然大物垂直再抛上几千英尺，就像一叶小舟，航行在汹涌咆哮的怒海惊涛。居然有一架 B-29 被上升气流吹得翻了个儿，挣扎着转了个圈才升到高空。有的飞行员控制不住飞机，机身下沉冲进火葬堆，掠过火焰，出来的时候飞机里充满了血肉烧焦的恶臭气味，挡风玻璃上一片血雾。

空中的轰炸机群尚且如此惊心动魄，地面呢？只能用炼狱来形容。玻璃烧熔了，河流煮沸了，大火消耗掉所有的氧气，火区中心几乎没有人能够幸存，大批走投无路的日本平民跳进河里，以为水能避火，却被沸腾的河水活活煮死。大火造成的高温气体本身就可以置人于死地，地面气温有上千摄氏度，金属和玻璃被熔化，人体和很多木建筑在热空气中自发地起火。一位幸存者这样回忆："大火之风带着燃烧的颗粒火星沿街上蔓延着。我看着大人、儿童奔跑逃命，像老鼠似的四处疯狂冲撞。火焰像活物一样追赶着他们，把他们击倒，他们就在我的面前成百上千地死去。"

据李梅本人的回忆，他整晚都在司令部守候，为了这次行动，李梅赌上了成千陆航官兵的性命和自己的前程。从首批返航的机组成员的情绪来看，他知道自己成功了。李梅还在等候鲍尔斯回来报告详细情况。等他看见鲍尔斯准将一架飞机出来，李梅知道自己什么也不必问了：联队长鲍尔斯准将，一个率领成千上万官兵的将军，一个职业军人，由于过度的激动和震撼，他的身体在发抖。几天以后侦察机拍的东京地面照片送到李梅手里的时候，李梅和鲍尔斯两人对望，久久无言。

3月9日夜火烧东京，四分之一市区被完全毁灭，下町区已不复存在，日本平民死83793人，其效果远远超出了所有将领事先的估计。李梅马不停蹄连续出击，11日夷平名古屋2平方英里，13日夷平大阪8平方英里，仅损失两架飞机，16日火攻神户，300架日军战斗机起飞拦截，未能击落一架轰炸机，仅3架B-29毁于高射炮火，而神户烧毁了3平方英里。3月19日再次袭击名古屋，这次烧掉了3平方英里。一轮重拳出击下来，美军官兵士气高涨，就连轰炸机上的机枪手也强烈要求随队出击，尽管飞机上的自卫机枪已经拆除，他们无事可做，也要去日本上空亲眼看看壮观的空袭景象。3月19日以后，李梅的燃烧弹攻势暂时顿挫，因为他把所有的燃烧弹都扔完了。

经过10天连续出击，李梅终于为轰炸日本战略找到了胜利的公式。之后1个月，他不得不耐

> 火烧东京的主角——B-29轰炸机群

> 1945年3月9日晚上遭受美军燃烧弹袭击后的东京市区　　> 空投布设水雷的B-29轰炸机

心等待重建燃烧弹储备，同时以常规轰炸打发时日。从4月1日起，为配合海军的冲绳战役，李梅暂时归太平洋战区最高司令尼米兹将军指挥，于是他不得不反复轰炸冲绳的日军机场，执行这些在他来看"毫无意义"的任务，直到5月为止。另一项海军强加给李梅的任务则有意义得多：李梅用戴维斯准将的313联队向日本列岛周围海域布雷，重点在对马海峡、津轻海峡这些狭窄的交通要道。B-29的载弹量巨大，远非海军飞机可比，出动速度和频繁度又比潜艇高，3月27日，B-29总共投放了1000颗音响和磁引信水雷，每颗重1吨，整个战争期间，李梅的轰炸机总共布雷1.2万颗，水雷所击沉的日本商船，从5月起超过了潜艇击沉的吨位，4个半月里水雷炸沉日本二战总损失吨位数的9%，布雷的B-29自身仅损失16架。水雷再加上海军潜艇的封锁，日本周围航运减少到原先的十分之一，套在日本脖颈上的饥饿绞索，已经抽紧了。

从4月13日夜间，李梅重新开始火烧日本城市的行动。海军运输舰保证燃烧弹供应，地面装卸人员则干劲冲天，日夜不停地工作。为了最大限度提高飞机出动率，弹药根本不入库，一运到就堆放在机位上，随时装机。如果有日军轰炸或者特工破坏的话，这本来是非常危险的作业方式，跟南云舰队在中途岛战役的做法一样。可是为了提高作战效率顾不上这些了。而当时日军袭击空军基地的可能性可以忽略不计。

4月13日夜间重开火攻之后，第一次出击又指向东京，327架飞机投放了 2139 吨燃烧弹，又摧毁了皇宫以北 11.4 平方英里，15 日，第 303 联队再回东京，用 1930 吨燃烧弹夷平 6 平方英里东京市区，外加 1.5 平方英里的横滨。5 月，驻印度的原 20 轰炸机司令部的第 58 联队也加入李梅麾下，5 月 14 日 529 架 B-29 白天出动攻击名古屋，472 架成功投放 2525 吨燃烧弹，彻底摧毁三菱飞机引擎厂。16 日 457 架飞机再次出击，又烧了近 4 平方千米名古屋。5 月 23 日和 25 日，连续两次火烧东京，总共平掉 22 平方英里，自此，东京已经没有可炸的工业目标，不具有攻击的价值了。5 月 29 日烧横滨，6 月 1 日烧大阪，5 日烧神户，7 日大阪，15 日又是大阪。

在这个阶段，李梅有一个来自参谋长联席会议的轰炸目标清单，首批的日本 5 个大城市：东京、大阪、神户、横滨、名古屋，现在全都已经从名单上划掉，被认为已经没有任何袭击的价值了。从 6 月中旬起，李梅有系统地一个一个烧毁第二批 58 座日本中小城市。现在强大的第 21 轰炸机司令部拥有 1000 架 B-29，没有集中出击的必要，这 58 座城市中，先拿前 4 个人口规模 10 万到 20 万之间的城市开刀：大田、滨松、四日、鹿儿岛，每个城市指定一个联队进攻，白天用高爆炸弹，夜晚用燃烧弹轰炸。后来，李梅的 B-29 轰炸机每周固定出动两次，每次烧 4 个城市，再后来，李梅看到日本空防火力微弱，索性事先给予警告，让日本平民疏散，然后再烧，这样既可以毁掉日本工业设施，又适当减少平民伤亡，当然，保密还是要的，一般的做法是点 12 个城市的名字，实际轰炸 6 个。

到 7 月初，这 58 个日本中小城市，又全都被 B-29 的燃烧弹光顾过一遍。当然，轰炸目标也有限制，比如京都是不炸的，东京的皇宫也不炸。目标名单来自军方最高层，李梅只负责执行，照方抓药。

在太平洋战争的最后阶段，陆军航空队从欧洲战场调来大批增援的 B-17、B-24 轰炸机，也调来了欧洲战场上得胜而归的将军们。指挥系统再次变更：7 月 10 日，欧洲美国战略航空兵的总司令斯帕茨上将前来指挥太平洋战场所有战略空军，手下有第 8 和第 20 两个航空队。阿诺德自然不再亲自兼任 20 航空队司令，欧洲的特文宁中将出任此职，第 20 和 21 两个轰炸机指挥部也撤销，20 航空队直接指挥各个联队。欧洲战场强大的第 8 航空队整体调来太平洋，司令仍是杜利特中将。在新的指挥系统里，李梅的位置是斯帕茨总司令的参谋长。本来，这个安排好像是把李梅从独立的指挥位置调开，又是在胜利前夕，看来不太公平，但实际影响没有那么大：第 8 航空队直到战争结束还没有到位，而 7 月 20 日飞到塞班的斯帕茨将军是一个很知趣的人，他放手让李梅以参谋长的名义，继续实际指挥所有 B-29 轰炸机部队。而李梅也并不在意：他很有把握，在新指挥系统能正式运作之前，战争肯定已经结束了。其实，这个安排反而对李梅战后的前程有利：李梅 1944 年中调离欧洲战场之前，跟斯帕茨打的交道不多，这次斯帕茨坐在司令部旁观李梅的工作，觉得印象非常深刻。而斯帕茨将来是美国空军独立以后的首任空军参谋长。

> 1945 年 5 月 25 日，东京遭燃烧弹轰炸后的燃烧场景

> 美国战略航空兵司令斯帕茨（美国空军独立以后的首任参谋长）

李梅对战争结束时间的估计，来自他自己的战略轰炸进程，在李梅看来，B-29 完全摧毁日本所有城市港口和一切有价值的军事目标以后，日本拿什么抵抗？根据他自己的日程安排，他将在 1945 年 10 月之前按部就班地完成这项工作。所以当阿诺德问他，估计战争什么时候结束的时候，李梅脱口而出"9 月 1 日"。阿诺德对这个回答很满意，这跟他自己的估计一致，而比马歇尔等陆军将领的估计乐观得多。所以，阿诺德派李梅回华盛顿向马歇尔汇报，想从一个战场指挥官的角度说服陆军：计划中的日本登陆战没有必要，让苏联出兵满洲也没有必要。仅凭战略轰炸和封锁，战争可以在 10 月份以前结束。

李梅从塞班岛亲自驾驶飞机直飞华盛顿，中间只在夏威夷加油停顿，他自己和几个参谋轮班驾驶，连续飞行 36 小时到达华盛顿。马歇尔对李梅和陆军航空队的成就给予高度评价，但是陆军参谋长明显听不进战争可以轻易结束的观点。李梅回忆说,在他汇报的时候,马歇尔当场睡着了。

于是,李梅用不着对自己的说服力存在任何幻想。很明显,登陆战是一定要打的,苏联也是一定要拉的,至于原子弹,更是非投不可。

核击日本,这是李梅在二战中的最后一件大事。尽管这次作战名义上是由他直接指挥下的空军大队执行,但实际上,从战略决策到实际的飞行计划,李梅并没有任何指挥权。李梅很早就知道这件事,因此始终没能亲自飞到日本上空指挥作战。可能很多军事爱好者都知道,原子弹袭击的目标是4个挑两个:广岛、长崎、小仓、新潟。其实,美军最初的目标是这4个:京都、广岛、静冈和小仓,都是中型城市,因为东京大阪神户这些大城市都已经被李梅摧毁殆尽,再用原子弹轰炸东京,美国人认为是浪费。同样道理,以上4个城市,阿诺德严禁李梅去碰,因为他们是留给原子弹的。

后来,是李梅提出把长崎加入目标,因为他的燃烧弹攻势对长崎效果不佳。而陆军部长又强烈反对毁掉日本的文化古城京都,所以名单才变成后来的样子。在投放原子弹的方式上,美军参谋长们主张用成千架战斗机护航的堂堂之阵,上上下下把原子弹载机保护得万无一失。李梅觉得用1000架战斗机保护一架飞机的阵势,未免太夸张了,在华盛顿的时候,他首次建议不用护航,让毫无武装的B-29单机投弹。他对冒这个险很有把握:战争打到这个阶段,日本人只会对大机群入侵的B-29做出反应,平日里那些单机侦察照相,或者掉队东游西荡的B-29太多了,日本人根本懒得理会,也没有能力去理会。

最后,李梅的建议得到采纳,他这一把又赌对了!在广岛和长崎两次出动的B-29,既没有自卫能力,也没有任何护航,在日本人毫无防备的情况下,投下了毁灭之雨。后来的结果,大家都知道。

李梅参加了9月2日在"密苏里"号战列舰上举行的日本投降签字仪式。仪式之后,李梅和杜利特两个人亲自驾驶飞机,到几个日本城市上空检查了自己的战果。不用说,他们两人的印象都非常深刻。

根据统计,第20航空队总共进行过380次战斗出击,投下1.47万吨炸弹和燃烧弹,占盟国在日本所投常规炸弹吨位的91%。第20航空队总共战损飞机512架。

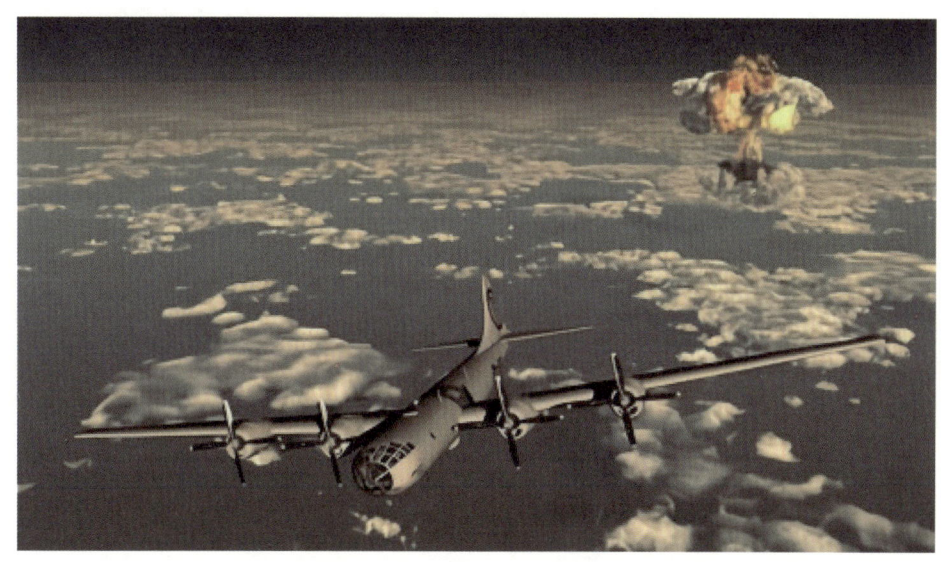

> 执行广岛原子弹轰炸任务的"伊诺拉·盖伊"号 B-29 轰炸机（机长保罗·蒂贝兹）

战后岁月

战争结束的时候，李梅还不到 40 岁，少将军衔，注定会在战后的美国军界大有作为。李梅战后第一个职务是陆军航空队负责装备研究发展的副参谋长，在这个职务上，李梅观察了 1946 年在太平洋比基尼岛由海军主持的核爆炸实验。1946 年 1 月阿诺德退休，斯帕茨任陆军航空队参谋长，建立了战略空军司令部（Strategic Air Command，简称"SAC"）。第一任战略空军总司令是乔治·肯尼上将，二战期间西南太平洋战区的陆军航空队司令。

1947 年 7 月美国空军正式独立成一个军种，10 月李梅晋升中将，是空军/陆军航空队历史上最年轻的中将，并出任驻欧洲美国空军总司令一职，住在法兰克福以西 15 千米的威斯巴登，曾属于德国外交部长里宾特洛甫岳父的宅邸里。李梅在欧洲正好赶上 1948 年 4 月苏军封锁西柏林的陆上通道，李梅作为驻欧空军司令，指挥了柏林空运的前半段，柏林空运后期由专门成立的空运指挥部负责。1948 年 10 月，斯帕茨将军退休，前第 9 航空队司令和中央情报局局长（1946 年）霍伊特·范登堡上将成为第二任空军参谋长。同月，李梅接替肯尼出任战略空军总司令。这是个最适合他的职务，而他也在这个职务上一呆 8 年，给这个空军最重要的作战部门打下了深深的个人烙印。战略空军司令部（SAC）将总部建在内布拉斯加州奥马哈市的决定，就是他在任初期做出的。现在在奥马哈西郊还有战略空军博物馆，尽管SAC本身已经在1992年被撤销。

作为战略空军司令部（SAC）的最高指挥者，李梅统一指挥第8、第15航空队（后来又加上第2、20航空队），包括所有陆基洲际弹道导弹和空中核打击力量。上任之初，李梅命令手下所有联队出动，进行一次从各个方向奔袭俄亥俄州莱特·帕特森基地的演习。他预料这种远程奔袭的效果不会太好，可实际的结果更糟：竟然没有一架轰炸机找到这个著名的大型基地。李梅大发雷霆，又一次拿出战时的地狱训练劲头，让他的部下好好地吃了一阵苦头。李梅的前任肯尼也许在战争时期是一员不错的战将，但是和平时期的部队管理和训练，他比李梅还差很远。战略空军司令部（SAC）正是在李梅手里变成了一支令人生畏的精锐打击力量。

1951年10月，李梅晋升上将，是美军历史上仅次于南北战争时期北军总司令、第18任总统格兰特的第二年轻的四星将军。1957年，李梅离开战略空军司令部（SAC），任空军常务副参谋长。20世纪50和60年代是美苏两国战略实力对比和国家军事思想调整的巨变时期，美国和苏联都出现火箭至上、轰炸机已经过时的思想。李梅一直是战略轰炸最坚定的信奉者，既要洲际导弹，也要轰炸机，尤其是轰炸机不可放弃。他强调战略空军在未来战争中的地位比其他军兵种的地位都重要，为争有限的预算，经常跟其他军种将领和国防部官员发生冲突。1955年，战略空军司令部（SAC）开始装备B-52战略轰炸机。这是一款非常成功的巨型飞机，美军一直使用到今天，计划中B-52要到2040年以后才会完全退役，它肯定将成为航空史上服现役时间最长的飞机。1956年，美国在比基尼岛试验场爆炸了第一颗千万吨级当量的氢弹。1957年，苏联成功发射了人类历史上第一颗人造卫星，震惊美国朝野。

在冷战越来越激励的形势下，李梅于1961年接任空军参谋长，当时总统是肯尼迪，国防部长是麦克纳马拉。麦克纳马拉是坚定的导弹派，一直想要大规模削减战略轰炸机的预算，因此跟李梅矛盾很大。当时美军计划用来代替B-52的下一代战略轰炸机B-70的试验型（即XB-70），就是麦克纳马拉－李梅时期被砍掉的，结果直到1980年代里根政府时期，才出现B-52的替代型B-1B

> 日本政府授予李梅的"旭日大绶章"

> 晋升上将时的李梅

战略轰炸机。XB-70 是李梅最关注的项目，砍掉它自然令李梅和麦克纳马拉关系紧张。还有一个矛盾是战斗机：麦克纳马拉主张海空军联合开发下一代战斗轰炸机 TFX，这样可以节约预算，而海军空军都想要自己的飞机。结果 TFX 计划搞出了一个四不像产品，既不能满足海军也不能满足空军的性能需要，这就是后来的 F-111 战斗轰炸机。

李梅退役前还有一件有趣的事情：1964 年他居然被日本授予勋章"旭日大绶章"。当然，不是表彰他轰炸日本城市，而是"表彰李梅对日本重建做出的贡献"。其实李梅战后从未长时间在日本呆过，我很难理解日本人是怎么想的。

1965 年李梅退役，其实还不到 60 岁，退役以后写了 3 本书，不仅是个人回忆录，也阐述自己的思想。1990 年李梅病逝，终年 84 岁。

10

阿纳姆的雪
蒙哥马利与"市场花园"行动战役伞降战法

关于今后作战指导问题，谨提出如下意见：

1. 我认为，现已处于可由此向柏林发动强有力挺进以结束对德战争的阶段；

2. 但要在两个方向进行强有力的挺进，我们尚无足够的给养；

3. 已选定的挺进方向应毫无保留地拥有一切必备的给养，其他方面的战斗，应根据余留物资，努力以赴；

4. 目前只有两个方向可供选择，一是指向鲁尔地区，一是梅斯和萨尔地区；

5. 我认为，要使挺进收到最好和最迅速的效果，应是朝北指向鲁尔地区；

6. 时机极为重要，应立即决定挺进方向，然后按上述第三点办；

7. 倘企图搞妥协的解决办法并分散给养，这个挺进就不会有力，战胜势将旷日持久；

8. 我以为，根据上述分析，利弊得失已极为简单明了；

9. 事关重大，想必会同意立即就上述问题做出决定。倘能允我所请并愿和我进一步研讨，则请明日来敝处共进午餐。我目前实不克分身，务请谅解。

——1944 年 9 月 4 日蒙哥马利致艾森豪威尔的电报

阿纳姆的雪 | 蒙哥马利与"市场花园"行动战役伞降战法

倘使他（艾森豪威尔）能使巴顿在马斯河畔停止前进，在攻克布鲁塞尔后给霍奇斯和邓普西以充足的给养，荷兰战役就一定会取得辉煌的胜利。这样，美第一集团军就能向亚琛发动一次即便不是成功的攻势，也是一次令人望而生畏的佯攻，而英第二集团军就可以早日在更宽广的阵地上发动更强有力的攻势。

——《为欧洲而斗争》切斯特·威尔莫特

我的看法——也许是偏见——是，如果在这次战役一开始就得到适当的支持，给予必要的飞机、地面部队和后勤给养的话，那么，尽管有我的过错、不利的气候以及在阿纳姆有敌之第二党卫军坦克军等等，这次战役还是能成功的。我将继续为'市场花园'行动当个顽固的辩护人。

——《蒙哥马利元帅回忆录》

"市场花园"行动（1944年9月17日至9月25日）是盟军在第二次世界大战诺曼底登陆后发动的一次大规模作战行动。此次作战的战术主旨是借由史上规模最大的空降部队奇袭，配合地面装甲部队快速移动的协同作战，夺取荷兰境内主要河川上仍由德军控制的一系列桥梁；而战略目标则是在夺得这些桥梁的控制权后，让盟军得以跨越莱茵河这个德国边境上最后的天然屏障，趁德军立足未稳之际，在短时间内结束第二次世界大战。此行动开始之初尚称成功，盟军在9月20日时攻下位于奈梅根的瓦尔河大桥，但是最终因为德军牢牢地守住了位于安恒的最后一座桥梁，而盟军陆上援军无法抵

> "市场花园"战役示意图

达而宣告结束。一直到1945年3月，莱茵河仍然是盟军与德国本土间一道无法跨越的屏障，这次行动最终失败，所有的奇迹、争夺都因此化作乌有，盟军没能提前攻入德国，战争还将延续到来年春天。

形势与任务

1944年6月6日6诺曼底登陆的成功,使在东线处于风雨飘摇状态的第三帝国更加岌岌可危,总体战略形势朝着对盟军极为有利的方向在发展。由于盟军组织严密、训练有素、进展快速,在加上德军部署失误和指挥方面不协调,虽然拼死顽抗,但还是阻止不了盟军的前进步伐。盟军分三路向德国展开进攻:蒙哥马利率领北路第21集团军已近至比利时与荷兰边境;布莱德雷率领的第12集团军已由南路攻至比利时与德国的边境;而巴顿率领的第3集团军则已进至法国的梅斯。德国已是四面楚歌,灭亡指日可待。但是,登陆后的盟军指挥决策层很快意识到,诺曼底的成功仅仅为盟军提供了有利的"势",更艰苦的日子还在后面。在卡昂,德军打得相当顽强,几乎战斗到最后一个人;在安特卫普,德军在撤离前破坏了这一大型港口内的大部分设施,使盟军迟迟无法实现重装备有序卸载。

到了1944年8月底,后勤补给的问题造成盟军的攻势迟滞。盟军的补给来源全部依靠诺曼底登陆时攻下的海滩所建立的临时码头,以及位于科唐坦半岛的瑟堡港。而拥有大量货运能力的安特卫普港虽然已经被英军攻下,但是在斯海尔德河出海口附近的地区仍然被德军掌控,其他在英吉利海峡沿岸的重要港口如敦刻尔克在1944年8月之前也一直为德军所有。

虽然盟军仅靠着这些利用海滩所建立的临时码头进行运补工作,但是这个方式的效率却超出预期,后勤物资得以源源不绝地进入欧洲大陆。可惜,终究因为运输工具的不足而使得盟军的后勤补给出现了瓶颈。以瑟堡港为例,在1944年9月初的时候,约有超过7万公吨的补给品堆放在港口,但是却没有足够的工具将其运往前线(当地的铁路运输方面则早因为盟军的空袭而损毁,这些空袭是为了在诺曼底战役期间阻滞德军支援部队与补给到达前线而实施的,诺曼底地区联外的铁路一直到8月30日才勉强恢复通车)。这个现象在英军的1400辆3吨军用卡车出现引擎活塞故障而无法使用后更加恶化,原本这些卡车一天可以载运大约800吨的货物至前线,足以完全补给两个师的需求。为了应付前线部队需要补给的燃眉之急,3个刚刚抵达欧洲大陆的美军步兵师(26师、95师、104师)甚至得把自己部队所属的卡车拆解,把完好的零件先让给负责前线补给的卡车使用，美国第十二集团军的炮兵部队在离开塞纳河西岸时，也将自己所属的卡车先让给前线部队使用。"红球快递"计划（美军应急后勤补给计划的代号）虽然尽可能地将后勤补给的问题降到最低，然而执行该计划单位本身也需要消耗补给与燃料，这种非正规的运输方式仍然无法从根本解决盟军后勤运补问题。

> 英文版"市场花园"行动示意图，图中蓝色为英军进攻方向

虽然受到后勤补给的制约，盟军进攻的锋芒有所削弱，但是随着巴顿率领的美第三集团军在法兰西平原上对撤退德军的大规模追击作战的顺利进行，盟军上下先前弥漫的乐观情绪又有所抬头。为了从北面迂回齐格菲防线，直取德国鲁尔工业区，以便在"圣诞节前结束战争"（西方老拿圣诞节说事，1950年麦克阿瑟也这么说），一向以谨慎著称的英军蒙哥马利元帅，继先前受到天气的影响而被取消的"彗星"行动后，又提出了一个代号为"市场花园"的大胆而冒险的计划。这一行动旨在夺取跨越莱茵河、瓦尔河等河流上的一系列重要桥梁后，从荷兰直插德国腹地，争取在1944年圣诞节前结束欧洲战场作战。

艰难决策

此时盟军遭遇的困境主要在于究竟要先解决补给问题（清除安特卫普附近的德军），或是获取战术层面的胜利（彻底摧毁德军的残余势力）。多数的盟军将领比较希望乘胜追击，和疲惫不堪的德军正面开战。布莱德雷（包括巴顿）此时正在和蒙哥马利争夺有限的补给资源，以便在单一决定性的战役中抢先跨过莱茵河进入德国本土，但是这和艾森豪威尔先前就制定好的"宽正面进攻"战略背道而驰。

布莱德雷和巴顿希望可以向东先攻下梅兹，再进入萨尔工业区。这个计

> 蒙哥马利

划需要突破齐格菲防线，但是可以避开有重兵驻守的莱茵河沿岸。布莱德雷也建议盟军应该更大量地使用空运的方式将物资送往前线，让前线的推进行动不受后勤补给的拖累。

9月1日，刚刚晋升为英国陆军元帅的蒙哥马利，深信一定能够在圣诞节前结束战争，认为只要集中所有力量给柏林一记重击，就可以结束一切；而艾森豪威尔则认为给两拳才行，他认为德军一定会用其剩余的部队保卫鲁尔和萨尔工业区。因此艾森豪威尔认为盟军的进攻应该集中在这两点（即鲁尔和萨尔工业区）。虽然他也说过应该加强北方的进攻，但他并不同意蒙哥马利把所有力量集中于北方一点。会面前，蒙哥马利已经想好了在他的指挥下该如何使用空降部队。

蒙哥马利最初的计划称为"彗星"行动，他打算使用英军第一空降师和波兰伞兵旅夺取马斯河边、瓦尔河边和下莱茵河边的的桥梁，建立向鲁尔工业区的进攻出发阵地，不过这个计划受到天气的影响而延迟，再加上德军的动向不明，以及距离阿纳姆太远，很有可能使空降部队陷入孤立无援的窘境，最后蒙哥马利放弃了这个计划。但是蒙哥马利随即提出了更大胆的"市场花园"

> 盟军最高统帅艾森豪威尔（中央）与（左至右）布拉德利中将，拉姆齐海军上将，特德空军上将，蒙哥马利将军，利·马洛里元帅，史密斯中将

计划，希望借着大规模的兵力跳过齐格菲防线，从阿纳姆到艾瑟尔湖沿岸对德国第十五集团军形成合围之势。如果这个计划成功，也连带可以切断德军 V-2 火箭基地的补给，当时德军正以 V-2 火箭大规模轰炸伦敦以及安特卫普。然而这个计划将会使英国第二集团军必须向北跨越一片水乡泽国的阻碍，也会让他们远离美国第一集团军。此外，这样的行军路线也会让装甲部队无论往返都必须通过荷兰低洼地区的狭窄道路，不但造成补给的困难，也限制了装甲部队的火力支援。

虽然艾森豪威尔心存忧虑，但还是在蒙哥马利非凡的说服力下败下阵来。主要因为一旦阿纳姆的桥梁被占领，那么盟军将会渡过莱茵河向德国本土长驱直入，直捣鲁尔工业区。如果"市场花园"行动取得成功，那么盟军极有可能在 1945 年新年前便可结束欧洲战事（诱惑太大了，换作谁都无法拒绝）。

最后，"市场花园"计划获得采用还受到了几个原因的干预。首先是在诺曼底登陆之后，盟军的空降部队就被调回英国整补，并且重编成盟军第一空降集团军，下辖三个美军空降师、两个英军空降师，以及一个波兰军的第一空降旅。担任欧洲盟军总司令艾森豪威尔受到来自美国国内的压力，催促他尽快让这批精锐部队回到前线。从诺曼底登陆之后，盟军曾经草拟了 18 个和空降部队相关的作战计划，但是最后都因为地面部队推进过快，超过了原本预定空降的区域而取消。

低估的对手

德军在历经诺曼底登陆以后 7 至 8 月一连串溃败之后，给盟军造成了一种在西欧已无法有效组织部队进行反击的假象，但实际状况与盟军所预估的不同，被认为已经击溃了的德军第十五集团军从本土补充了 8.6 万人及近 600 门 88 毫米高射炮，并埋伏在盟军挺进德国、俗称"加莱走廊"的必经之路上。德军第一伞兵集团军在斯徒登特（空降兵上将，克里特岛战役的指挥者）的指挥下，3000 名伞兵被部署在接近荷兰国界的阿尔伯特运河附近——进军柏林的必经之地。由于种种原因，战前这一"咽喉要地"没有修筑任何工事，在"新德国防线"（莫德尔语）上连最基本的壕沟与防御工事都没有。3000

名伞兵不分日夜地沿着运河南岸构建防御工事，为阻滞盟军攻势炸掉了数条通往德国方向的桥梁，还在堤防岸边修筑了反斜面工事。同时，德军第85、719步兵师也相继加入了这条防线。

此时巧合的事发生了：德国党卫军第二装甲军的第九、十装甲师等多支部队在9月4日开往阿纳姆地区，德军西线总司令伦德施泰德与几位将军都认为艾森豪威尔会将巴顿的第三集团军装甲部队投入于此，为此伦德施泰德命令莫德尔调动党卫军第二装甲军（比特里希指挥）的第九"霍亨斯陶芬"装甲师与第十"弗伦茨堡"装甲师转退到"安全地区"休息与整理补充弹药，而莫德尔所选择的所谓"安全地区"，正是接近他司令部旁的阿纳姆市郊——正是盟军预定空降场附近（党卫军第十"霍亨斯陶芬"装甲师在阿纳姆市以北，第十"弗伦茨堡"装甲师在略远离市区东方9英里）。

两个党卫军装甲师此时战力虚弱，加起来人数不足7000人（勉强接近1个师兵力），面对着即将到来的战斗，坦克、火炮严重匮乏（准备接收的"豹"式坦克在阿纳姆战斗结束后才运到），即便如此，上述党卫军装甲部队偶然留在阿纳姆市郊，意味他们将在3000名德军伞兵助战下，以少数堪用的坦克、履带装甲车与冲锋枪一起面对从天而降的英军伞兵。最具有戏剧性的是，为做好抗击盟军空降的准备，"霍亨斯陶芬"战斗群（以第九装甲师为主组成）在9月抵达阿纳姆地区后，承担了一次检验新型反空降战术的战术演练，这次在德军看来非常成功的演练，也成为阿纳姆之战的"带妆彩排"。

而此时，在英军第一空降师9月14日制作的情报概要上记载着：

"这些尽可能挖掘出来的援兵都被派往前沿用于加强防御，现在还没有直接证据证明阿纳姆—奈梅根地区部署超出我们已知数量的大规模防御力量。"

就这样，在"希特勒救火队员"莫德尔的指挥下，一个"无意间构建"的陷阱正在等待着英军第一空降师——这些"猎物"上门。

迷雾中的"市场"与"花园"

整个"市场花园"行动可以分为"市场""花园"行动两个部分其中，"市场"行动系指空降部队的作战，即由盟军第一空降集团军攻占莱茵河流域的桥梁及附近地区；"花园"行动系指以英军第二集团军为主的地面部队向北前进，由第三十军为先头部队，在驻地与其目的地莱茵河北岸之间，必须通过8个障碍，包括数条主要河川以及3条运河。"市场花园"行动的目标是同时攻占并据守横跨这些水域的重要桥梁。英军第三十军预定用来作为行军路线的69号公路（后被称为"地狱公路"）有两个车道，较荷兰特有的低洼地区要高一些，而公路两旁的地面太过松软，不利于军用车辆通行，这也为后来地面部队的功败垂成埋下了伏笔。

按照"市场花园"行动计划，在第一天就将有4700架飞机（包括对德军阵地实施空袭的轰炸机群，担任护航任务的战斗机群及担任投送任务的运输机群）从英国24个空军基地起飞，仅放飞时间就要好几个小时，对天气的好坏依赖性极大，仅以滑翔机为例，天气不稳定，滑翔机就会失去控制，并且难以保持密集的编队飞行；低云和恶劣的能见度是伞降部队的克星，因为滑翔机被迫降低飞行高度后就直接暴露在敌对空火力之下。这些天气条件，再加上地面风速超过9米/秒，对跳伞、空投、低空火力支援都有很大的负面影响。

担任"花园"行动空降作战任务的是美军空降第八十二、一百零一师，

> 美英盟军运输 – 滑翔机群

英军空降第一师和波兰伞兵第一旅，这些空降部队混编成盟军空降第一集团军，美空军中将布里尔顿任司令，统一指挥。气象预报工作由皇家空军高级气象军官雅各布斯和美空军气象局的肯特共同负责，他们经研究确定了滑翔机的作战气象条件：云底高 450 米，能见度 2 千米；和伞降的最低气象条件：云底高 300 米，能见度 1.6 千米，地面风速不超过 12 米/秒。每天通过各主要天气预报中心进行频繁的天气会商，然后做出天气预报。

欧洲北海沿岸地区由于临近海洋以及受到北大西洋暖流的影响，气候温和而湿润。尤其是"市场花园"行动所选择的机降场——荷兰，被称作"灰色的天空"，是一个"低地国家"，近 40% 的土地低于海平面，地势低洼，多沼泽湖泊，往往受到潮气的侵蚀。这里的秋天多阴天，经常出现小雨，晴天尤其是连续 2—3 天的晴天很难找到。发起这种极端依赖天气条件的机降作战，难度很大，战役行动很容易被恶劣的天气条件所干扰。

险恶的天气使空降作战比地面作战要冒更大的风险。与之相比，敌军的防御能力则可以被相当准确地推算出来。在"市场"行动中，空军指挥官们主要担心的是那些桥梁周围的防空火力。陆军和空军双方都认为，如果要避免夜间空降行动中部队过于分散、行动混乱的弊端，并避开敌夜间战斗机的话，就必须在白天实施空降行动。但实际上，在计划"慧星"行动时，空军就主张在黎明时分用滑翔机将部队降在大桥附近，突袭德军特遣部队，阻止其破坏桥梁。而对于"市场行动"，他们则坚持，如果能得到战斗机的有效保护，就在白天把部队空降在离桥几英里的地方。同时，他们也坚决反对为确保在一天内最大限度地集中兵力提供补给，而要求每架飞机在总攻日（9月17日）从英国本土连续向前线飞行两次。

在讨论"市场花园"行动的最后一次会议上，盟军第一空降集团军副司令勃朗宁非常担忧第五座桥，也就是下莱茵河上坐落在阿纳姆的那座关键的桥。他指着地图上的阿纳姆大桥问道："装甲部队到达这里要用多少时间？"蒙哥马利爽快地回答道："两天！"勃朗宁说："我们能够坚守四天。"但是接着他又说："不过，长官，我认为我们可能是要前往一座过于遥远的桥了。"不幸的是，他一语成谶！

就这样，在一片迷雾中，在巨大的"战略诱惑"下，"市场花园"行动拉开了帷幕，等待 3.5 万名伞兵的是河流、桥梁，还有多变的天气；等待德国人的将是在 9 月提前到来的"阿纳姆的雪"。

D 日

9月17日，"市场花园"行动正式拉开序幕。美、英空军几乎动用了自己的全部家当，包括 5500 余架运输机、2596 架滑翔机、8000 余架战斗及轰炸机，同时在三地成功地空降了 3.5 万余人、568 门火炮，1927 辆军车、5230 吨物资，发动了这场人类战争史上第二大规模的空降作战行动。

按计划，在第一天就需要空运 2 万人，500 辆军车，330 门各型火炮及 590 吨作战物资。在首轮空降行动中，几乎所有盟军伞兵都在预定空降区域安全着陆，美军第八十二空降师中，89% 的伞兵在预定区域 1 千米范围内着陆，84% 的滑翔机在预定区域 1 千米范围内着陆，这与此次战役

> 1944 年 9 月 17 日 "市场花园" 行动开始时伞降的情景

之前数次夜间空降行动中伞兵分散降落在 19 千米左右范围内相比简直是"如有神助"，同时，此次德军战斗机和高射炮火的攻击强度比较微弱，也有人形容德军的高射炮火猛烈但准头不佳。

在南面的第 101 空降师也只遇到了少量抵抗，顺利攻占了 5 座桥梁中的 4 座。在瓦尔河上的桥梁虽遭到德军 88 毫米高射炮和机关枪的猛烈攻击，但最后仍旧攻占了该桥梁。101 空降师少量部队在向瓦尔河南面推进时遭到了德军第五十九步兵师的抵抗，该部为德国第十五军团辖下的单位，因为英国第三十军未能彻底封锁，才得以横过南贝弗兰德地峡。

第八十二空降师在北面空降，少量伞兵攻占了格拉弗附近的一座桥梁，另一座横跨马斯－瓦尔运河的枢纽桥梁亦成功占领。第八十二空降师的主力

则攻占了格罗斯比克高速公路，并在此处设立了封锁线，以防止德军装甲部队从附近的森林发动攻击，并阻止德军炮火观察员俯瞰高速公路，这也是该师的首要目标。第 508 伞兵旅的目标占领是 600 米长的奈梅根公路桥，那里只有 12 名德军驻守，但 508 空降旅却因通讯出现问题而推迟至当天晚上进攻，此时党卫军第九装甲营已经到达，第 508 伞兵旅只好暂时后退。

夺取这座桥至关重要，因为奈梅根—阿纳姆的大桥横跨莱茵河的两条支流，因在这两处架设浮桥非常困难，如果未能将其攻占并守住，英国第三十军将会受到阻击，"市场花园"行动也将失败。

英军第一空降师于 13 时 30 分着陆后，进展顺利，但是当初因草率谋划而潜在的问题马上出现，第一波空降的第一空降旅须急行军到桥边，而第二空降旅则须留守在空降场到第二天早晨，坐等第二波空降部队在此降落，这意味着第一空降师只能投入半数力量进攻主目标——阿纳姆大桥，第一空降旅直属侦察队需坐着吉普车直趋大桥后，等候第一旅其他单位徒步行军前来增援。更糟的是第一旅主力刚刚出发，德军就出现了，并开始猛烈反击，致使第一空降旅困于半途，无法按计划抵达桥边。

此时，蒙蒂（蒙哥马利的昵称）最不希望看到的一幕发生了，因为早上延误的这 5 个小时没到桥边，英军被困。而驻扎在阿纳姆市区的党卫军第九装甲师下属的装甲营已经通过阿纳姆市区向奈梅根与瓦尔河大桥前进，没有任何英军伞兵依照原计划守桥，阻挡武装党卫军前进。这一后果，也将成为影响"市场花园"战役大局的噩梦。

危机隐现

尽管盟军在"市场花园"行动之前就预计到将会有一部分通信设备出现故障，毕竟空投区域和大桥之间足足有 13 千米的距离，而伞兵携带的 22 型无线电通信机的可靠通信范围大约只有 8 千米左右，但是，在此次战役中英军所携带的无线电通讯设备出人意料地完全失灵，仅有一小部分无线电可以在几百米的距离内接收到信号。战役结束后，此次通信故障的调查结果显示：可能是该地区蕴藏的大量铁矿石导致了此次通信故障的产生，也有人认为可能是计划的多次更改后，伞兵部队多次在进入准备行动状态后又取消行动（在一周间内多达12次以上），导致了通信机电池多次完全充电后又没有完全放电，从而引起电池故障。

空降着陆后，英军第一空降师各单位之间的通信也出现了严重的障碍，德军趁机加强了他们的防御并获得了增援。这可能是因为英军伞兵此次行动中分配到的无线电通信频率与一个英国广播电台的频率很接近而引发的干扰。而且，同行的美军部队携带的VHF甚高频通信设备，也因被预设置成了一个无效的频段而失灵。尽管他们试图重新调整该设备，恢复联系，但是不幸的是该设备在战斗开始不久后就被德军迫击炮所击毁，这就完全切断了第一空降师与皇家空军担负对地支援任务的战斗轰炸机之间的联系。战斗轰炸机部队的飞行员们也收到了命令，因无法识别敌我，禁止自行对该地区的地面目标进行攻击。

第三十军因指挥官霍罗克斯等到确定伞兵部队已经着陆时才下令向作战区域机动，进攻发起时已是14时35分，等到天黑时，他们仅行军15千米，抵达埃因霍温南郊时已经比原进度大大落后，且未能如期进入埃因霍温与101空降师会师。

而此时，德军方面已经很快弄清楚发生了什么，从最初的慌乱中反应了过来。莫德尔刚开始还不清楚英军伞兵在哪里着陆以及目的如何，最后终于发现英军伞兵想直捣他的司令部，来一个"斩首"行动。在一路狂奔，接连换几个司令部确认安全之后，莫德尔才开始放心指挥反击。同时，党卫军第二装甲军指挥官比特里希也逐渐清醒，掌控局势，并迅速抽调第九装甲师部分兵力增援奈梅根大桥。半夜时分，莫德尔已经确认英军守桥阵地准确位置和大致兵力，开始着手部署反击作战。此时，德军已从最初的恐慌中冷静下来，并初步判明了盟军此次空降作战的基本企图，盟军"趁乱而入""乱中取胜"的算盘落空了。

这还不是最坏的消息，真正要命的还在后面。德军在一架被击落的美军滑翔机上，搜索到一份"市场花园"行动完整的作战命令。两小时后，这份作战命令被送到斯图登特面前，使他知道了他应对盟军空降部署防御时所需要知道的一切。这样一个"意外情况"的出现，使"市场花园"行动的失败几率陡然增加了。

屋漏偏逢连夜雨，17日夜间的天气预报显示：18、19日天气即将变坏，其中18日早晨，英国和荷兰都将出现雾和低云，能见度极差，最早要到中午11时雾才能散尽，布里尔顿被迫下令将18日的第二波机降行动推迟到当天的14时；搭载7500名士兵及其必要装备的1600架运输机和1200架滑翔机按计划顺利起飞，但荷兰上空的雾并没有散，因而丧失了战机，英军第一空降师的第二梯队在实施机降时，误入德坦克军防区，损失惨重，陷入重围。

一系列危机的出现，使D日取得的一切战果黯然失色，就在盟军伞兵部队鏖战正酣、地面部队进展迟缓时，转危为安的莫德尔已经调集手头的所有力量，准备给予这些"脆弱的"轻装部队致命打击。

鏖战阿纳姆

直到18日日落时分，虽然取得了部分进展，同时获得了部分空投补给，但是担负地面支援任务的英军第三十军进度已经明显滞后，同时阿纳姆和奈梅根大桥仍牢牢掌控在德军手中。

19日，英军第一空降旅向阿纳姆大桥南端发动了3天来第三次攻势，由于严重缺乏重火力而宣告失败，4个英军伞兵营（编制2000人）仅剩500余人，被迫收缩，集中兵力退至桥北3英里外的欧斯特贝克村。

英军第二空降营则仍有600余官兵，都躲在北岸接近桥边、对岸炮火不易射中的坚固楼房里，尽管德军逐房爆破，但其硬是坚守不退。在欧斯特贝克村北部，英军第四空降旅在突破德军防线时，由于通讯困难和重武器缺乏，攻击未果，进退两难。英军第一空降师此时受到来自四面八方的德军猛攻，早已经失去整师作战能力，只好集结兵力于欧斯特贝克村，形成防御阵地，在莱茵河北岸构建桥头堡。同时，由于担负空降场防御任务的英军第四空降旅撤退，波兰第一空降旅在伞降时遭到了党卫军装甲师"屠杀一般"的袭击，导致1000多名波兰伞兵当场作战阵亡。

20日，英军第一空降旅第二营继续坚守阿纳姆大桥，并于中午时分获悉：第一空降师已经无法拯救第一空降旅，而第三十军还受阻在奈梅根大桥以南，至下午，阿纳姆大桥附近英军伤亡激增，越来越虚弱，阵地不停缩小，特别缺乏反坦克弹药，整个阵地都在德军射程范围内，英军食物、药物、水都缺乏，房屋倒塌，活埋不少躲在里面的英军官兵。英军剩余部队在弹药耗尽后与德军进攻部队展开肉搏，20日早晨第一空降营电台发出最后一则"已无弹药，天佑英皇"的消息。

> 空降后英军伞兵正在搜索前进

行动之前的预想情况是整个英军第一空降师，约1万兵力，将只需要守住阿纳姆大桥两天左右即可。但是实际上最终只有740人左右的兵力投入了守桥的战斗，而且他们在面对比预定计划中强悍得多的敌军的攻击下坚守了超过预期两倍的时间（4天左右）。为了纪念这次英勇守桥的战斗，战后该桥被重新命名为"约翰福洛斯特"（英军第二空降营营长的名字）大桥。而美军第八十二空降师师长加文将军，则将守桥战斗称为"二战中最令人瞩目的一次伞兵营级战斗"。

21日，英军第一空降师的3000余名伞兵在欧斯特贝克附近的楼房及木屋里死守不退，在一整天时间里遭到敌军从各方向的进攻，随着附近制高点的失守，第一空降师落入十分险恶的境地，只控制大约700米的河岸区，但是该师仍拒绝向德军投降。

虽然攻占了奈梅根桥及在前一晚扫荡了该市，但是英军第三十军仍然未能展开进攻，延误时间达18个小时。指挥官霍罗克斯中将表示要暂停推进以解决部队之间因奈梅根战役的误会，这个决定的争议延续了很多年，该师的半数兵力已被调往支援美军第八十二空降师，以应付德军意图切断进攻先头部队的行动，剩下的因缺乏燃料和在奈梅根战役的艰苦战斗而精疲力尽，"市场花园"行动依赖于一条作为进攻路线和补给之用的高速公路，这导致其他单位未能被部署在其他可供路线上以维持进攻动力，造成延误，在师长加文将军的日记中评论道:"成脊状的进攻线路已经在这时成形,虽然面对所有困难,但我们将要在这道路上跟随行进,以救援在阿纳姆的人们。"历史学家墨斯·希庭斯写道:"这反映出英国军队的行动差劣……"

这次延误造成德军可利用占据桥北面之便利以支援他们在阿纳姆南部的防线,虽然英国第三十军仍然向前推进和美军第一百零一空降师扩展其战果,但德军明显占据上风,沿着英军第三十军推进的道路展开反攻。

"遥远的桥"

9月22日,德军吸取了前一天进攻损失惨重的教训,变得小心翼翼起来,他们使用火炮和迫击炮对英军第一空降师占据的据点"定点清除",在猛烈的火力打击之后,再派出部队与据点里残余的伞兵们短兵相接。德军有近110门火炮被部署到欧斯特贝克的周围,禁止直接发动冲锋,不断地重复使用火力猛轰,瓦解英军伞兵的防御之后再派出小部队去逐院逐屋的争夺,这也导致了英军第一伞兵师巨大的伤亡,幸存者仅占总人数的四分之一。

尽管盟军牢牢控制了"地狱公路"的周围,但德军仍然不间断地对其发起攻击。在22日夜晚,德军两支装甲混编部队分别从69号公路两侧发起了攻击,其中一支部队成功地控制并切断了公路的交通,阻止了盟军继续向阿纳姆前进。

23日天气有所好转,盟军抓住这一有利时机,为美军八十二、一百零一空降师空运去了3300人的增援力量及大量补给物资。但由于地面部队驻守地带过于狭窄,很多物资都空投到了德军阵地上,空投的290吨物资中盟军获得的仅为总数的10%。

德军发觉了波兰伞兵的企图,试图把英军赶离河岸边。而英军试图坚守河岸阵地,攻防双方都受到了沉重的损失。德军同时也对河南岸的波兰伞兵发起了进攻,试图消灭他们,但是第三十军下属的一批坦克及时地赶到并挫败了德军的企图。当日夜间,在加拿大部队所配备的冲锋舟和工兵们在抵达后,再次发起了渡河的尝试,在他们的帮助下,波军第三伞兵营的150个士兵渡过了莱茵河。

在更南部的战场上，德军放弃了对69号公路的进一步攻击，但是他们仍然控制着这条公路。英军第三十军将下属精锐装甲师的一部分派往南面19千米处发起攻击，试图重新拿回公路的控制权。

24日，一支德军部队成功地攻击了通往南方菲豪的公路，并在夜间建立了防御据点，给盟军造成

> 阿纳姆大桥附近激战中的英军士兵

了战场极度危险的错觉，由于过于惨重的伤亡和晦暗不明的战场形势，盟军渡过莱茵河——这一"市场花园"行动的基本目标，实际上在这天就基本上放弃了，盟军决定在奈梅根建立新的防线。当天夜间，英军仍尝试以多塞特郡团第四营增援英军第一空降师，其中两个连被运送过河，但是由于登陆地点选择的错误，多塞特郡团在数个德军预备好的阵地中间上岸，渡河的315名士兵中只有75人到达欧斯特贝克，其余的全部被俘。由于这次失败，盟军决定将英军第一空降师撤出莱茵河北岸的桥头堡。

25日，天气仍无好转。由于盟军突击部队的道路完全被德军封锁，英军第1空降师岌岌可危，毁灭似乎就在旦夕之间。在接到向下莱茵河以南撤退的命令后，为了尽可能减少伤亡，撤出更多的伞兵，撤退行动安排在当日夜间10时进行。如果说"市场花园"行动实施以来，天气都是有意和盟军过不去的话，那么在撤退这一生死攸关的环节上，老天爷倒慷慨地伸出了援手。25日夜，突然雨暴风狂，阿纳姆地区残存的准备等待最后时刻来临的英国和波兰伞兵抓住这一绝佳的逃生机会，有的游泳，有的坐船，竟在德军眼皮底下神不知、鬼不觉地渡过了下莱茵河，成功地进入到南岸。1万余人的英军第一空降师在阿纳姆阵地坚守了8个昼夜，最后免遭覆灭得以生还的仅为2300余人。

至此，战前盟军预定夺取阿纳姆大桥，突破德军西部防线的战役目的并未达到，相反却因此付出了极大的代价。参加该战役的3.5万名伞兵中，阵亡、被俘、失踪人数共计11853人，与诺曼底登陆作战中的伤亡人数大体相

当。损失各型飞机达 1500 余架，而用以机降的滑翔机损失最为惨重，参战的 2600 多架滑翔机最后能得以回收的仅有 281 架，战损率接近 90%。

英军第一空降师的一位指挥官面对他们未能到达的阿纳姆大桥哀叹："那座桥对我们来说太遥远了！"此战结束后，美军第 101 师和第 82 师在第二次世界大战余下的时间里，都再未进行过空降作战。"市场花园"行动因此成为二战中美军精英空降部队大规模空降行动的绝唱。

阿纳姆——遥远的桥！

永恒的争议

1944 年 9 月 17 日至 25 日的"市场花园"行动，是继 6 月诺曼底登陆战役"霸王"行动后，一次旨在改变战争进程走向的战役级空降作战行动。在这场被称为人类战争史上大规模空降战役的"千古绝唱"中，英美波三国伞兵都体现出了极高的作战技能和英雄主义献身精神，虽由于种种原因未能重现"霸王"行动的辉煌，但是却为机械化战争时代的战役级空降作战的实践提供了宝贵的经验，对战后世界各国空降兵建设与发展产生深远影响。同时，这次战役也因巨大的伤亡、政治的博弈和未能加快战争的进程而饱受争议、批评甚至诟病，其中很多分歧争议延续至今。

战后 70 多年来，主流观点认为"市场花园"行动从计划诞生伊始就有致命伤，胜算很小，在当时的技术战术条件下，空降兵与地面装甲部队的协同作战本身难度就很大。当代著名军事史学家和传记作家、诺曼底战役研究专家、美国陆军退役中校卡罗·德斯特在 2009 年《悲剧的反思》一文中称此行动为"第二次世界大战中最不合理的军事行动"，并认为：从一开始"市场花园"计划中就充满了错误、疏忽、

> 被俘的英军士兵

虚假假设和傲慢。蒙哥马利、布里尔顿、勃朗宁3人都对他们面临的风险完全无视。实际上，这个"天生存有缺陷"的计划之所以能够以上万名伞兵的生命为赌注付诸实施，多少也是由于盟军在诺曼底登陆成功之后的过度乐观。

但另一方面，"市场花园"行动的"始作俑者"——蒙哥马利自己的说法是："如果从一开始就得到必须的支持，即使存在指挥失误、坏天气和德国装甲师，行动依然可以胜利。所以我一直都是'市场花园'行动无悔的捍卫者。"同时，美国军方和英国政府（艾森豪威尔和丘吉尔）也表达了相似的立场。

如同战争历史上很多关键性战役一样，失败的危机信号在战前就已经接二连三地涌现出来，例如：尽管英军情报官员在空中侦察照片中发现第九和第十党卫军装甲师正在阿纳姆附近"休整"，而勃朗宁却把他的警告当作是一个"紧张的孩子做的噩梦"，并命令他因为"神经紧张和疲惫"去休病假；他忽视甚至隐瞒了英国空军将领盖尔将军的警告——阿纳姆作为空降区是不合理的，可能是灾难性的。美军第八十二空降师师长盖文将军曾强烈质疑阿纳姆战役的可行性，并批评道："毫无疑问勃朗宁缺乏作战经验却不肯承认，硬是充好汉，他们师部参谋思想太肤浅。"

一支只能携带轻武器的空降部队被赋予了过于重要的任务，对情报的忽视、对天气情况估计不足和补给混乱、各兵种配合失调等等，无一不是导致战役失败的致命细节。在二战舞台上，蒙哥马利一向以谨小慎微著称，我们很难理解他为何如此孤注一掷。

有人将此原因归咎于蒙蒂"那要命的虚荣心"，甚至是他个人的性格弱点，但事实上，诺曼底登陆胜利后的盟军空降部队可是跃跃欲试的，蒙哥马利的"顶头上司"艾森豪威尔，虽然反对蒙哥马利的"窄正面进攻"战略，主张全线稳步推进，但却例外地批准了这次行动。事后，艾森豪威尔承认"我不仅是批准了'市场花园'行动，我还坚持完成它。"英国首相丘吉尔在战争结束后立刻发表声明说："这场战斗是个明显的胜利，我没有受到任何失望感觉的折磨，我很高兴我们的指挥官能够承受这种风险。"

二战史专家劳埃德·克拉克在《再论"市场花园"行动》中称，经过大量考察史实，自己开始相信，这次行动是"一个大胆但是合理的赌注，即使在不可否认的失败中，它也获得了巨大的、难以估量的成功，它削弱了德国在荷兰的部队,当时他们已经无力承受重大的战争损失,为最终成功进攻德国西部铺平了道路。"

这个结论或许解释了为什么无论是蒙哥马利还是英国的官方历史都不认为"市场花园"行动是一场彻底的灾难,前者认为这是"90%的胜利";后者则称"设计初衷基本实现"。

确实,"市场花园"行动收到了一些明显的战略收益,德军在西线战场遭到了严重削弱,即使余威尚在,也难以承受这场战役中1万余名精锐伞兵的伤亡和巨大装备损毁的代价。此役占领的荷兰埃因霍温地区,随后成为最后进攻德国的跳板,导致德军从南向北调动,也给巴顿将军在南部战线的行动创造了有利条件。

但是不论怎样的初衷,战争是人命,是无情的,战争的逻辑就是惩罚任何失误。几十年来,面对惨痛的伤亡,高层将领的自辩显得苍白无力,背负谴责是他们必然要面对的结果。

讨论"市场花园"行动总要提及当时盟军中普遍存在的乐观情绪,人们认为战争非常有可能在1944年圣诞节前结束,愈发轻敌冒进。胜利在望,普通人迫不及待地计划着战后的新生活,政治家们会不会也在打着瓜分的小算盘?这个问题暂时没找到史料,但我们不妨在此展开丰富的逻辑猜想。

诺曼底登陆后,在欧洲大陆上实施主要进攻任务的是美军。作为盟军欧洲三强之一的英国,人力物力影响力都捉襟见肘,往昔日不落帝国的辉煌映衬着当下的无奈。

当时不论是艾森豪威尔,还是丘吉尔,都不可能支持一场仅仅是满足个人虚荣心的大冒险。更可能的解释是,英国要赌上一把,以最快的速度博得战后和谈的政治优势。美国人对盟友英国这种急于抢功的心态也心知肚明。

是的,这大概是战事结束前最后一轮骰子了,这是一场微妙的博弈——"市场花园"行动中最关键的战略目标,也就是莱茵河上的桥头堡将由英军夺取,从而打开横跨莱茵河的北进之路。可惜英国人搞砸了,不得不面对现实,回到艾森豪威尔更为稳妥的战略中。不过此役之后,英国军队彻底失去了欧战的主导话语权,"市场花园"行动几乎成为欧洲战场上英军"最后的绝唱"。

在战争逻辑中,将几万名精锐的伞兵投入到一场准备不足、充满漏洞的冒险，不论是为了价值更高的战略目标，还是为了国家利益，那些英勇精神下的"无谓牺牲"永远都会引发道德上的争议。可惜战争的复杂性远不是凭借简单的战术对错和伤亡数据可以解释的，政治往往是左右战争走向，甚至扭转历史轨迹的关键。而政治偏偏又是最扑朔迷离，难以论证的。

回顾这场错综复杂的行动，有两句话令人印象深刻：

勃朗宁说："那座桥太遥远了。"

英军退伍老兵莱恩·赖特则说："在1944年，我们需要'市场花园'行动，我们知道将有很多风险，但是我们仍然愿意去承担。"

> 今日阿纳姆大桥

最后的终结
哈尔西与莱特湾大海战

战争是双方精神和物质力量通过物质力量进行的一种较量。

——克劳塞维茨《战争论》

作为诱饵,我们都抱定了必死的决心。当我目睹属下的航空母舰和其他军舰,在敌人的鱼雷、炸弹攻击下一艘艘沉入大海时,还是不禁自问:号称世界最强大的日本海军难道就是这样的下场吗?

——小泽治三郎(联合舰队机动部队司令官)

"那一战我犯了错误。"

"你不必再和我说了,你所做的事都通过了。"

"我还是认为日本舰队就在我的炮口之下时弃之回撤是个错误。"

"不,这没有错,你没有其他选择。"

——1945年1月哈尔西向欧内斯特金单独汇报时的对话

莱特湾,这个位于莱特岛东部和萨马岛南面,南接苏里高海峡的一个菲律宾东部的海湾,时至今日都不为大众所熟知。但是,在1944年10月20日至26日,在以这里为中心,南北1500海里、东西1000海里的辽阔海空域内,发生了一场迄今为止人类战争史上最大规模的海战。在短短的 6 昼夜时间里，美日双方共投入 21 艘航空母舰、21 艘战列舰、170 艘驱逐舰与近 2000 架作战飞机，总吨位超过 200 万吨（其中美海军 133 万吨，日海军 73 万吨），最终美海军损失 3 艘轻型航空母舰、3 艘驱逐舰，总吨位 3.7 万吨，损失作战飞机 162 架，伤亡 3000 余人；日海军损失 1 艘舰队航空母舰、3 艘轻型航空母舰、3 艘战列舰、6 艘重巡洋舰、4 艘轻巡洋舰、11 艘驱逐舰、7 艘潜艇，总吨位 30.6 万吨，损失作战飞机 288 架，伤亡 1 万余人。日本海相米内光政曾这样评价——"这就是终结"。是的！此时的日本海军已经彻底丧失了机动作战能力，剩下的只有那种有去无回的"神风""菊水"特攻了。

> 莱特湾大海战示意图

按照日本人的习惯，喜欢将围绕同一个作战目标的同一个作战计划中的作战行动称为同一场海战，例如瓜达卡纳尔岛争夺战、马里亚纳海战；而按照美国人化繁为简的习惯，将这场大海战分解为锡布延海战、苏里高海战、恩加诺海战和萨马岛海战，不管双方对莱特湾大海战的习惯称谓、阶段划分存在什么样的差异，这场庞大的海战都彻底决定了太平洋上美日双方命运，同时也留下了一系列难以解开的历史谜团，让这场海战中美日双方的当事人"蛮牛"哈尔西和"避战派提督"栗田健男饱受诟病，并卷入到旷日持久的争议漩涡当中。

"集体特攻"

一提到"特攻"，大家首先想到的就是"神风特攻"战术和"菊水特攻"行动，前者是日本海军"骨灰级"航空战术专家、时任"一航舰"司令官的大西泷治郎，为挽救日暮西山的日本海军而"发明"的一种以"零"式战斗机（携带 250 千克的炸药或航弹）为主笔成敢死攻击部队，俯冲撞击敌航母的战术；后者是 1945 年 4 月 7 日，联合舰队的"大和"号战列舰（仅携带单程油料）、"矢矧"号巡洋舰和 8 艘驱逐舰组成海上特攻队，企图于次日拂晓突入冲绳以西海域，歼灭美军登陆编队的"自杀性"攻击行动。不管怎么说，这些"特攻"也只是一种战术或战术级行动，而以庞大的舰队去干那种"有去无回""砸明火"的买卖，即使在今天说起来都会让人觉得匪夷所思。可就在那时，联合舰队司令长官丰田副武却真实地下达了"捷一号"作战命令，直接导致了莱特湾大海战的爆发。

在马里亚纳海战结束后，美海军第三舰队已抵近菲律宾中部沿海，正准备按原计划在棉兰老岛、帕劳群岛、雅浦岛方向发起登陆。但是此时，"蛮牛"哈尔西（第三舰队司令官）敏锐地发现，日军在这一地区基本已经没有成规模的军事力量，"就连可以攻击的运输船都几乎没有了"。面对这种形势，美军高层做出了直接进军莱特岛，大大加快解放菲律宾进程的决策，并于 10 月 20 日开始了旨在夺占莱特岛的登陆作战行动。

联合舰队司令长官丰田副武在后来解释这个作战计划时说得很清楚，如果菲律宾落入敌手，则意味着南方资源地带和日本本土的彻底隔离，这时候栗田健男指挥第二舰队如果回到油库已经见底的柱岛锚地来的话，就将会变为一堆废铁，而继续待在荷属东印度附近的话，因为无法得到本土的弹药补充，还是一堆废铁。不管号称世界上最大战列舰的"大和""武藏"有多么威武，在沦为废铁之后，就已经没有什么可惜不可惜的了。

莱特湾大海战，根本不像联合舰队发出的"作战要领"上所写到的那样"与陆军协同，在决战海面邀击来攻之敌，确立不败之战略态势"，而是一次联合舰队的"集体特攻行动"。简单说，就是把联合舰队（或者说整个日本海军）到现在还残存的全部战列舰、巡洋舰和驱逐舰全部出动，在小泽治三郎那 4 艘已基本没有飞机的航空母舰佯装掩护下，到莱特湾对着正在登陆的美国海军运输船团一通狂轰，能打沉多少算多少，"拼一个够本，拼两个赚一个"。这不是正规海军的战法，换句话说，如果仗打到这样"破罐子破摔"的份上，估计离彻底灭亡也不远了。事实上，日本海军或者说整个"大日本帝国"确实已经到了行将覆灭的"读秒"阶段了。

> "大和"号战列舰

> "武藏"号战列舰

各怀心事

在1944年8月至10月间,美日双方面临的战场形势存在着根本性的不同,也因此做出了截然相反的计划部署。

从9月至10月,在"蛮牛"哈尔西的指挥下,第三舰队出动了近6000架次舰载机,对马尼拉湾周边,以及琉球、中国台湾的日军机场进行了全方位轰炸,击毁日军作战飞机800余架,在消灭了一切被发现的海上、空中、地面目标后,日军司令官寺冈谨平甚至在自己的日记里悲叹"九月是苦月"(在日语里"九"和"哭"读音完全相同)。最后,在对可能影响到莱特岛作战的敌海空力量进行大幅度削弱,对敌方作战意志进行最大限度压制之后,实在是"百无聊赖"的"蛮牛"甚至想出了将受损的"堪培拉""休斯顿"号巡洋舰作为诱饵的招术,来诱使敌人上钩,其间出现了"第三舰队受损舰

百战归来：名将与成名战

艇已经得到救援，正在高速朝敌人撤退"这样海战史上著名的电文。罗斯福总统在发给"蛮牛"的私人电报中这样写道："你的舰队深入敌方海域作战横扫一切，国家为你们骄傲。除了你的飞行员英勇作战之外，我们还对你的舰队所表现出的坚韧品格和超一流的航海技艺极为欣赏。"

在这样的"大好形势"之下，麦克阿瑟指挥的登陆部队，凭借着奥尔登多夫指挥的第七舰队火力支援分舰队战列舰的强

> 哈尔西

> 麦克阿瑟及其参谋人员登陆莱特岛

力支援，于10月20日在几乎没有遭到大规模抵抗的情况下，顺利登陆莱特岛。为了保持"蛮牛"支援掩护莱特岛登陆作战的"专注性"，尼米兹还专门指示："没有太平洋舰队的命令，（第三）舰队主力不得擅自借道苏里高海峡和圣贝纳迪诺海峡。"（彻底断了"蛮牛"主动出击巡歼日军舰队的"念想"）同时，随着长时间的连续作战，"蛮牛"的第三舰队疲惫了，从1944年1月离开珍珠港开始，还没有上岸歇过一次脚。按照第38特混舰队指挥官米切尔的话说："这个世界上还没有哪一支部队像这样如此长时间地连续作战，中间没有休息和修整……这种连续作战的精神是值得褒扬的，但是部队的反应速度已经在下降，其结果是面对袭击将不能再那么完全在状态。"在这种情况下，哈尔西计划让部队轮流前往乌利西环礁进行物资补给、装备维修和人员休整，其中第38.1航母特混大队（指挥官麦凯恩，即刚刚去世的美国共和党参议员麦凯恩的父亲）先行于10月22日出发。

与"从容不迫"的美国海军相比，日本海军联合舰队的日子可谓是"窘困之极"（马里亚纳海战之后，航空母舰和舰载机损失惨重）。在加紧组织"捷一号"作战的主力——栗田健男的第二舰队训练的同时，抓紧时间"调兵遣将"（实际上不仅参战舰艇"老弱病残"，就连油料都"捉襟见肘"）。为了进一步"统一思想"，8月10日在马尼拉召开了由军令部、联合舰队、第二舰队等单位参加的"协调会"，虽然丰田副武在前面的话中把联合舰队的思想表述得相当清楚，但是这次作战会议却开得"极为失败"，不仅没有把栗田健男（第二舰队）、志摩清英（第五舰队）、西村祥治（第二战队）、小泽治三郎（第三舰队暨机动部队）几家参战部队"凑齐"，而且后来对第二舰队的作战说明会议的参加人员级别太低，把第二舰队的参谋长小柳富次弄得云里雾里，在向栗田健男汇报后，这位后来被称为"避战派提督"的指挥官双手抱头，瘫坐在椅子上半天之后，才低声说道："联合舰队这是帮第二舰队找坟场啊，但我可真想死得更加堂堂正正些。"

按照"捷一号"作战计划，栗田健男指挥第二舰队（含5艘战列舰、12艘巡洋舰、15艘驱逐舰）与西村祥治的第二战队（2艘战列舰、1艘巡洋舰、4艘驱逐舰）组成"第一游击部队"从文莱出发，通过不同的航线从南北方向夹击莱特湾；志摩清英的第五舰队（3艘巡洋舰、4艘驱逐舰）为"第二游击部队",从中国台湾的马公出发,待与西村祥治的第二战队会合后,从北面进攻莱特湾;小泽治三郎的第三舰队从濑户内海出发,从北面进行佯动作战,以吸引美军舰队驰援,掩护其他部队的作战行动。这一作战计划沿袭了日本海军的一贯"优点":分散、复杂、混乱。其实,丰田副武也是没有办法,制空权不在手中,航母和舰载机严重不足,就连"镇宅之宝""大和""武藏"都不惜血本押上了"赌桌",就连"山城""扶桑"这样的"爷爷辈的老古董"也拿出来充数,最要命的是没油了,不得不出动整个日本海军仅有的 8 艘油轮来实施中途燃油补给(没错,这么大的帝国海军就剩下 8 艘加油船了,其余的都被美国人送到了海底)。就是在这样的"拆了东墙补西墙"的情况下,勉强拼凑出了联合舰队"最后的特攻"(也真够难为丰田副武的了)。

死亡之旅

10 月 22 日 8 时,在"抱定必死决心"之后,栗田健男率领着第二舰队从文莱出发,准备以 18 节的速度沿巴拉望水道北上。此时,舰队尚处于美军战机作战半径之外,最主要的威胁就是已经让日本人吃过大亏的美军潜艇。因此,全舰队无数双眼睛都死死盯着海面,同时不断进行"之字形"防潜机动。入夜后,舰队进入了狭窄的巴拉望水道,此时一旦出现敌潜艇,这些大型舰艇将无法进行规避鱼雷机动,成为一个个"移动的靶标"。

倒霉的不是什么"一旦",还就是事实!两艘担负战役侦察和区域游猎任务的美海军潜艇就在附近。"海鲫"号潜艇在发现敌舰后,持续跟踪,并于 23 日拂晓时分发报,详细报告了敌舰队的数量(至少 11 艘)、编成(战列舰、巡洋舰、驱逐舰)和运动要素(16 节~18 节,航向东北)。

23 日 6 时 32 分至 56 分,在巴拉望水道狭窄的海域,"海鲫"号和"鲦鱼"号潜艇对第二舰队密集的编队展开了攻击,从此揭开了莱特湾大海战的序幕。其中,"鲦鱼"号在两次齐射中发射了 10 枚鱼雷,击沉了"爱宕"(栗田健男的旗舰)号,重创了"高雄"号重巡洋舰(后在 2 艘驱逐舰的护卫下返回文莱),而"海鲫"号齐射 6 枚鱼雷,一举将重巡洋舰"摩耶"号送入了海底。这次成功的偷袭,一下子就让第二舰队减员了 3 艘重巡和 2 艘驱逐舰,虽然这一损失没有让整个舰队"伤筋动骨"，但是却让身患登革热的舰队指挥官"下水游了一会儿泳"，并更换了旗舰（栗田健男改换"大和"号战列舰为旗舰），也为后来的最终决策失误埋下了伏笔（主要是通信问题导致栗田没有收到小泽那封"北上诱敌成功"的电报）。

此时的菲律宾海和小小的莱特湾，俨然已经成为整个太平洋上的焦点。在第三、第七两个庞大舰队的护卫下，麦克阿瑟率领着20万人的登陆部队，正在大举登陆莱特岛，并在滩头阵地上发表了有名的讲话："菲律宾人民，我已经回来了！仰仗着万能的上帝的慈悲，我们的军队又一次站在菲律宾的土地上了。"而此时，受到尼米兹"强力约束"的"蛮牛"哈尔西多少有些"百无聊赖"，3个拥有着11艘航母的特混大队（第38.1航母特混大队正在赴乌利西环礁途中），正散布在从吕宋岛到莱特岛沿海南北宽达250千米的海面上游弋着。

在接到"海鲫"号的报告后，哈尔西据此判定了这就是早先报告出现在文莱—新加坡海域的同一批舰船，目标很可能是前往马尼拉湾，伺机前往莱特岛执行"东京快车"任务（打了就跑）。他立即取消了麦凯恩第38.1航母特混大队赴乌利西环礁休整的命令，同时指示其余3个航母特混大队（第38.2、38.3、38.4）在补充燃料

> 航行中的栗田健男第二舰队（右起 长门，武藏，大和）

> 栗田健男第二舰队队形（10月23日）

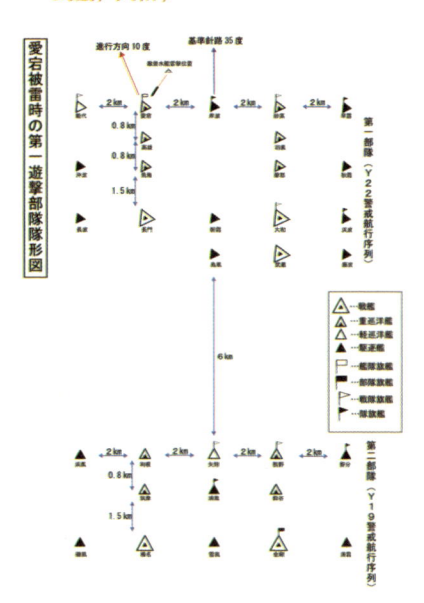

后向菲律宾海靠近。24日8时，"无畏"号航母（隶属于第38.2航母特混大队）上起飞的一架侦察机发现了"中路舰队"（美军根据栗田健男第二舰队所处位置的称谓），在召唤友机后查明并报告：包括战列舰、重巡洋舰在内的不少于27艘舰只，正在通过民都洛岛南端，准备进入锡布延海。这一情报对于哈尔西来说，是具有戏剧性的。这次可是前不久已遭受重创的日军舰队主动找上门来，还要通过圣贝纳迪诺海峡前往莱特湾。他立即指示舍曼（第38.3航母特混大队指挥官）和戴维森（第38.4航母特混大队指挥官）的部队向博根（第38.2航母特混大队指挥官）部队所在圣贝纳迪诺海峡外海靠拢。具体作战命令就一个词："打击！"此时，哈尔西手中握有11艘航母（5艘舰队航母，6艘轻型航母）、近600架舰载机，他将用这些"王牌"给予栗田舰队迎头痛击。

10时刚过，栗田健男第二舰队的雷达和对空警戒哨同时报告：敌机来袭！10时26分，包括"大和""武藏"18英寸主炮在内的所有防空火力全开，构成了一片"庞大绚烂"的防空弹幕。火力不可谓不强，炮弹不可谓不多，但是最大的问题就是缺乏统一的火力控制，通俗地说，就是"各打各的"，空当太多，给美军飞机提供了不少可乘之机。第一轮空袭过后，"武藏"号

> 麦克阿瑟登陆莱特岛

> "武藏"号战列舰遭到攻击

> "大和"号战列舰前甲板被航弹命中

射控系统被毁，"妙高"号重巡被重创。又经过了 4 轮空袭，"武藏"号超级战列舰中了 11 枚鱼雷、挨了 10 颗炸弹，已濒临沉没；"大和""长门"号战列舰，"利根"号重巡等舰艇中弹受损。在这样的"惨重"损失下，栗田健男的"脆弱神经"扛不住了，在向联合舰队司令部报告了"暂时退出敌机空袭圈"以后，下达了"一齐回头"的命令，向西脱离了战场。

在向西航行了一个半小时以后，栗田健男"奇怪地"发现，美军飞机不见了！于是，又调转船头向东，以 18 节的速度直奔圣贝纳迪诺海峡而去。

西村舰队的覆灭

24 日 9 时，第 38.4 航母特混大队的一架侦察机发现了苏禄海上向苏里高海峡方向航行的西村祥治的第二战队，以及志摩清英后续跟进的第五舰队，获悉这一情报后，"蛮牛"立即意识到"南路舰队"（美海军根据发现方位对西村舰队和志摩舰队的简称）的企图也是对莱特湾的美军部队实施夹击或包抄，只不过与"中路舰队"不同的是，选择了航经苏里高海峡前往莱特湾。此时，第 38.4 航母特混大队已根据哈尔西的命令向圣贝纳迪诺海峡外海靠拢，与"南路舰队"的距离已超出了舰载机的打击半径，哈尔西当机立断将其用于对"中路舰队"的打击，而将"南路舰队"留给了金凯德的第七舰队（隶属于麦克阿瑟指挥）。事实上，金凯德也已命令指挥第七舰队火力支援编队的奥尔登多夫做好夜战准备，给西村祥治和志摩清英预备了：6 艘老式战列舰

（都是从珍珠港捞起来的）、4艘重巡、4艘轻巡、26艘驱逐舰和39艘鱼雷艇（够日本人喝一壶的了）。

按照常理，既然西村与志摩两支舰队要合兵一处突入莱特湾"砸明火"，就需要在作战行动上互相协调配合，即使在强调无线电静默保持隐蔽的情况下，也得有一个起码的沟通吧。但是，这两位指挥官却如同陌路一般，各走各的，各管各的，如果可能的话甚至愿意"直至战死不相往来"。这一有悖战争常理的现象还得从日本海军内部畸形的人际关系说起。按照在文莱商定的战前预案，西村与志摩两支舰队要在会合以后一起展开攻击，但是问题来了：究竟谁指挥？按照海军大学的年级和晋升将官的时间来衡量，都是志摩清英在先，西村要受志摩的指挥。可是，西村对于志摩这个一直在海军中枢转来转去、缺乏海上作战经验的通讯专家的指挥能力根本不信任，因此西村在航路上对志摩一声不吭，只顾闷头向前跑，而且跑得特别快，原本第二战队应该以13节的航速向苏里高海峡前进，但是西村因为不愿交出指挥权，为了躲开志摩，愣是跑出了18节的"高速"，直接"找死撞到了美军的枪口上"（如果西村舰队以13节航速的话，应该在美海军侦察机活动半径60海里外，同时周边

> 苏里高海峡之战双方航迹图　　　　　　　　　　　　　> 奥尔登多夫

海域也无美海军潜艇活动）。

就这样，西村与志摩这两支缺乏起码协调配合的舰队一前一后跑到了苏里高海峡，奥尔登多夫已经给"南路舰队"在海峡的入口预备了鱼雷艇、驱逐舰，在海峡的出口预备了巡洋舰、战列舰，这一切不禁让人想起了39年前的"对马海战"，想起了秋山真之的"七段战法"，想起了疲于奔命的罗杰斯特文斯基，一切都是那样地相似，只不过"倒霉的配角"变成了日本人自己，正应了那句"出来混迟早都要还的"。

> 遭到美海军战列舰猛烈炮击的西村舰队（照片从"宾夕法尼亚"号战列舰拍摄）

苏里高海峡南北长约40海里，最宽处16海里，以西村舰队的航速最少也要2个小时（主要是"扶桑""山城"这两艘老式战列舰太慢），同时海峡内岛礁密布，更何况美海军严阵以待，这是一条名副其实的"死亡通道"。面对着"死亡通道"，"已无欲无求"的西村（他唯一成人的儿子刚刚阵亡在菲律宾）略微看了一下罗盘，就命令以单纵队的队形驶入"漆黑的绝路"。

刚进入漆黑的海峡，第二战队就"毫无悬念"地遭遇了美海军舰艇,本来"夜战"是日本海军的拿手好戏，两年前三川军一在萨沃岛海战中那"神话"般战绩仍旧历历在目，但是两年多战火的考验，也将美海军的驱逐舰锻炼成了超出日本人估计的"老鸟"。在1分钟的时间里，美海军驱逐舰在7000米的距离上向第二战队发射了27枚鱼雷，发射完毕后立即施放烟幕弹，干净利索地脱离了战场。转瞬间，"扶桑"号战列舰被4枚鱼雷击中，迅速沉没，沉没速度快到没有被西村祥治察觉，他在向栗田健男报告的电文中甚至还说"我驱逐舰受到鱼雷攻击，'山城'也被命中，不影响战斗航进"。但是美海军驱逐舰第二波攻击所发射的20枚鱼雷使他马上察觉到灾难的降临，1艘驱逐舰被击沉，2艘被重创，再加上刚刚沉没的"扶桑"，转瞬间整个第二战队就剩下"山城""最上"和"时雨"3艘船了。

25日凌晨4时，西村好不容易带着"两大一小"向北走到了苏里高海峡的出口，刚一露头就遭到了 6 艘战列舰、8 艘巡洋舰的一顿狂轰，在 30 分钟的时间里，美海军战列舰群向 3 艘日舰发射了 300 发炮弹，巡洋舰群则打出了 4300 发炮弹，与此同时驱逐舰还发射了几十枚鱼雷。在美舰恐怖的火力之下，"山城"号被迅速击沉，西村祥治以下 1400 名官兵中仅有 10 人生还；"最上"号舰桥被直接命中，全体指挥军官悉数阵亡，舵机失灵，最后在炮术长的指挥下转人工操舵，艰难地向南撤退。半小时后，志摩舰队也赶到了苏里高海峡，望着熊熊燃烧的"最上"，志摩清英还算冷静，没有像西村那样直奔黄泉，而是选择"理智的退却"，可是在转向调头时，"那智"号重巡一头撞上了微速移动的"最上"，将这艘两年前在中途岛因为撞船就该沉没的重巡彻底留在了苏里高海峡（1942 年中途岛海战结束撤收时，"最上"与"三隈"号相撞，在遭受重创后成功返航，而这次在劫难逃的"最上"号因受伤严重，最终被"曙"号驱逐舰用鱼雷击沉）。后来美国人对志摩清英的评价是："他把第五舰队带进了苏里高海峡，又把第五舰队带出了苏里高海峡，只不过进口出口是同一个。"

就这样，进攻莱特湾的第一支部队还没有穿过苏里高海峡就已经完蛋了。

"让那些航空母舰成为记忆"

截至 25 日晨光初始时分，进攻莱特岛的"南路舰队"宣告了失败，西村舰队玩完了，志摩舰队调头跑了，栗田健男的"中路舰队"也遭到美海军舰载机的一顿"痛扁"，也调头撤退了（暂时撤退）。按理说，仗打到这个份上，日海军的意图非常明显，都是直奔莱特岛美军登陆部队而去，其总体部署应该完整地"呈现"在美军的面前了，但是一个极为重要的问题令从华盛顿到夏威夷到菲律宾的所有美军指挥决策层都无比困惑：日本人的航空母舰去哪里了？

哈尔西和他的参谋们认为，按照日海军的作战理论和以往作战的经验，在大规模海上作战发起前，他们航空兵是要打头阵的，在其岸基航空兵已被基本摧毁的情况下，只能出动航母发起攻击行动，但是无论潜艇还是航空侦察都没有发现文莱—新加坡海域有敌人航母的活动迹象，结果只有一个：敌人的航母以本土为基地，而且如果要来的话也是从北方南下。

事实也是如此，按照"捷一号"作战计划，小泽治三郎第三舰队这支"外强中干"的"主力偏师"，将从日本本土出发，经丰后水道进入太平洋，在恩加诺角以东海域进行佯动作战，掩护栗田、西村、志摩舰队的作战行动。小泽的舰队下辖"瑞鹤"号舰队航母（参加偷袭珍珠港作战6艘航母中硕果仅存的漏网之鱼），"瑞凤""千岁""千代田"号轻型航母，"伊势""日向"号航空战舰等17艘舰艇，尽管只搭载了116架舰载机（编制数量174架），而且飞行员多是新手"菜鸟"，但是至少在外观规模上还挺"吓唬人的"。最令哈尔西和尼米兹意想不到的是，这次日本人"豁出去了"，用"最为宝贵的战略资源"——航空母舰来当诱饵。

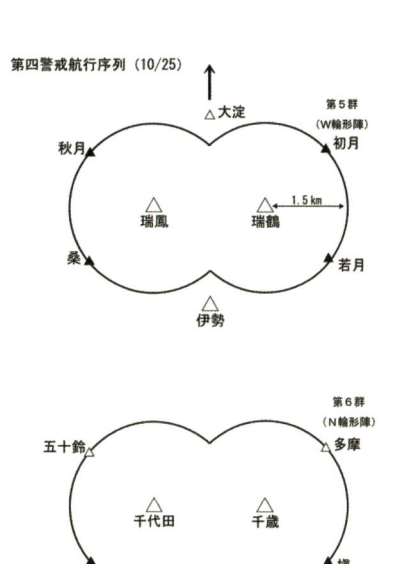

> 小泽治三郎第三舰队的队形

负责北方作战区域侦察的第38.4航母特混大队由于防御日军航空兵袭扰，未能及时派出侦察机，故直至24日下午仍未获得有关敌航母的任何情报，哈尔西和他的参谋人员都显得无比焦虑，因为他们深知"看不见的敌人最可怕"的道理。空中作战军官莫尔顿甚至忍不住用拳头在海图上敲击，口中不停地念叨着"该死的日本航空母舰到底在哪里"。最后在17时许，终于在吕宋岛最北端的恩加诺角以东180海里处，发现了从北向南驶来的小泽第三舰队，并基本判明其编成为：至少3艘航母、4艘～6艘巡洋舰和6艘驱逐舰（实际上总数为17艘）。这一情报改变了哈尔西对先前战局的判断，小泽第三舰队4艘"威胁最大"的航空母舰立即成为"蛮牛"的首选目标。

在对"北中南"3个方向均发现日海军来袭舰队的战场形势进行综合研判后，哈尔西得出了初步结论："南路舰队"已被击溃；"中路舰队"已在早先的空袭中损失惨重，也已向西撤退（实际上栗田又杀了个"回马枪"），即使其调头东进，至少在 25 日 11 时前无法抵达莱特湾，这也就使金凯德派往苏里高海峡阻击"南路舰队"的奥尔登多夫火力支援编队有时间在击溃敌人后返回莱特湾，以应对"中路舰队"的可能威胁。按照"蛮牛"的原话说，就是"金凯德有能力保护自己"。同时，如果此时命令舰载机立即起飞的话，那么攻击结束返航着舰时，天将完全暗下来，以当时的技术条件和飞行员操纵技能来衡量，极有可能损失大量舰载机，这也是"以人为本"的美国海军所不能承受的。因此，"蛮牛"下达了这场海战中最重要，也是最具争议性的命令：放弃圣贝纳迪诺海峡，使用 3 个航母特混大队（含"新泽西""衣阿华""华盛顿""亚拉巴马"号等 4 艘快速战列舰）向北机动，待次日天亮时使用舰载机"让那些航空母舰成为记忆"。"蛮牛"的指令得到了第三舰队所有与会人员的一致赞同。事后多年，"蛮牛"曾回忆道："做出全力进攻北路舰队的决策是很勉为其难的……但是如果还是在同样的背景条件下，还是我当时所获得的那些信息，我还是会做出同样的决策。"（不愧是美国海军中最具个性的"蛮牛"啊！）

为保持舰队行动的隐蔽性，在刚过 20 时天彻底黑下来的时候，"蛮牛"下令舰队北上，"戴维森和博根以 25 节速度北上；舍曼在他们过后就跟上；麦凯恩的部队作为第 38 特混舰队的预备队高速北上。"同时，向金凯德发报："战报显示敌人位于锡布延海的舰队已遭重创。正带着 3 个航母特混大队一起北上，预计拂晓袭击敌人的航母舰队。"（该电报的副本同时发给了欧内斯特·金和尼米兹）午夜时分，为了不与"北路舰队"出现"擦肩而过"的意外，哈尔西命令舰队将速度由 25 节降至 16 节，并于 25 日凌晨起飞了 5 架装备有雷达的 F-4F"地狱猫"式飞机前出侦察，在发现相距 100 海里的小泽舰队后，立即命令威利斯·李率 6 艘战列舰前出高速接敌（避免使己方航母卷入夜战）。在 25 日 7 时 10 分，侦察机重新发现小泽舰队，此时美日双方的兵力对比是——舰队航母 5：1，轻型航母 5：3，舰艇总数 64：17，"蛮牛"占有绝对的优势。8 时 50 分，在美机的轮番空袭之下，小泽的 4 艘航母已岌岌可危，"蛮牛"接到报告称"惊天动地的爆炸声之后敌人 1 艘航空母舰沉没，重创 2 艘航空母舰和 1 艘巡洋舰。其他航空母舰还未够着"。此时，哈尔西最为期盼的是威利斯·李的 6 艘战列舰能尽快追上日军残余舰艇，来一场水面舰艇之间的"原

> 遭到空袭即将沉没的日海军"瑞凤"号航母

> 遭重创的日海军"瑞鹤"号航母，已出现明显的左倾

教旨主义"炮战，要知道在"蛮牛"精彩的海军生涯里就差这一幕了。

就在"蛮牛"热血沸腾，静待前方传来捷报时，最为戏剧性的一幕出现了——令人震惊的"求救电报"来了，金凯德称"我的情况很紧急。快速战列舰和空中支援或许可以使护航航母免遭摧毁，并阻止敌人进入莱特湾"。就在"蛮牛"还没缓过神来，正在嘟囔着"金凯德是怎么搞的"之时，又收到了"老校友"（尼米兹）发来的，也许是令他一生中受刺激最深的一份电报："在哪里（重复）第34特遣舰队究竟在哪里（重复）全世界都想知道。"看到这份电报后，"蛮牛"的情绪彻底失控，"一把抓下自己的帽子狠狠地摔在了甲板上，开始哭出声来"。"第34特遣舰队"和这份"极为刺激的电报"是怎么一回事呢？

原来，"第34特遣舰队"是作战发起前，哈尔西在预案中给一个作战编组（威利斯·李指挥的4艘战列舰）赋予的临时代号，而尼米兹仅仅是想询问一下"第34特遣舰队在哪里"，但是太平洋舰队司令部的参谋人员在口述报文内容的时候语气很重，以至于记录人员通过加上"RPT（重复）在哪里"以表达出参谋人员语气里所有的含义。而准备电文内容的一名少尉军官按照美军当时为防止泄密的惯例，加上了"火鸡下水"的报头和令人费解的"全世界想知道"报尾。最有意思的是，收到此份电报的所有舰船和通信站都正确判读了报文的内容，唯有"新泽西"号（哈尔西的旗舰）的报务员例外，没有将"多余的"报头报尾掐掉。这一极为偶然的巧合，不仅对"蛮牛"施加了"无与伦比的刺激"，也造就了人类海战史上一个著名的"乌龙事件"。

> 金凯德

> 威利斯·李

在看到自己没有选择之后，"蛮牛"于11时命令威利斯·李指挥的第34特遣舰队（含6艘战列舰）由0度改为180度航向，来了个180度的大转弯。多年后，"蛮牛"是这样回忆那个"无比沮丧时刻"的："我将大好机会甩在了背后，并且是个从我还是海军学员时就梦想着的机会；对我来讲，这场战役中最大的一场战斗机会被放弃了，而且还被冠上了'蛮牛大奔袭之战'的称谓。"

这，这究竟是怎么一回事呢？金凯德那边到底出了什么惊天动地的大事？

匪夷所思的撤退

此时，金凯德如同"热锅上的蚂蚁"一样，被栗田健男的"中路舰队"折腾得焦头烂额。"中路舰队"23艘舰艇（含包括"大和"号在内的4艘战列舰）已于25日凌晨突破圣贝纳迪诺海峡，3时前后以20节的速度沿萨马岛海岸南下，向莱特湾口航行，准备按照原计划突入海湾消灭美海军集结舰船。5时30分，为防御天亮后（当地日出时间为6时27分）就可能出现的美军空袭战机，栗田健男命令舰队组成环形对空防御阵型。就在这时，"不可思议"的一幕出现了：舰载雷达和瞭望手几乎同时发现天际处的水平线上出现了桅杆，没错！是航空母舰的桅杆，还有正在起降的舰载机。距离大约32千米，已处于战列舰主炮的射程之内。这是一个令栗田健男和第二舰队——不！是整个日本海军沸腾的时刻，"大和"号上的第二舰队司令部参谋人员中甚至有人眼含热泪地说："当年大东沟海战时伊东元帅看见'定远'和'镇远'时就是这种心情吧？"要知道，在人类现代海战史上这是第二次水面舰艇在自己的主炮射程之内看见敌方的航空母舰，上一次还是1940年6月8日德国海军"沙恩霍斯特""格莱森瑙"号战列巡洋舰击沉英国皇家海军"光辉"号航母的时候。栗田司令官的命令就一个字：打！

包括"大和"号在内的4艘战列舰威力巨大的炮弹，立即"雨点般"地向

> 遭受重创的美航空母舰"冈比亚湾"号

当面美军6艘护航航母和7艘驱逐舰砸了过来。这些舰艇隶属于金凯德第七舰队的第77特混舰队第三航母护卫群，指挥官是斯普拉格少将。眼看着灭顶之灾就要降临，此时"艺高人胆大"的美国海军驱逐舰来了一次令斯普拉格，也令栗田健男目瞪口呆的"英勇特攻"。7艘在战列舰面前"几乎可以忽略不计"的驱逐舰，施放了烟幕有效地掩护了正在遭受"毁灭性炮击"的6艘护航航母，并勇敢地冲向战列舰实施密集的鱼雷攻击。当时的水面舰艇海上编队炮击效果在很大程度上取决于阵型，正处于各自机动之中的23艘舰艇一时间无法完成阵型变换，面对着海面上密集的鱼雷航迹，别说巡洋舰、驱逐舰，就是战列舰这样的庞然大物也得绕着走，因此，"无比激动"的第二舰队出现了暂时的"混乱"，"热泪盈眶"的栗田也束手无策，只能等到阵型变换结束再说。

在当时的技术条件下，凭借光学瞄准仪，战列舰主炮30千米距离上的命中概率不会超过0.3%，在缺乏弹着点观测机的情况下（"大和"号2架水上飞机起飞5分钟就被击落），面对着驱逐舰施放的烟幕，威力巨大的460毫米主炮陷入了"英雄无用武之地"的尴尬。7时25分，一场突如其来的热带暴风雨迅速地将斯普拉格那6艘"正在遭受巨炮蹂躏"的护航航母"包裹"了起来，驱逐舰发射的鱼雷迫使敌人战列舰和重巡改变了航向，从第二群护航航母上起飞的80架舰载机对冲在前面的重巡编队一顿"痛扁"，转瞬间4艘重巡洋舰被重创或击沉。在一片弹雨之下，尽管得到了老天的"眷顾"，

> 正在炮击美护航航母编队的"大和"号战列舰

> 正在勇敢地施放烟幕的美海军驱逐舰

> 遭到炮击的美护航航母舰载机紧急起飞

> 遭美机空袭的"熊野"号重巡洋舰

并做出了"殊死的抗争",但是全军覆灭的危险始终笼罩在斯普拉格的头顶。9时29分,舰桥上突然有人喊了起来:"见鬼,日本人撤退了!"

原来,就在9时10分,栗田健男下达了"以我为中心集合"的命令。因为经过2个小时"乱战"之后,第二舰队已经分得太散了,毕竟他们作战目的是冲进莱特湾,如果再盯着美国人的航空母舰打,就会与主要作战目标莱特湾渐行渐远。就这样在2个小时之后,也就是在10时54分才整队完毕,4艘战列舰、4艘巡洋舰、7艘驱逐舰(4艘重巡和4艘驱逐舰已被重创或击沉)继续杀向莱特湾。此时,距离莱特湾约45海里,也就是说2小时后,美军在莱特湾内的58艘5000吨以上运输船,151艘2000吨以上登陆舰,以及麦克阿瑟的旗舰"纳什维尔"号巡洋舰都将成为"瓮中之鳖"。

就在这时,马尼拉的南西方面舰队司令部发来了一封改变莱特湾战役整个进程的关键电报："在苏禄安岛 5 度 113 海里处发现敌正规航母舰队。"这份电报立即在第二舰队司令部里引起了一阵恐慌，因为这个位置就在第二舰队正北方 55 海里，美军舰载机如果立即起飞，可能用不了一个小时就会将炸弹和鱼雷倾泻在他们的头上，前一天"武藏"号沉没的恐怖场景可能又会重演。"大和"号舰桥上几乎所有人都举起望远镜，将目光向东方方向水平线上投去，确实看到了高耸的桅杆和正在起降的飞机，明显是一支航母编队，这一幕令所有人背心发凉。然而最为邪门的是，战后查明这个情报是误报！而且在所有人望过去的那个方向上并没有美国海军舰队的存在。

同时，莱特湾情况怎么样了？小泽的第三舰队怎么样了？是不是成功地诱敌北上了？对于这些信息，栗田健男都一无所知（实际上小泽治三郎确实发出过"诱敌成功"的电报，但是栗田并没有收到，具体原因后面再说）。如果在背后有一支美国航母舰队的情况下冲进莱特湾的话，不管在那里发生了什么，栗田健男和他的第二舰队都将成为"笼子里的老鼠"。不管是什么原因，反正此时的栗田就是一个"聋子""瞎子"兼"哑巴"。在种种因素的综合作用下，13 时 13 分（这时间太不吉利了），栗田健男终于下达了新的命令："全体调头，北上前往苏禄安岛 5 度 113 海里处与敌航母舰队决战"。这条"决战之路"甚是艰难，第二舰队先后遭到了 4 批 100 架次美机的空袭，跌跌撞撞到达目的地后"毫无悬念"地扑了个空，但此时舰艇所剩燃料已经不允许栗田再次南下，于是在 18 时整第二舰队反穿圣贝纳迪诺海峡向西返航，在付出 1 艘巡洋舰被炸沉，"大和""榛名"被重创的代价后，于 28 日夜间抵达文莱。

结局和影响

是役，美国海军"普林斯顿"号轻型航母、"冈比亚湾""圣洛"号护航航母，"约翰斯顿""霍尔""罗伯茨"号驱逐舰被击沉（总吨位 3.7 万吨），只能算是"擦破了点皮"。而日本海军包括"瑞鹤"号舰队航母，"瑞凤""千岁""千代田"号轻型航母，"武藏""扶桑""山城"号战列舰，"爱宕""摩耶""鸟海""最上""铃谷""筑摩"号重巡洋舰和"能代""阿武隈""鬼怒""多摩"号轻巡洋舰，以及 11 艘驱逐舰在内的 28 艘主战舰艇和 7 艘潜艇被击沉（总吨位 30.6 万吨），剩下的舰艇也基本是伤痕累累，没有大修根本无法继续作战。日海军在这次海战中沉没的舰船占珍珠港事件以来损失总数的四分之一以上。日本海军除了在后来保卫本土方面还能发挥点次要作用外，再也没有什么大的作为了。由于在此次战役末期大西泷治郎倡导的"神风特攻"获得了一些战果，日海军从此开始大规模将"神风特攻"战法投入使用。

至此，昔日在太平洋上不可一世的帝国海军联合舰队已彻底丧失海上机动作战能力，甚至可以说建军 77 年的日本海军已经从整体上不复存在了。战役结束后，日本海相米内光政悲哀地说道："这就是终结！"

不管从准备、计划、实施和结局哪个环节上讲，"捷一号"作战简直就是个扯淡：栗田打得很不光彩，西村舰队在苏里高海峡全军覆灭，志摩舰队见势不妙调头就溜，也就数小泽的舰队干得不错，不仅基本上完成了预定作战任务，成功地将哈尔西"钓"了出来，还将带出来的 17 艘舰艇中的 10 艘带了回去。但是从全局上来看，小泽治三郎却根本没有理解他在干什么，也没有让别人知道他在干什么。对于"瑞鹤"号航母上所发生的通讯故障，以及因此导致的栗田健男没有获得"诱敌北上成功"的电文的责任，应当也必须由小泽来负责。因为这次作战过于复杂（日本海军每一次作战都复杂），所以成功的关键就在于通讯能否畅通，而小泽似乎并没有这样想，所以他根本就没有去注意那份他受到美军舰载机全力攻击的电报有没有发出去，以及栗田有没有接收到。这也是日本人常见行为习惯"我很努力，可是我并不知道我的努力有没有结果，但我还是很努力"的一种表现形式。在多方参与的努力中，结果不是一个数量和，而是一个矢量和，在"捷一号"作战这场缺乏配合协调，只顾"各自闷头走夜路"的"复杂军事行动"中，大家的努力结果只是一场空，栗田健男只不过是帮包括丰田副武司令长官在内的一大帮人背起这个黑锅罢了。

> 发生剧烈爆炸的美护航航母"圣洛"号

而美国海军一方，也吃够了"各自为战的苦头"。通过对这场超大型战役指挥协同问题的深刻反思，直接催生了建立联合指挥机制的构想。在哈尔西与金凯德的手中，都握有足以应对各种可能出现危机的强大力量，但是二者之间始终缺乏统一的指挥与协同，军种之间的明争暗斗造成了作战指挥体制的条块分割和作战区域的画地为牢，独立实施时还好，大不了各玩各的，"老死不相往来"而已，可一旦出现作战区域、作战任务、作战时间、作战兵力的重合时，所有被胜利掩盖的隐患都将如同暗礁一般浮出海面，对作战行动的顺利实施和战略战役目的的达成构成直接的影响，可能造成，事实上也确实造成了极为消极的影响。作战文书用语、指挥文电传输的时效和流程、战役指挥者彼此之间的误解和默契都是作战指挥体制和运行机制的注脚，偶然与必然的因素也只是使对经典战役的描述更加异彩纷呈而已，而战争胜败喧嚣浮华之下蕴含着的严密逻辑流程如钢铁一般冰冷。战争用鲜血和铁一般的事实告诉我们，不管手中握有的力量有多么强大，都需要由"冷静的头脑"来支配，由"火热的心"来释放，二者必须兼而有之，缺一不可。事实上，马里亚纳海战和莱特湾海战中的斯普鲁恩斯与哈尔西"令人费解"的指挥决策经过与战果就是对此最好的注解。

历史的漩涡

在莱特湾这场史无前例的大海战中，"蛮牛"取得了"一生中最大的战果"，也饱受了"一生中最大的争议"。对他的争议很多，但核心问题只有一个，就是关于为什么"擅离职守"，被小泽"调虎离山"，带走了包括"第34特遣舰队"在内的一切力量，不顾圣贝纳迪诺海峡方向的栗田健男的"中路舰队"，将金凯德（也包括麦克阿瑟）置于"危险的境地"。尽管"蛮牛"对此进行了"坚决的辩白"，但是仍将自己置于一个意想不到且旷日持久的"争议漩涡"。

10月24日8时，正在通过民都洛岛南端，准备进入锡布延海的栗田健男的"中路舰队"被美军侦察机发现，遭到了手握11艘航母（5艘舰队航母，6艘轻型航母）、600架舰载机的"蛮牛"的迎头痛击。从10时26分到15时30分，第二舰队共遭到"蛮牛"五轮空袭，"武藏"号超级战列舰被击沉，"大

> 哈尔西

和""长门""利根"等舰艇都已中弹受损，栗田不得不下令西撤，"暂时退出敌机空袭圈"。在向西航行了一个半小时，也就是17时前后，"奇怪地"发现，美军飞机不见了！于是，栗田又下令调转船头向东，以18节的速度直奔圣贝纳迪诺海峡而去。美机"不见了"的原因，是第38.3航母特混大队的侦察机刚刚发现了恩加诺角以东，从北向南驶来的小泽第三舰队，其中一个最为关键的信息为："敌舰队至少包含3艘航母……"在那个时代，航空母舰是任何一支现代海军"对敌威胁最大的目标"和"最有价值的战略资产"，小泽治三郎那几艘"威胁最大""最有价值"的航空母舰立即成为"蛮牛"的首选目标，这完全符合身经百战的他对现代战争的认知。

而"第34特遣舰队"是怎么一回事呢？原来在24日下午，"蛮牛"估计到已遭受五轮空袭、损失惨重且已经掉头西撤的"中路舰队"仍存在调头向东、航经圣贝纳迪诺海峡的可能，但是即使其在当日日落前调头东进，那么在25日11时前无论如何也无法抵达莱特湾。这样金凯德派往苏里高海峡迎战"南路舰队"的奥尔登多夫的火力支援编队（含6艘战列舰）就有时间在击溃当面之敌后，移师阻击出圣贝纳迪诺海峡，直奔莱特湾的"中路舰队"。尽管6艘老式战列舰速度慢了些，但是在"守株待兔"式的防御战中，他们14英寸~16英寸的主炮是完全可以抗击已遭到美海军舰载机五轮空袭的"中路舰队"的。

但即使在这样"乐观判断"的情况下，为应对这种"可能性不大的威胁"，在作战发起前，哈尔西向米切尔（第38特混舰队指挥官）和威利斯·李（战列舰分队指挥官）和4个航母特混大队指挥官发去了一份电报。在电文中指出，要做好准备组建一个新的"第34特遣舰队"的设想(也可以理解成是一个预案)，其兵力包括："新泽西""衣阿华""华盛顿""亚拉巴马"号等4艘快速战列舰，2艘重巡、3艘轻巡，还有2个驱逐舰分队。届时，上述兵力全部由第38.2和38.4航母特混大队中抽调，并由威利斯·李出任指挥官。从作战电文的表述中可以看出，这不是一份命令执行电报，而是一份对可能出现水面舰艇交战有所准备的战斗预案。为防止下属的误解，"蛮牛"随后通过无线电话向他们告知："如果敌人出击（由圣贝纳迪诺海峡），接我命令后成立第34特遣舰队。"（这条说明性的电文只有博根和戴维森这两支距离较近的航母特混大队收到，因为所需兵力均由他们那里抽调）

那么"把金凯德（第七舰队）置于危险境地"是怎么一回事呢？其实，金凯德的事还得从美国太平洋战区的作战区域划分和指挥体制讲起。为了更好地区分作战任务（实际上是为了照顾美国陆军和麦克阿瑟本人的"情绪"），便于在极为广阔的作战区域实施指挥，美军将整个太平洋战场划分为西南太平洋战区和太平洋战区。西南太平洋战区由麦克阿瑟指挥（陆军的地盘麦帅说了算），主要作战区域是澳大利亚和东南亚，而除去这些区域外的所有太平洋陆海空域的作战行动均由尼米兹负责（也就是海军的地盘），海军说了算的太平洋战区包括：北太平洋战区（阿留申群岛和千岛群岛）、中太平洋战区（夏威夷、中途岛和马里亚纳群岛）、南太平洋战区（所罗门群岛、马绍尔群岛等）。根据陆海军协商结果，在战区结合区域会有合作，指挥权由

> 米切尔

> 英文版太平洋战场区域地图（分北太平洋区、中太平洋区、西南太平洋区及东南太平洋区）、左上角大陆画为中缅印战区，红线内为日本势力范围

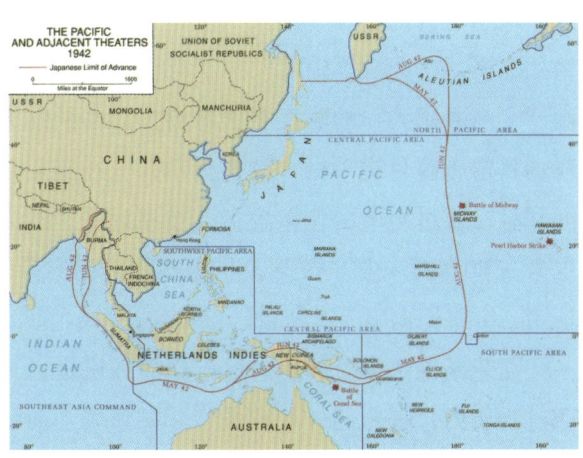

临时指认。莱特湾战役，就属于"在战区结合区域的合作"，金凯德指挥的第七舰队此时归麦克阿瑟指挥，虽然他的顶头海军上司是尼米兹，但是他的船尼米兹一艘也指挥不动。此时，尼米兹与麦克阿瑟之间相互只有协调权，也就是说"谁也别来横的，凡事得商量着办"，"大权独揽"的麦克阿瑟坚持要求全面置于他的指挥之下，甚至禁止第三、第七舰队之间有其他沟通渠道（其实金凯德一直在第三舰队的通信频率偷偷守听，这都是被麦克阿瑟给逼的）。在这种情况下，有时哈尔西与金凯德之间对彼此的作战行动毫无所知（挺荒谬的，但确实存在）。一句话，在超大规模莱特湾战役期间，在"战区结合区域合作"问题上，美国军队始终缺乏一个具有足够权威的联合指挥协调机构，这也是几乎出现"自摆乌龙"的体制根源。

同时，从发现栗田健男"中路舰队"一开始，金凯德就"潜意识"认为抗击志摩、西村共同组成的"南路舰队"是自己可能承受的"最大极限"，而将抗击圣贝纳迪诺海峡方向威胁的所有希望都寄托在"蛮牛"身上。再加上因为指挥体制造成的隔阂、通信传输的时效（哈尔西与金凯德的所有通信都需要经过位于马鲁斯的通信站进行转发，由于是战时，报文的优先级无法得到保证），还有对"第34特遣舰队"是命令还是方案的误解，以及航空侦察延误（金凯德的"卡特琳娜"式水上侦察机没有发现，而舰载侦察机却又因为种种原因没有起飞）等种种原因，金凯德对战场形势的变化与发展出现了"似乎符合逻辑"，却又"注定无法避免"的误判。但是正如"蛮牛"期望的那样，"金凯德确实保护了自己"。第77特混舰队第三航母护卫群那7艘"艺高人胆大"的驱逐舰面对突如其来的强大栗田舰队，来了一次令所有现场目击者瞠目结舌的"特攻行动"，在施放烟幕有效地掩护6艘护航航母的同时，通过勇敢的鱼雷攻击有效地迟滞了敌人战列舰、重巡的前进步伐，也为在80架舰载机的支援掩护下扭转战场形势创造了至关重要的条件。事实证明，金凯德也确实有"自己保护自己"的能力。

克劳塞维茨在《战争论》曾精辟地讲道："战争是双方精神和物质力量通过物质力量进行的一种较量"。如果一个前线指挥官缺乏足够的战斗意志和战则必胜的强烈信念，那么无论他手中握有多么强大的力量，都会出现自己将无法承受面临压力的错觉。也许真的应了那句老话："无论你采用什么样的方式,都无法叫醒一个装睡的人。"

有些观点认为:"根据在马里亚纳海战和中国台湾空战中日军飞行员的表现,可以判断小泽舰队的航母和舰载机已经不具备先前那样的进攻能力,很有可能是充当掩护栗田舰队的诱饵。"作为"事后诸葛"而言,确无大碍,但是持这些观点之人(第38特混舰队参谋长阿来·伯克)所处的指挥位置和思维角度与"蛮牛"存在着根本性的差异,就哈尔西的指挥岗位和肩负责任而言,在掌握情报信息有限的情况下,他只能根据战场威胁和军事常识做出判断并付诸行动。

其实,我们还可以换一个角度来看莱特湾海战中"蛮牛"所饱受的质疑,下面是莱特湾海战中日方海军作战进程中几个场景的回放,也许是"敌人有时比自己看得还清楚"的缘故,相信可能会更有助于读者对那段颇具争议的历史事件的理解。

场景一:1966年底,莱特湾大海战的日方主要当事人之一,时任第一航空战队司令官的小泽治三郎在去世之前曾拉着来看望他的莱特湾大海战日方第一当事人栗田健男的手说:"给你添麻烦了。"其实,就在栗田健男最终下令掉头北上的时候,他周围第二舰队司令部的任何人都没有提出异议,当第一战队司令官宇垣缠指着前方说了一句"长官,敌人在那边",而栗田健男的回答则是"行了,北上吧"。

场景二:在指挥23艘战舰(包括"大和"号超级战列舰)突破圣贝纳迪诺海峡后,面对美海军第七舰队的6艘护航航母、7艘驱逐舰时,栗田健男下达的第一个作战命令就是"驱逐舰退后,战列舰攻击"。这是一个明显违反当时海战常识的作战命令,尽管驱逐舰速度快、训练好、指挥素养高、装备的氧气鱼雷威力超强,但是最致命的问题就是——没油了!此时日海军的驱逐舰剩余油料已经不够冲进莱特湾再回去了。在美海军驱逐舰施放烟幕后,日方战列舰无法进行弹着点观测,搭载的水上飞机根本飞不起来,再加上突如其来的热带暴风雨和美海军驱逐舰奋不顾身的鱼雷攻击,真的将栗田的战列舰给绊住了,同时80架美海军舰载机已经临空,栗田的重巡全部被重创,同时接到情报:"在苏禄安岛5度113海里处发现敌正规航母舰队。"

场景三:在栗田健男下令转向前,第二舰队残存舰艇(4艘战列舰、4艘巡洋舰、7艘驱逐舰）距莱特湾内还有45海里，按照最大航速计算还需要走两个多小时，但在第二舰队残存舰艇附近还有美海军第七舰队统一指挥的3个护航航母大队的10艘护航航母，总数超过400架的舰载机，足够在两个小时的时间里将栗田的残存舰艇送去见天照大神2次~3次还不止。

克劳塞维茨认为"战争的目的是让敌人屈服于我方的意志"。而此时从军令部到联合舰队，已经没有任何人对战争的结局和他们一切徒劳的努力表示怀疑了。虽然事后很长时间"蛮牛"还仍时时自责，但是这种自责其实大可不必，因为除了罗斯福总统对他大加赞扬之外，不管是尼米兹还是欧内斯特·金，甚至是海军的"死对头"麦克阿瑟，都没有对莱特湾的"蛮牛"说一句消极负面的话。

当"蛮牛"在莱特湾海战后受到最强烈的质疑时，麦克阿瑟表示了对他坚定的支持，不仅制止了身边人的非议，还专门强调"不要管'蛮牛'的闲事，在我的书里，他依然是个战斗的将军"。当1945年1月"蛮牛"与斯普鲁恩斯交接指挥权返回珍珠港休整前，他还专门致电称"你的离开将给这个战场留下一条缝，而且只有你的再次回归才能将其缝合"。是的，"蛮牛"确实将这个"裂缝"给"缝合"了起来，就在这场战争的终点——停泊在东京湾的"密苏里"号战列舰上，"粗中有细"的"蛮牛"在主桅上同时升起了陆海军两面五星上将旗（此前，按照美国海军规定和传统，舰艇主桅上只能悬挂该舰最高级别海军军官的旗帜），并在签字桌旁与"凯撒"和"骑士"

> 哈尔西、尼米兹、麦克阿瑟在日本投降仪式上

一同见证了太平洋上的最终胜利。这也是对"蛮牛"这位"无畏斗士"最好的定论!

12

后发而至的碾压
伍德沃德与马岛争夺战

每年一度的 4 月 2 日，迎着南大西洋的海风，阿根廷人又开始举行一系列马岛战争纪念活动：1982 年的这一天，他们曾一度收复自己的马尔维纳斯群岛，但仅仅两个半月后，英国人又重新攻占该岛、掌管至今。身为拉美第二大国的阿根廷，当年雄心万丈、豪情满怀，到头来却守不住家门口的几个小岛，实在令人扼腕叹息。

"兵者，国之大事，死生之地，存亡之道，不可不察也。"战争，作为国家之间矛盾对抗的最高形式，其

> 马尔维纳斯岛首府斯坦利港的总督府

> 马岛地形图

> 马岛首府斯坦利港

决胜实质往往在于参战双方犯错多少：谁犯的错多，谁就落于下风、痛吃败仗。从阿根廷的角度看，在马岛战争那场巅峰对决中，阿方军人所犯的错误，远远要比对手为多；这些错误的累计效果，逐渐抵消了阿方的原有优势，决定了整场战争的胜负局面。从英国的角度看，马岛战争是英国皇家海军在20世纪80时代的重大战役，也是布列塔尼亚海军学院毕业生伍德沃德将军的经典之作，堪称远程岛屿争夺战的典型战例。

"南美洲的巴顿"抓住了阿根廷人的梦

一个独立的主权国家，从老牌殖民帝国手中收复自己的被占领土，原本在道义上具有天然的正义性。但就战前阿根廷军政府不甚景气的内政、经济情况而言，马岛战争很像是领导人转移国内矛盾的即兴之作，带有很强的投机心理。

1982年的阿根廷政权，掌握在以陆军司令加尔铁里为总统的军政府手里，历经从庇隆以来的数十年军人专政铁腕统治后，国内可谓是一笔烂账：秘捕、暗杀从未停止，整个社会人心惶惶、政局不稳；经济方面，持续飙升的失业人数与数额巨大的累累外债令人心忧，通货膨胀一度高达200%，民众爆发了大规模的反政府运动。行伍出身的加尔铁里总统虽然号称"南美洲的巴顿"，却在发展本国经济、解决社会深层次矛盾上乏善可陈，如果继续无所作为下去，其个人政治生命将岌岌可危，因此这位"南美洲的巴顿"迫切需要建功立业，或者更直接地说，他急需一场醒目的胜利来转嫁自己的统治危机！最终，加尔铁里将目标锁定在近在咫尺的马岛，抓住了阿根廷人的梦——自1833年英国在该岛建立殖民地以来，收回马岛就成了好几辈阿根廷人的未了心愿，一百年来他们和"约翰牛"①谈谈停停、停停谈谈，心愿简直成了阿根廷人的世纪之梦。

没有一个人否认这是一个好点子：只要能将马岛拿回来，赢回民众支持率不说，加尔铁里还将成为本国历史上的民族英雄。因此，这一计划得到了军政府决策层其他重量级人物的支持，海军司令阿纳亚表示：一定要用武力方式尽快夺回马岛；空军司令多佐也赞同总统的想法，称之为"一项明智的政治决策"，政府"需要以一次辉煌的军事胜利来挽救和提升声誉"。

就发动战争的时机而言，阿方的选择似乎并没有错：至少在1982年那场战争之前，英阿马岛争议在大不列颠人的眼里还是个不上台面的问题。曾经的"日不落帝国"已没有了昔日雄霸天下的勃勃威风，号称"铁娘子"的英国第一任女首相撒切尔夫人，此时正被国内一系列通货膨胀、经济萧条、劳资矛盾、失业率倍增、工人罢工等问题弄得焦头烂额，万里之外的马岛自然不在英国最高决策层视线之内：从1981年1月到次年4月1日，撒切尔夫人的内阁国防委员会没有就马岛问题举行过一次专门会议；甚至直到1982年3月25日，也没有在内阁全体会议上讨论过这方面的问题。不仅如此，战争爆发前一年，在巨大的经济压力之下，撒切尔夫人被迫压缩海军建设经费，英国海军每况愈下：舰艇数目连年裁减，最后一艘大型航空母舰"皇家方舟"

> 英国轻型航母"竞技神""无敌"号，马岛战争前险些出售给澳大利亚

---

① 约翰牛：英国的拟人化形象。

号退役,主力战舰不足百艘,象征英国捍卫南大洋利益的"忍耐"号冰区巡逻船也因节省开支需要撤回本土。而且,按照新的国防预算,海军舰队还要裁减三分之一,仅剩的两艘轻型航母"竞技神"号和"无敌"号也要转售给澳大利亚,英国海军的远征能力由此倍受质疑——马岛距英国 1.3 万千米,快要拔光牙齿和利爪的海上雄狮,还能抢得过家门口作战的阿根廷吗?

于是,阿根廷国内开始街谈巷议,到处弥漫着对战争的浓厚兴趣。对于普通大众而言,发生的一切几乎都让人欢欣鼓舞,当得知军队将要为本国的"世纪之梦"画上句号时,沉淀百年的民族主义激情一涌而出,整个阿根廷都义无返顾地加入了狂热支持的行列。恰如当时一位阿根廷专栏作家所言:"现在,是各种条件最为有利的时候。我们有一位有魄力的总统和杰出的外交部长。如果我们成功收复马尔维纳斯群岛,历史将宽恕我们在经济上的蠢行……阿根廷将起死回生,意识到自己的力量,在世界上赢得它的地位。"当加尔铁里终于签署命令,派出特遣编队武力夺占马岛时,无数阿根廷人情绪高涨,会集在总统府外彻夜未眠地高呼声援。激昂、狂热,可见一斑。

更狂热的还在后面,1982 年 4 月 2 日,当阿军收复马岛的消息传到国内,阿根廷举国上下民心沸腾,人潮涌动、群情振奋,以致交通中断,数十万人聚集在首都"五月广场"高唱国歌、欢呼口号,欢庆程度远远超过了昔日阿根廷队荣获第 11 届世界杯冠军后的盛况。更重要的是,总统加尔铁里的威望达到了顶峰,他向本国民众保证:"我们的力量无坚不摧,我们时刻准备好在必要时严惩英国佬。上帝永远保佑我们。"往日令人头疼的国内 13 个反对党联合发表声明:值此国家危急存亡之际,停止一切反政府行动,共同对外!应该承认,加尔铁里这一"宝"押对了!

政治可以狂热,但战争的规律永远是冰冷的。从表面上看,阿根廷人出其不意轻取马岛,在初期掌握了战场主动权,一度占尽了天时、地利、人和的有利态势,如果他们能在沸腾的欢庆中冷静下来,头脑清醒地准备迎击可能来临的强敌,马岛战争的战败乃至加尔铁里后来的命运并非没有改写的可能。可是,阿方恰恰高估了自己的民族感情和军事实力,又错误判断英国不会劳师远征,在战略决策判断上出现严重失误,严肃的战争成了笨拙的走秀。

百战归来：名将与成名战

盲人瞎马临浑水

"夫运筹帷幄之中，决胜千里之外。"任何一场战争的胜负走向，往往从战前的决策就开始了。战前，阿方的战争决策非常倾向性地建立在了一厢情愿的基础上，对可能的风险预计既不充分评估，也不愿客观面对。当战争一触即发时，阿根廷人却还在认为英国人"不可能真打"。连一个针对英国军事反应的应急计划都没有制订，盲目乐观至此。阿国防部长认为，英国全面出兵"根本不可能"，"马岛距英

> 英国海军少将伍德沃德，马岛战争特混舰队司令

国7000多海里，在马岛附近也没有基地可用，英国军队仅靠漫长的海上补给线能支持一场大规模的现代战争吗？"不幸的是，这样的预测错了：4月2日，英国在获悉马岛被阿根廷攻占后，立即宣布与阿断交，成立"战时内阁"；次日英国国会即以全票通过武力收复马岛的决议，任命伍德沃德海军少将为特混舰队司令，72小时内完成编队集结，进入临战训练。

伍德沃德生于英格兰西部小城兰斯顿，14岁加入英国海军，1949年从海军学院毕业，同参加过二战的那些大胡子水兵相比，他属于英国"后海军时代"中的一员。中国有一句古话，"猛将必发于卒伍"。伍德沃德就是出身基层官兵的英国海军精英，他从二等水兵干起，历任工程师、航海官、潜艇艇长，乃至"谢菲尔德"号驱逐舰舰长、国防部海军计划处处长、第一分舰队司令部总司令等职，在长期丰富的任职经历中锻炼出领导协调能力。同时，他熟悉英国海军作战史，擅长随机应变，不拘泥于传统。

马岛战争爆发，年轻的伍德沃德临危受命，在与阿根廷争夺马岛的斗争中攻守有度、决断明快，先后指挥英军攻占南乔治亚岛、击沉"贝尔格拉诺将军"号、登陆圣卡洛斯，一系列的精妙决策，与现代化的武器装备结合得天衣无缝，把英军有限的战斗力发挥到了极致。

从4月5日英军特混舰队出发，到4月28日英国海军对马岛周围海域完

成封锁,在将近一个月的时间里,沉浸在喜悦中的阿根廷人对即将到来的战争基本没有警觉,不管从物质还是从决心来看,都没有做好这场战争的充分准备。

第一,明知自己没有独立的国防工业,阿军在战前却未储备足够的武器弹药。等到战事一开,美国、欧共体和英联邦国家均对阿根廷实行严厉制裁时,布宜诺斯艾利斯的武器来源彻底断绝,作战消耗得不到补充,以致后继乏力,对阿军持续作战构成了严重削弱。看看后来战场上的那一幕吧:阿根廷人用进口的几枚飞鱼导弹接连击沉英舰,打得对手心惊胆战,但导弹用光后,武器禁运却使阿军连一枚"飞鱼"也得不到,阿空军暴风骤雨的攻势不得不缓慢下来。

第二,阿空军作为对英国远征军最具威胁的打击力量,大部分本土基地到马岛的距离都超过了 500 千米,倘若战前设法扩建马岛上的斯坦利机场,阿空军的主力战斗机"幻影"和"天鹰"完全可以从马岛就近起飞,摆脱在作战半径极限上作战的梦魇。但阿根廷基于对手不会大举出兵的误判,认为能够起降运输机已经足够,无需再多费气力进行扩建,结果,从本土起飞的阿根廷空军,到达马岛空域后仅有几分钟滞空时间,等于是戴着镣铐同对手的"鹞"式作战,战机性能发挥严重受限。

第三,驻守马岛的阿军战备水平着实不堪恭维。加尔铁里仅仅出于"让大多数阿根廷人都参战"的肤浅政治需要,便胡乱抽调各地部队来岛驻守,结果,不少来自阿根廷北部亚热带地区的阿军士兵,根本不习惯在马岛高纬度严寒气候下作战。服役不满 4 个月的新兵占驻岛守军总数的 60%,缺乏严格的战前训练,岛上的野战工事也极不完善,更严重的问题是,在如何抗拒英国人大规模登陆的问题上,马岛守军并没有一份完整的作战方案。

原始的细微变量足以引发疯狂的蝴蝶效应,战幕还未拉开,盲目的乐观自信和严重的准备不足,不仅给阿根廷人的战争前景蒙上不祥的阴霾,还为其日后战场上的处处被动埋下了祸根,布宜诺斯艾利斯就这样盲人瞎马般临近马岛战争的浑水。

会踢球，不一定会打仗

热情奔放是阿根廷人的一大民族性格特征，其足球运动也素来以自由洒脱著称于世，曾多次获世界杯冠亚军。如果是阿根廷足球队与英国人在球场上狭路相逢，鹿死谁手还真未可知，问题在于，马岛是战场而不是球场——会踢球的，不一定会打仗。

以4月25日的南乔治亚岛之战为标志，阿根廷军队开始与万里以外赶来的英国人面对面的交手：4月25日，阿海军"圣菲"号潜艇被英军击沉；4月26日，英军兵不血刃攻占南乔治亚岛；5月1日，英国"火神"式轰炸机和"海鹞"战斗机空袭马岛；5月2日，阿海军"贝尔格拉诺将军"号巡洋舰被击沉。一系列战场挫折，压得阿根廷人几乎喘不过气来。

如果说在英军到达战场前，阿方因自我陶醉而麻痹大意、疏于战备，尚情有可原；那么，当英军打上门来，阿军在不知所措中的洋相百出，更令人莫名惊诧。一而再、再而三的初战失利，严重暴露了阿根廷人对于战争的非职业化军事水准：

其一，用兵不当。面对占据海上优势的英国特混舰队，以阿军的机动能力，对防守距本土1200千米外的南乔治亚岛基本是鞭长莫及，很难坚守，从节约兵力的视角出发，分兵把守该岛毫无意义，只能给英国人提供轻易获胜的宣传素材。可笑的是阿方在岛上驻军不说，还竟然用潜艇"圣菲"号承担补给任务，硬是把身为进攻性武器的潜艇变成了后勤运输艇。结果是南乔治亚岛被攻占不说，"圣菲"号也被英军直升机重创后沉没，阿方士气因此大挫。试想：假如"圣菲"号潜艇奉命潜入海底、隐蔽设伏，伺机用鱼雷问候英军水面舰艇，其命运或许是另一种结局。此外，阿军对英军的作战企图、战略

> 英军在马岛战争中的行动路线图

方向判断错误,在兵力部署上分配不当,生怕英军会进攻阿根廷本土,将大批兵力用于国内防御,孰料对手分寸感极强,把作战行动严格控制在马岛周围,以致使阿军在马岛投入兵力不足,形成不了绝对优势。

其二,保障不力。后勤保障是战争机器的动力来源,《孙子兵法》中就有"军无辎重则亡,无粮食则亡,无委积则亡"的说法,现代战争的高消耗则对后勤保障提出了更高的要求:不仅在保障数量上节节攀升,还超越以往单纯的战场粮弹补给范畴,从医疗保障、装备保障到各种战场物资设施毁损保障,范围种类愈加繁多。阿方恰恰在这个问题上不够认真,尽管在占领马岛后,阿海军成功地完成了8万吨装运量,空军也通过500次穿梭飞行运送补给品5500吨,但却以武器弹药为主,医疗被服、饮食给养等必需的战场物资,马岛上都没有足够储备。这些非军事物资的匮乏,使阿根廷人很快就品尝到了苦果:当英军对马岛实行海空立体封锁后,阿军守岛部队开始在物资补给上出现短缺,虽然阿空军始终对马岛实施空投补给,但终究是杯水车薪、于事无补。于是后勤补给渐成严重问题:驻岛部队缺衣少食、饥寒交迫,士兵普遍缺乏防寒服装和设备,仅靠一条毛毯御寒,不少人因严重冻伤而截肢,在战争末期连食物供应也发生困难,有时接连几天吃不上热食,根本无力迎敌,给正常作战带来重重困难。

反观其对手:在整个马岛战争中,英军向阿森松岛空运物资7500多吨,用商船把总计10万吨各类物资海运到马岛战区,仅此两项,即相当于当时美军9个师各类补给品日需要量的10倍!战场救护方面,英军有4艘医疗船提供医疗卫生保障,使用直升机快速后送伤员,伤员一般在6小时之内就可获得手术治疗,英阿双方的战场保障补给差距高下立判。

其三,无勇无谋。马岛战争初期,最令人无法容忍

> 英国海军医院船

的是阿根廷军人的懦弱和天真。南乔治岛一战，137名以逸待劳的阿根廷守军面对区区75名英军尖兵小分队，未做丝毫抵抗就举手投降，战斗精神之弱，简直令人不可思议（据说英军从头到尾只开了两次火，一次是用反坦克导弹对付一块可疑的铁板，另一次则是把海豹当成敌人而开枪）。4月29日，阿根廷海军兵分三路开赴马岛南部海域作战，当英国人宣布凡闯入200海里封锁区的所有阿军舰艇都将被击沉后，阿海军立刻对敌人的战场规则予以默认，3支海上编队始终在英军封锁区边缘外徘徊，不越雷池一步。如果说这是在等着对手懈怠后好狠插一刀的话，那也太低估老牌帝国主义的智商了——老谋深算的英国人对这种小把戏洞若观火：真以为在200海里之外就不打你了？卧榻之旁岂容他人酣睡！5月2日，英军特混舰队司令伍德沃德经战时内阁同意后，下令击沉封锁区外的"贝尔格拉诺将军"号巡洋舰。当日19时左右，潜伏在海底的英军"征服者"号核潜艇对来回游荡的"贝"舰发射鱼雷，当时舰上的大多数阿军还在酣然大睡，居然连个监视哨都没留，45分钟后该舰中雷沉没。按理说，为"贝尔格拉诺将军"号护航的两艘阿军驱逐舰此时理应展开反潜作业，搜索消灭英军核潜艇，为战友报仇雪恨。然而，两舰却惊惶失措，不但没有进行反潜攻击，反而连落水的1000多名战友都不管，只顾开足马力逃离战场，以致200多名阿军溺亡。自"贝尔格拉诺将军"号被击沉后，阿海军龟缩回港，从此闭门不出，坐视对手一战轻易赢得制海权——战斗至此，阿根廷海军已无指望。

初次交手，英国人牛刀小试，阿根廷处处受制，战争双方实力的差距其实还未显露，只是事实证明：已经112年没有打仗的阿根廷军人们的战争思维严重退化，其"脖子以上的部分"对战争目标缺乏准确理解和现实思考，总是跟着对手的步调亦步亦趋，如此，不被动才怪！

谁人心剑如一？

并非所有的阿根廷军人都和其海军一样，阿空军就是阿根廷人勇敢的象征，他们的飞行员曾接受过美、法、以等国教官的严格训练，技术高超，骁勇果敢，作战攻击力极强。从1982年5月4日开始，英国人开始切身感受阿根廷空军的威力：5月4日上午，3架阿空军"超级军旗"飞机超低空逼近英国特混舰队，发射法制"飞鱼"反舰导弹，一举击沉英军"谢菲尔德"号驱逐舰，英军被迫后撤，并采取各种措施防范阿军导弹攻击；5月21日，阿军又出动各型飞机70多架次，击沉英军"热心"号护卫舰，击伤驱逐舰1艘、护卫舰2艘、辅助舰1艘；5月22日至25日三天，阿根廷空军攻势高潮迭起，平均每天出动战机120余架次，先后将英军"羚羊"号护卫舰、"考文垂"号驱逐舰和"大西洋运送者"号大型运输船送入海底，击伤英军驱逐舰、护卫舰各1艘；5月30日，阿军出动1架"超级军旗"和4架"天鹰"战机直奔英军旗舰"无敌"号航母杀去，力图百万军中取上将首级，虽未成功（另有一说是击伤，英国人否认），却也把英国人唬出一身冷汗；6月8日，阿军出动大批飞机空袭英军，击沉登陆舰1艘，击伤护卫舰1艘、登陆舰1艘……战果累累。

纵观后一阶段作战，从5月4日至6月11日战争结束，马岛战场上演了开战以来最为激烈的战况，英阿双方就像两个"终极PK"的剑客一样浴血搏杀。阿军中唯一唱主角的是空军，唯一在马岛战争中创造不俗战绩的也只有其空军。当海军避战、陆军疲软时，阿根廷空军挺身而上、攻势凌厉，使英国人受创不轻。其空军飞行员的精湛战技和决死精神在战争中可圈可点，连英国随军记者都不得不承认："阿根廷空军飞行员超低空飞行掠过海面，以熟练的战术动作规避防空火力，难以置信地穿过火网实施攻击，令人胆战心惊。"

遗憾的是，单一兵种的出色表现，并不能改变战争的结局。5月11日夜，英国突击分队潜伏登上马岛，在岛上英籍居民掩护下，逐步摸清阿军布防情况，四处袭扰、迷惑阿方；5月19日，英军的登陆突击部队顺利在马尔维纳斯群岛北部登陆；5月20日，英军舰队实施一系列佯装声东击西，将阿军的注意力全部吸引到斯坦利港方向，真正的编队则借着不良天气和夜幕的掩护，机动至登陆地域；5月21日凌晨，英军登陆编队出其不意地在圣卡洛斯港成功登陆，冒着阿根廷空军一波波的空袭，在海空力量的配合下不断巩固扩大滩头阵地，然后有条不紊地对岛上阿根廷驻军发起攻击，尽管阿根廷空军拼死组织进攻，但先后损失117飞机架后，最终无力阻止英军攻势。驻岛阿军与祖国近在咫尺，却缺粮少药、士气低迷，当他们在瑟瑟寒风中守着大批武器

> 阿根廷军队的法制"超级军旗"战斗机

弹药忍饥挨饿时，远离本土的每个英军士兵每天都能有两餐热食，他们还有新发的御寒衣物，保障极为有力，这简直是莫大的战场讽刺！6月14日，英军迫使阿根廷守军投降，马岛战争结束，阿根廷人幻梦破灭……

不少人将阿方战败归因于装备劣势和综合国力的差距，其实并非如此，阿军的不少装备来自美、英、法等军事强国，与对手相比相差并不悬殊。况且，从阿根廷人击沉"谢菲尔德"号驱逐舰那天起，不管阿军冒死投下的炸弹多少未爆，全世界都从阿根廷空军身上看到了这个民族决死一胜的战争决心。然而，面对当代战争，仅有英勇是远远不够的。

英军登陆马岛前后，阿根廷人尚有不少扭转乾坤反败为胜的机遇，但他们统统错过了。譬如，登陆前，面对英军脆弱而漫长的海上补给线，阿军如果思想积极一点、战术灵活一些，集中一部分优势航空兵力专门攻击英军防卫能力薄弱的后勤船只，势必造成对手补给不畅，远离本土的英国人恐怕很难在马岛战区站稳脚跟。连一位英国评论员都说："假如像'堪培拉'那样的运兵船被击中，撒切尔夫人的运气早就随击沉的残骸一同葬送了。"实战中阿军在进攻航母时无心插柳地击沉"大西洋运输者"号运输舰，也造成了英军最大的损失（舰上载有供5000人使用的帐篷，3架"支努干"直升机、6

架"威塞克斯"直升机和1架"山猫"直升机，以及包括"海鹞"战斗机备件、海水淡化设备等在内的大量补给品），充分证明了这种战术的最佳效应。可阿根廷人偏偏像被激怒的公牛一样，把主要攻击目标放在英军护卫舰队这块诱

> 被击沉的"谢菲尔德"号驱逐舰

人的红布上，看似前仆后继、勇敢顽强，实则以虚击实，正中敌方下怀。一个第三世界国家，愣是这样天天和强大的对手死打硬拼，终于耗尽最后一滴血。

再如，当阿空军的连番攻击把英国舰队炸得手忙脚乱时，阿根廷海军的潜艇如能及时出动，与空军配合默契、协同得当，英军要付出更多代价不说，能否登陆成功都将是一个大问号；当阿根廷空军在与登岛英军浴血格杀之时，驻岛阿军如能主动出击，即便不能将英国人赶下海去，也能在空中掩护下有所斩获，可他们被对手的海空实力吓破了胆，竟然坐视空军战友与敌血战，浑似二战初期英法联军在战壕里坐视德军屠戮波兰。相似的情形导致相似的结果，英军收拾完阿根廷空军后，很快就打得驻岛阿军缴械投降。为什么会出现这种陆海空军各自为战的怪象呢？恐怕得归因于阿方联合指挥体制上的有名无实：军兵种之间门户之见甚深，老死不相往来不说，相互戒心十足，只顾维护自己的利益；诸军种协同作战的计划需经三军批准，所需人员和装备又要向各司令部申请，导致联合指挥形同虚设，无法担负战略指挥和协调任务：如果马岛守军需要空中支援，他就得先向本土的阿军战区指挥官发报申请，通过战区指挥官再把申请转呈首都的阿空军司令，以如此烦琐的指挥程序，即使来了空军支援，也是为时已晚。

恩格斯有言："一旦技术上的进步可以并已经用于军事目的，他们便立刻几乎强制地，甚至往往违反指挥官意志地引起作战方式的改变或变革。"从20世纪70年代开始，随着科技进步对军事领域的广泛影响，一场以信息

百战归来：名将与成名战

> 斯坦利港的阿根廷军人成为俘虏

化为核心的新军事变革悄然展开，它对战争的系统化对抗程度提出了更高的一体化要求：充分的战争准备、清晰的作战思路、出色的战术素质、先进的武器装备……任何一个因素都足以牵一发动全身，左右战争的进程乃至结局；另一方面，如果把先进装备比作制胜利剑，把高超战术拟为绝世剑法，信息化条件下二者不可或缺，谁能结合更好、心剑如一，才可能问津未来战争胜者的宝座。

在这个新战场的大背景下，阿根廷人一错再错，错上加错，从战略误判到有勇无谋，从用兵不当到保障不力，从作战素质低下到海空军各自为战，能犯的错误几乎全犯，以致漏洞百出、积重难返。相形之下，其空军的"拼命＋善战"，抑或以飞鱼导弹击沉"谢菲尔德"驱逐舰所创造的经典战例，远远不能弥补阿军整体作战系统的缺漏。

面对新军事变革，一声声警钟铿然敲响：没有勇气不足以战，仅有勇气就能决胜吗？没有先进装备很难打赢明天的战争，有了先进装备就一定能打赢吗？……问题的答案，马岛战争的失败者知道。

尾声

噩梦醒来是早晨，任何一场战争的结果，输家永远要比赢家失去得多，不管阿根廷的战败多么令人扼腕痛惜，输就是输，赢就是赢。布宜诺斯艾利斯不仅没看住自己家门口的这块菜园，还为马岛战败付出了近 30 亿美元的代价，又碰上 1982 年 8 月拉美经济危机，最终给本国带来了长达十年的经济阵痛。

相比之下，伍德沃德的人生则风光得多，无论是攻占南乔治亚岛、击沉"贝尔格拉诺将军"号，还是登陆圣卡洛斯、把阿军防御体系一劈为二，都展示出了一名海军军官优秀的指挥能力。伍德沃德就此一战成名，后任英国海军潜艇部队司令兼北约大西洋潜艇部队司令、英国海军本土司令部总司令，1989 年以上将军衔退役。